青少年必读经典书系

史记故事

一生必读的经典

文思哲 ◎ 编著

中国华侨出版社
·北京·

图书在版编目（CIP）数据

一生必读的经典史记故事 / 文思哲编著. — 北京：中国华侨出版社，2019.10
ISBN 978-7-5113-8014-2

Ⅰ.①一… Ⅱ.①文… Ⅲ.①中国历史－古代史－纪传体 Ⅳ.①K204.2

中国版本图书馆CIP数据核字（2019）第195528号

● 一生必读的经典史记故事

编　　著 / 文思哲
责任编辑 / 王　委
责任校对 / 孙　丽
封面设计 / 环球设计
经　　销 / 新华书店
开　　本 / 670毫米×960毫米 1/16　印张 /18　字数 /215千字
印　　刷 / 香河利华文化发展有限公司
版　　次 / 2020年3月第1版　2020年3月第1次印刷
书　　号 / ISBN 978-7-5113-8014-2
定　　价 / 45.00元

中国华侨出版社　北京市朝阳区西坝河东里77号楼底商5号　邮编：100028
法律顾问：陈鹰律师事务所　编辑部：（010）64443056　64443979
发行部：（010）64443051　传　真：（010）64439708
网　　址：www.oveaschin.com　E-mail：oveaschin@sina.com

前言

《史记》是我国历史上第一部纪传体通史，洋洋洒洒五十二万六千五百余字，囊括了上启黄帝、尧舜时代，下至汉武帝时期三千多年的历史，卷帙浩繁。鲁迅称其为"史家之绝唱，无韵之《离骚》"，给予了极高的评价。因为具有无可替代的史学价值，被列为"二十四史"之首。《史记》不是一般意义上的史书，它是司马迁呕心沥血的结晶，每一个令人血脉偾张的历史事件、每一篇精彩纷呈的故事都涉及大量的采风和调研工作，不是信手拈来随意撰写而成的，其严谨性非一般史书可比。

《史记》不仅是一部经得起推敲的通史类著作，而且是一部伟大的文学作品。司马迁以细腻生动的笔触，为我们精心描绘出了一幅气势磅礴、波澜壮阔的历史画卷，塑造了无数个栩栩如生的人物形象，将人物悲欢离合的境遇和起起落落的曲折经历，与整个时代紧密地联系到了一起。透过一个个性鲜明的历史人物，我们可以切切实实地感受到历史的沧桑感和凝重感；从宏观、微观的不同视角，我们可以看到历史嬗变和时代变迁对人物命运的影响，在读史的过程中，不由得令人唏嘘不已。

司马迁写史和塑造人物有他的独到之处。多数史学家偏好为政治领袖立传，整部史书俨然就是帝王将相的家谱。司马迁不同，他把目光由尔虞我诈的宫廷、黑暗腐朽的官场、金戈铁马的战场投向了市井，以极大的热情为平民立传，仗剑江湖的游侠、慷慨悲歌的刺客，这些被其他史学家刻意忽略或不齿的角色，在司马迁的笔下变成了豪气干云的壮士或重节守义、顶天立地的英雄；地位低微、饱受歧视的商人，被司马迁描摹成了靠智慧和胆识发家的卓越人物，摇头而歌的滑稽伶人成了伶牙俐齿、聪慧过人的智者。

司马迁写人物真实立体，摒弃了单一、平板的脸谱化刻画方法。反派人物身上的闪光点和真情流露的一刻，被很好地捕捉了下来；正面人物的性格缺陷和隐秘的一面被淋漓尽致地展现了出来；整部书没有一个高大全的虚假角色，每个人物都是那么有血有肉、真实可感。司马迁没有兴趣对任何人歌功颂德，不去刻意粉饰，不发表虚妄的赞美，同时排除了种种偏见，不去诋毁和构陷已经盖棺定论的反派角色。

对于雄才大略、名垂青史的成功人士，人们恨不能将所有的溢美之词浪费在他们身上，对于他们的劣迹、污点却只字不提。司马迁不是这样，他不迷信和膜拜任何权威人物，所以能以冷静的笔触和犀利的解剖刀解构历史人物，把历史最真实的一面呈现给我们。更为难能可贵的是，司马迁不受成王败寇传统思想的影响，对功败垂成的悲情英雄给予了深刻的同情和相对客观公允的评价。

此外，由于深受华夷之辨的影响，以天朝上国自居的中原王朝，总是会不自觉地贬低其他民族和地区，司马迁则以天真好奇的眼光重新打量了中原以外的广袤天地，以生花妙笔生动地描摹了那里的风土人情和异域情调，纠正了中原人认识上的偏差。长期与中原为敌的匈奴，同大汉帝国发生过四年战争的大宛，均在史书中占有了一席之地。

《史记》无疑是一部非同凡响的作品，它是史籍中的一朵奇葩，本书从中遴选了一百多个经典故事，语言深入浅出，保留了古籍的典雅特色，再现了宏大壮观的历史场面和纤毫毕现的细微之处，分析鞭辟入里，希望能带给你无穷的回味和有益的启发。

目录

本　纪

五帝本纪 ··· 2
　　"人文始祖"的沉浮人生 ································ 2
　　清廉帝王的让权之谜 ···································· 4
　　拳拳赤子的家国往事 ···································· 8
夏本纪 ··· 11
　　伟大首领的千秋政绩 ··································· 11
殷本纪 ··· 15
　　网开三面收服人心 ······································ 15
　　一个奴隶的逆袭之路 ··································· 18
周本纪 ··· 21
　　一代暴虐帝王的悲情人生 ····························· 21
　　宁为美人败江山 ·· 24
秦本纪 ··· 27
　　五张羊皮换来治国贤相 ································ 27
　　以德厚人却晚节不保的春秋霸主 ··················· 29

秦始皇本纪 ……………………………………………… 32
    放荡艳后乱朝纲 ………………………………………… 32
    "皇帝"名号唯我堪当 …………………………………… 34
    焚书坑儒鲜为人知的隐情 ……………………………… 37
    亡秦第一佞臣 …………………………………………… 40

项羽本纪 ……………………………………………… 43
    好男儿当胸怀天下 ……………………………………… 43
    勇武无敌的热血少年 …………………………………… 44
    刀尖上的"千古一宴" …………………………………… 46
    徒有其表的楚人 ………………………………………… 49
    霸王挥泪别爱姬 ………………………………………… 51
    宁为鬼雄,不过江东 …………………………………… 53

高祖本纪 ……………………………………………… 55
    豪杰还是无赖 …………………………………………… 55
    大风歌——烈士暮年壮心不已 ………………………… 57
    鸟尽弓藏——过河拆桥的高手 ………………………… 59

吕太后本纪 …………………………………………… 61
    史上最富争议的妇女 …………………………………… 61
    差点儿让夫家断子绝孙的铁腕女人 …………………… 63

孝文本纪 ……………………………………………… 66
    中国历史上第一位薄葬的皇帝 ………………………… 66
    肉刑废除之谜 …………………………………………… 68

孝武本纪 ……………………………………………… 69
    不问苍生问鬼神 ………………………………………… 69

世　家

吴太伯世家 …………………………………………… 73

夫差，一个骄傲的失意枭雄 …………………… 73

齐太公世家 ………………………………………………… 75
　　抛一箭之仇，成春秋首霸 …………………… 75

鲁周公世家 ………………………………………………… 77
　　隐藏在"庆父之乱"背后的历史真相 ……… 77

陈杞世家 …………………………………………………… 79
　　聚众淫乱死于非命的昏君 …………………… 79

卫康叔世家 ………………………………………………… 82
　　被夺妻害命的大孝子 ………………………… 82
　　给鹤加官进爵的荒唐君主 …………………… 83

晋世家 ……………………………………………………… 85
　　流亡列国的落难公子 ………………………… 85

越王勾践世家 ……………………………………………… 88
　　传奇商圣陶朱公 ……………………………… 88

赵世家 ……………………………………………………… 90
　　一个孤儿引发的血案 ………………………… 90
　　贪心的败家子——赵孝成王 ………………… 92

孔子世家 …………………………………………………… 94
　　孔圣人与弟子们的流浪往事 ………………… 94

陈涉世家 …………………………………………………… 97
　　暴秦第一掘墓人 ……………………………… 97
　　从众望所归到孤家寡人 ……………………… 99

萧相国世家 ………………………………………………… 101
　　没有战功的最大功臣 ………………………… 101

留侯世家 …………………………………………………… 104
　　化百炼钢为绕指柔的张良 …………………… 104

3

运筹帷幄，决胜千里的幕后高人 …………………… 105

陈丞相世家 ……………………………………………………… 107
　　聪明有余的小人物 …………………………………… 107
　　善出奇谋的旷世奸雄 ………………………………… 109

绛侯周勃世家 …………………………………………………… 111
　　龙游浅滩被虾戏 ……………………………………… 111
　　生子当如周亚夫 ……………………………………… 113

列 传

管晏列传 ………………………………………………………… 115
　　交友当交鲍叔牙 ……………………………………… 115

老子韩非列传 …………………………………………………… 117
　　宁静淡泊，高蹈出世的智者 ………………………… 117
　　一生只为帝王谋的冷酷思想家 ……………………… 119

孙子吴起列传 …………………………………………………… 121
　　鬼谷子高徒同门相残的恩恩怨怨 …………………… 121
　　"杀妻求将""丧母不归"的冷血战神 …………… 123

仲尼弟子列传 …………………………………………………… 126
　　孔子门下最贤最勇的弟子 …………………………… 126

商鞅列传 ………………………………………………………… 128
　　四见秦孝公 …………………………………………… 128
　　作法自毙的大秦帝国奠基人 ………………………… 130

苏秦列传 ………………………………………………………… 132
　　纵横捭阖，叱咤风云的大谋士 ……………………… 132

张仪列传 ………………………………………………………… 134
　　巧舌如簧，一口倾国的"阴谋家" ………………… 134

4

白起王翦列传 ······ 137
   活埋四十万俘虏的"人屠" ······ 137
范雎蔡泽列传 ······ 140
   从茅厕里爬出来的布衣卿相 ······ 140
   远交近攻的战略谋划者 ······ 142
廉颇蔺相如列传 ······ 145
   郁郁不得志的沙场老将 ······ 145
鲁仲连邹阳列传 ······ 147
   不谋财不邀功的极品说客 ······ 147
屈原贾生列传 ······ 150
   屈死长沙的青年才俊 ······ 150
刺客列传 ······ 151
   一条烤鱼暗藏的玄机 ······ 151
   漆身吞炭的复仇者 ······ 153
   聂氏姐弟——义士与烈女 ······ 155
   易水边慷慨悲歌的剑客 ······ 157
李斯列传 ······ 160
   从老鼠身上悟出生存法则 ······ 160
   一代权臣的穷途末路 ······ 162
魏豹彭越列传 ······ 165
   战功赫赫的游击大师 ······ 165
黥布列传 ······ 167
   "刑而王"的汉初名将 ······ 167
淮阴侯列传 ······ 170
   兵仙的成长之路 ······ 170
   成也萧何，败也萧何 ······ 172

田儋列传 ······ 174
　　气节高尚的田横与五百壮士 ······ 174
樊郦滕灌列传 ······ 176
　　豪放不羁的猛将 ······ 176
郦生陆贾列传 ······ 179
　　卖友求荣的高阳酒徒 ······ 179
刘敬叔孙通列传 ······ 181
　　料事如神的奇人 ······ 181
　　朝礼倡导者的功与过 ······ 183
季布栾布列传 ······ 185
　　楚国虎将一波三折的多舛人生 ······ 185
　　敢于叫板皇帝禁令的大夫 ······ 188
袁盎晁错列传 ······ 190
　　令刺客退而却步的谦谦君子 ······ 190
　　削藩幕后策划者 ······ 193
张释之冯唐列传 ······ 195
　　执法如山的好法官 ······ 195
　　妙语连珠救魏尚 ······ 197
扁鹊仓公列传 ······ 199
　　妙手回春的神医 ······ 199
吴王刘濞列传 ······ 202
　　"反贼"吴王的一把辛酸泪 ······ 202
李将军列传 ······ 204
　　让匈奴闻风丧胆的龙城飞将 ······ 204
　　饮恨终身，一生难封侯背后的秘密 ······ 206
　　将门之家的兴衰荣辱 ······ 209

匈奴列传 ····· 211
　彪悍凶残的草原之王 ····· 211
　令人匪夷所思的奇风异俗 ····· 213

卫将军骠骑列传 ····· 215
　横扫漠北的外戚统帅 ····· 215
　一代天骄霍去病 ····· 218

平津侯主父列传 ····· 220
　一纸上书成政治新宠 ····· 220
　因曝光皇室丑闻惨死的权奸 ····· 222

司马相如列传 ····· 224
　才子佳人的风流韵事 ····· 224

淮南衡山列传 ····· 227
　骄横失度的厉王 ····· 227
　被溺爱摧折的王族子弟 ····· 229

汲郑列传 ····· 231
　桀骜不驯的另类清流 ····· 231
　直臣的为官之道 ····· 233

酷吏列传 ····· 235
　国之苍鹰郅都 ····· 235
　汉代第一酷吏的升职秘诀 ····· 237
　血腥到令人发指的杀人狂魔 ····· 240

大宛列传 ····· 243
　险象环生的西行之旅 ····· 243
　汗血宝马争夺战 ····· 245

游侠列传 ····· 249
　隐身市井的平民英雄 ····· 249

中国历史上最后一位豪侠 ················· 251

佞幸列传 ················· 254
　　坐拥铜山却活活饿死的宠臣 ················· 254
　　武帝和蓝颜知己的爱恨情仇 ················· 256

滑稽列传 ················· 258
　　赘婿淳于髡的高见 ················· 258
　　"乐中谪仙"嬉笑怒骂的讽谏艺术 ················· 260
　　机智幽默的大秦优伶 ················· 262
　　大隐隐于朝的奇葩怪才 ················· 264

日者列传 ················· 266
　　一语道破天机的算命先生 ················· 266

货殖列传 ················· 269
　　豪商巨贾的求富之道 ················· 269

太史公自序 ················· 271
　　困厄中艰难诞生的史家绝唱 ················· 271

本　纪

　　本纪是记录天子、国君言行、政绩的史料，采用编年体的方式编撰而成，能够反映出王朝的更迭和时代的变迁。《五帝本纪》记载的是黄帝、尧舜等五位上古贤王的千秋功绩，《夏本纪》《殷本纪》《周本纪》囊括了夏商周三个朝代的史实故事，《秦本纪》《秦始皇本纪》《项羽本纪》记载的是大纷乱大变革的春秋战国时代到秦汉之间风云跌宕的历史，《高祖本纪》《吕太后本纪》《孝文本纪》《孝武本纪》，记载的都是汉史。

　　吕后虽没有称帝，但已经掌握了国政大权，成为了大汉王朝的最高统治者，所以被列入了帝王的史册。项羽只是一代霸王，不曾坐拥天下，但司马迁认为他的人格魅力和号召力，与开国之君相比毫不逊色，在反抗暴秦统治的过程中，发挥了重要作用，出于对这个角色的偏爱，也把他列入了《本纪》。

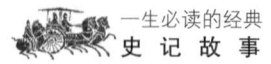

五帝本纪

"人文始祖"的沉浮人生

黄帝是少典部族的子孙，姓公孙，名叫轩辕。他天生有灵气，刚出生不久就能开口说话，小时候天赋异禀，聪敏过人，人们啧啧称奇，交口称赞。长大之后他诚实勤勉，为人敦厚，品格高尚，成年以后见多识广，能明察秋毫、洞悉世情，变成了一个非常有智慧的人。

轩辕生活的时代，神农氏势力衰微，各路诸侯为了争夺人口和地盘互相征讨，一时间天下大乱，战事频仍，以至生灵涂炭，百姓深受其害，神农氏没有力量征服他们。这时轩辕挺身而出，起兵讨伐那些不来朝贡的诸侯，几乎屡战屡胜，四方诸侯这才肯屈膝归附。在各路诸侯中，蚩尤最为残暴和凶悍，他兵力雄厚、武力强大，短期内没有谁能打败他。

当时炎帝称霸中原，欺压诸侯，四方诸侯不服，纷纷带着百姓来投靠轩辕。轩辕宽仁爱民，推行德政，划分土地给归附的诸侯和百姓，教授他们按时令播种五谷、因地因时制宜耕作土地的方法，使人们得以丰衣足食、安居乐业。在军事方面，轩辕积极整饬军旅，厉兵秣马，随时准备和炎帝决一雌雄。双方在阪泉的郊野打了几仗，轩辕大获全胜，成功征服了炎帝。

骄悍的蚩尤不甘于听命于轩辕，遂起兵作乱。轩辕调集各路诸侯的兵马，和蚩尤交战于涿鹿郊野。经过一场激烈的厮杀，轩辕击败了蚩尤，俘虏并斩杀了这个桀骜不驯的部落首领。蚩尤之乱平息后，四海安定，天下太平。各方诸侯拥戴轩辕做部落联盟的盟主。

轩辕取代了神农氏，统御天下，被尊为黄帝。轩辕成为天下的共主以后，谁不肯归顺臣服，他就亲自带兵征讨，叛乱平定后才肯抽身离去。他一路上跋山涉水、劈山开道，长期过着动荡不安的生活，从来没有过过一天安逸的日子。

黄帝东征西讨、南征北战，足迹遍布华夏九州，往东到达过东海，登临过巍峨险峻的丸山和泰山；往西到达过空桐，登上过峰峦突兀、状若雄鸡的鸡头山；往南到达过长江，登临过闻名遐迩的熊山、湘山。兴师北上时，驱逐了荤粥部族，随后来到了釜山，和几个部落首领订立了盟约。黄帝长年征战在外，流转四方，没有固定的居所，军队走到哪里，他就在哪里安营扎寨。

黄帝设置的官职都用云、瑞命名，军队号称云师。为了监察各个诸侯国，他专门设置了左右大监。各国之间关系友好，每每封官加爵、祭祀神明，普天同庆时，大家都来参加仪式或盛典，场面无比隆重，气氛热闹非凡。黄帝得到象征最高权力的宝鼎之后，推行了一系列利国利民的政策：比如制定了天文历法，预知节气日辰；任用风后、力牧、常先、大鸿四个贤能之人管理百姓；根据天地四时的规律，推测阴阳的变化，参悟万物生死存亡的自然之理，总结国家兴盛衰亡的教训，依据人的生老病死，制定了相关的礼仪制度；他教导百姓按照季节时令播种农作物，驯养鸟兽蚕虫，告诫民众要有节制地利用自然资源，爱惜山林湖泽和脚下的土地，要按季节狩猎，不能滥捕滥杀，竭泽而渔。由于治国有道，黄帝在位期间，国泰民安，风调雨顺，到处都是一派欢乐祥和的美好景象。

黄帝的正妃叫嫘祖，她是西陵部落的女子。嫘祖为黄帝生了两个儿子，一个叫玄嚣，一个叫昌意。黄帝死后，被安葬在了桥山。他的孙子高阳继承了帝位，史称颛顼帝。颛顼沉静持重、多谋善断，心胸宽广又明白事理。他继承了家族的优良传统，致力于造福百姓。

他充分利用土地资源，多生产谷物粮食，多饲养牲畜，遵从自然规律发展农牧业。他制定礼仪，教化万民，教导民众洁净身心，祭祀神明。他在位的时候，疆土辽阔、地域广大，凡是日月照临的地方，全都平定了，没有人不顺从归附的。

颛顼酷爱音乐，曾经让大臣飞龙模拟自然界的风声，创作了一首名为《承云》的优美乐曲，然后将这首美如天籁的曲子献给了祖父黄帝，得到了黄帝的赞许。他还命飞龙铸造了一口硕大的乐钟，乐钟声音洪亮，苍凉悠远，每每奏响，悠扬的钟声能传递到方圆千里之外。颛顼统治期间，国家安定祥和，百姓和乐安康，中原有如人间乐土。

智慧贴士

轩辕是华夏始祖，为五帝之首，因为有土德，被尊为黄帝，他是中国历史上第一个问鼎中原一统华夏的部落盟主，在位期间征服了炎帝和九黎部族，建立了第一个有共主的国家。他在位期间制衣冠、造舟车、定音律、播五谷、劝科蚕桑，为百姓解决了衣食住行的问题，为中华文明的形成和发展做出了巨大的贡献。

五帝传说深深扎根于中华民族的文化土壤中，黄帝战蚩尤定鼎中原的故事为我们所耳熟能详，他的丰功伟绩载入史册彪炳千古，为历代所传颂。然而我们尊崇黄帝并非是因为他的赫赫武功，也不是因为他为华夏民族划下了辽阔的版图，拓展出了广袤的疆域，而是因为他建立了国家的雏形，塑造了华夏民族，并凭借非凡的智慧和伟大的发明创造，造福于炎黄子孙，无愧于"人文始祖"的称号，值得中华儿女万世景仰。

清廉帝王的让权之谜

颛顼死后，黄帝的曾孙高辛继承了帝位，史称帝喾。帝喾膝下有两子，长子叫挚，次子叫放勋。帝喾去世后，挚继承了帝位。挚觉得自己没有治国的才能，就主动退位，让弟弟放勋来管理国家。放勋就是历史上著名的唐尧。唐尧英明睿智、爱民如子，像太阳一样光芒万丈，照到哪里哪里亮，又如冬日的暖阳一般，温暖每个人的心窝。他是继黄帝之后又一位德高望重的部落首领。

尧在位时，克己奉公，勤勉执政，把国家治理得井井有条。他虽然位高权重，生活却非常简朴，从不铺张浪费。他没有华宅美屋，住的是简陋的茅舍，从不吃山珍海味，一日三餐吃的都是粗茶淡饭，装扮非常朴素，长年穿着一件粗布衣服，到了寒风刺骨的冬季，披上一张鹿皮，就算是御寒的冬衣了。老百姓见尧如此苛待自己，都很心疼，忍不住对他说："您贵为首领，吃穿用度都应该是最好的，您现在日子过得这么艰苦，我们见了心里真的不好过啊。"尧笑着回答说："我这样节俭，是想让你们吃饱穿暖，过上富足的好日子。在我的治理下，即使有一个老百姓挨饿受冻、啼饥号寒，我也会愧疚啊，这说明我无能，没能把国家治理好啊。你们都是我的子民，你们受苦的时候，我怎么能独自享乐呢？"老百姓听罢，感动得热泪盈眶，从此更加敬爱尧了。

尧善于选贤任能，知道该怎么用人之长。在他的统领下，贤能的人各司其职，能充分发挥自己的长项。良臣有了施展才华和抱负的用武之地，在实现个人理想的同时，为国家的繁荣昌盛做出了巨大的贡献。羲氏、和氏通晓天文方面的知识，得到了尧的重用，他们遵照日月星辰的运行规律，制定了历法，规定一年为366天，分为春夏秋冬四个季节，并设置了闰月来调整各年的四时。每年都会悉心教导人们依照节气安排农业生产。尧由于善于用人，施政得当，创造出了海内升平、天下大治的局面。

尧出身高贵，却待人和善，从不轻视任何人。他拥有至高无上的权力，却从不专横跋扈、一意孤行。他经常召集部落首领商议国事，虚心听取他人的意见。继位70年以后，尧感觉自己老了，做事越来越力不从心，在一次部落会议上，他忽然问："你们认为，部落中谁有能力辅佐我治理好国家呢？"大家一致认为，舜才干出众，为人孝顺，德才兼备，最适合辅佐君王治理天下，于是不约而同地向尧举荐舜。

舜的父亲是个盲人，眼睛看不见，不辨黑白，心里也糊涂，不辨是非，品性极度恶劣，续弦又生了一个儿子之后，就不把舜放在心上了，居然想要害死舜。面对这么歹毒的一个爹，舜不但不怨恨，还对他孝顺有加，对待同父异母的弟弟也甚为疼爱，经常循循善诱、苦口婆心地劝导他们向善。由于恪守孝悌之道，舜还没有成家立业，就已经扬名在外了。尧为了更深入地了解舜的为人，把自己的两个宝贝女儿交给了他，又派了九个随从形影不离地侍奉舜，观察舜的一举一动。

婚后，舜与妻子举案齐眉，恩爱有加，他并没有因为妻子是尧的掌上明珠而对其百般娇惯，而是教导她们对上要奉养老人，恪守孝道，对下要照顾幼弟，以尽长嫂之责。就这样，她们被调教成了尊老爱幼的妇女典范，具备了贤妻良母的传统美德。九名随从非常钦佩舜的为人，心甘情愿地为舜效力，一直对其恭敬有加。尧对舜的表现很满意，就任命舜为司徒，让他负责协调君臣、父子、夫妻、兄弟、邻里的关系。在舜的治理下，百姓家庭关系和睦、邻里相处融洽，社会和谐安定。尧非常高兴，更加器重舜了，开始让他参与国家重大事务的管理。舜不负所托，把所有的事情处理得都非常妥当，行事宽严有济，待人既有亲和力又不失威严。凭借着过人的才干和超强的人格魅力，舜赢得了大家的尊重和爱戴。

有一次，舜奉命到地形复杂的深山老林里执行任务，途中遇到了暴风雨，即便如此，舜依然没有停下脚步。他一直马不停蹄地赶路，不肯耽误片刻工夫。舜顶风冒雨地工作，没有因为天气和地形的缘故迷路，圆满地完成了任务。尧确信他有超乎寻常的智慧和非同一般的才能，是一个出类拔萃的人，于是便准备把帝位禅让给这位前途远大的年轻人。

不久，尧主持召开了部落会议，宣布退位。首领们爱戴尧，极力推荐尧的儿子丹朱继承大位。尧认为丹朱没有帝王之才，不想把国家交给这个不成器的儿子，于是就对大家说："把国家权力交给贤能之人，可使天下人受益，利益受到损害的只有丹朱一个人而已；把军国大全交给丹朱，成全了我儿丹朱，却要让天下子民深受其害，这么做是不对的。我绝不会为了一己私利而置天下百姓于不顾。"说完，毅然把帝位禅让给了舜。

尧去世后，举国哀痛，百姓如丧考妣，自觉为这名圣明的君王守孝三年。整整三年时间，人们沉浸在巨大的悲恸中，没有心思欣赏歌舞音乐，全国各地的娱乐活动都禁止了。人们是在用一种无声的方式缅怀和哀悼他们最敬爱的首领。

智慧贴士

尧是继黄帝之后，又一位圣贤的明君，长期以来一直被当作圣主的楷模。尧的身上有许多令人钦佩的传统美德，比如勤俭朴素，心怀天下，悲天悯人，与百姓同甘共苦等，他关爱百姓的故事妇孺皆知、家喻户晓，但最为人所津津乐道的是传位传贤不传子，把天子之位禅让给了德才兼备的禹。

禅让制比封建社会父死子继、兄终弟及家天下的传位制度更合理也更优越，这个制度是由尧来开创的，这一继承制度，往往和圣明的君主、贤能的臣子、清明的政治、国泰民安的美好景象是紧密相连的，缔造的是一个理想和谐的社会，与后世腐朽没落的家天下的政治截然不同，所以数千年来，人们都在怀想尧开创的伟大时代。

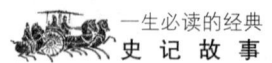

拳拳赤子的家国往事

虞舜原本是颛顼帝的后代，由于各种原因，祖上好几代人都没有做过高官，地位等同于平民。舜自然而然沦落成了破落的贵族。舜的童年很不幸，他很小的时候，母亲便过世了。舜的父亲瞽叟是个瞎子，和后妻生了儿子象。象深得父母宠爱，被骄纵坏了，对舜一点儿也不尊敬，平时总是欺侮眼前这个不受待见的哥哥。舜从不计较，依旧恪守长兄的职责，无微不至地关怀和爱护弟弟。

瞽叟偏爱后妻和象，对舜非常冷漠，动辄呵斥打骂，常常因为一点儿鸡毛蒜皮的小事惩罚舜。后母也不是个省油的灯，总想找机会除掉舜。舜并不记恨家人，依旧像往常那样侍奉他们照顾他们。然而他的真心没有换来任何回报，在家里他没有任何地位，感受不到一点儿亲情。家人容不下他，他只好搬到山脚下独自生活。

他盖了一间简陋的茅草屋，在屋前开垦出一片田地，种上了庄稼。到了秋天，粮食大丰收，他自己吃不完，就把多余的粮食拿出来无偿地发放给穷人。赶上荒年，他听说有人断炊了，就趁夜把米放到人家门口，直到那户穷苦的人家把米搬回了屋，他才放心地离去。时间久了，人们都知道他的事迹了。他的美名传遍了乡里。在他的精神感召下，人们的思想观念和行为方式发生了很大变化，那些为地界争得头破血流的人，不再斤斤计较了，忽然握手言和了。舜去雷池捕鱼，渔民不再为争夺鱼虾而大动干戈了，全都学会了礼让。舜走到哪里，就会把清正之风带到哪里，因此所有人都欢迎他的到来。但凡舜居住过的地方，在短短一年时间里就发展成了人口鼎盛的村落，两年后，就变成了熙熙攘攘的小镇。

舜20岁时，美名就传遍了天下。他30岁时，尧年老力衰，产生了退隐之意，在全国范围内寻找接班人。各路诸侯不约而同地推荐舜。尧为了考察舜的品行，把两个女儿都嫁给了他，送上粮食、牛羊、布匹、琴作贺礼。瞽叟财迷心窍，为了霸占财产，谋划着要杀掉舜，于是哄骗舜回家修补粮仓。舜顺着梯子爬上了仓顶。瞽叟一把火把粮仓点着了。火势迅速蔓延，眼看要烧到仓顶了。关键时刻，舜急中生智，手持两个大斗笠纵身而下，如同飞鸟一般安全着地，成功地逃出了火海。

一计未成，瞽叟又生一计，让舜帮忙挖井。舜挖到深处，高度足以埋没一人时，瞽叟和象突然拼命往里面填土，想要活埋舜。好在舜早有准备，预先在旁边挖了一条暗道，这才得以化险为夷、逃出生天。瞽叟和象以为舜死在井下了，迫不及待地抢夺财产。象说："这个绝妙的好主意是我想出来的、舜的两个漂亮的娇妻应该归我，那把名贵的琴也归我，牛羊、粮仓什么的，我不稀罕，归你们俩吧。"瞽叟不同意，十分不悦地说："我不把他骗回来，他能老老实实挖井吗？"象忿忿地瞪了父亲一眼，转身拿起那把精致的宝琴，自娱自乐地弹奏了起来。

正当他们闹得不可开交的时候，舜走进了院子。象大惊失色，吓得浑身哆嗦，手中的琴"砰"地一声掉到了地上。他带着恐慌的眼神看了看父亲，转而缩到了母亲身后，半响才望着哥哥结结巴巴地说："我以为……以为你遭遇不测了，刚才还在为你悲伤难过呢。"舜看了看灰头土脸的父亲，父亲惭愧至极，良久低头不语。舜没有当场拆穿他们，故意轻描淡写地说："一切都过去了。以后你们想要什么，就随便取用好了。"事后，对这段不愉快的经历，舜绝口不提，照旧孝顺父母照顾弟弟。他的家人十分感动，此后便不再加害他了。

后来舜被推选为部落联盟的首领，成为新一任共主。在位期间，他关心民间疾苦，乐于实惠于民，深受百姓爱戴。他广招贤才，让有名望的人的后代担当重任，一展所长，培养出了一大批人才。这些人大都精明强干，他们不仅擅长处理内务，而且善于教导民众，协调各部族之间的关系，在他们共同的努力下，中原各部族都能和平相处，很少动刀兵，边远部族也都心向中原，愿意服从舜的统治。舜把道德败坏的害群之马集中发配到了荒远的边疆，让他们惩治更加邪恶的人，如此一来，国内就没有祸国殃民的恶人了。

舜年老的时候，主持召开了部落会议，问了尧问过的问题："部落里谁有能力辅佐我治理国家呢？"大家都异口同声地推荐禹。舜便对禹委以重任，派他到洪水泛滥的地区治理水患。之后，他又把其他贤臣放到了合适的职位上，每三年评估一次政绩，根据考核结果，给予官员晋升或降级的处理。皋陶刚直不阿、执法公平，舜便让他掌管典狱；伯益彬彬有礼，舜便让他主管天地人三事的礼仪。夔精通音律，舜便让他用优美的音乐和舞蹈教化人民。

在诸多臣子中，禹的功劳最大，他凿山开路，疏浚水利，筑造堤坝，引导河流入海，有效治理了洪患，又划定了九州地界，让九州君长定期向舜朝贡，安定了四方。如此一来，无论是中原还是边区的百姓，都能安居乐业了。禹为了歌颂舜的圣明仁德，创作了《九韶》。这首曲子非常动听，吸引了大批珍禽异鸟，人们皆被这优美婉转的音律所感染，沉醉其中，无法自拔。

后来，舜以年老之躯不辞辛苦地到南方巡查，病逝于苍梧郊野。人们把他葬在了九山。舜临终前指定禹为接班人。舜过世后，禹为他守了三年孝。当年舜也曾经为尧守孝三年。继承人大底都会为前任守丧，这是一种不成文的规定。各部落首领都诚心归附禹，禹顺利坐上了盟主的宝座。

智慧贴士

舜和尧一样是备受推崇的上古先王，两人常常被相提并论，但舜在后世的地位与尧大为不同，他是孝德的代表，为儒家所推崇。舜的传说故事与儒家大力倡导和颂扬的孝悌之道不谋而合，所以舜成了美德的化身，被标榜为道德文明的鼻祖，收获了无数的赞誉。司马迁曾经一针见血地指出"天下明德皆自虞舜始"，一语道出了舜对中国传统文化的影响。虞舜是儒家文化不可分割的重要组成部分，严格意义上来说，它是儒家文化的核心和精华所在，舜的形象之所以如此高大，与儒学一直在中国社会占绝对的统治地位是分不开的。

夏本纪

伟大首领的千秋政绩

禹本名文命，是轩辕黄帝的玄孙，血统高贵，他的曾祖父昌意和父亲鲧都没能成为盟主，地位与普通的臣民无异。禹能脱颖而出，依仗的不是家族势力，而是自己的能力。

尧在位时，黄河流域水患严重，经常发洪灾，滔天的洪水淹没了附近的山丘，眼看就要淹没良田和房舍，老百姓整天提心吊胆，不得安宁。尧召集部落首领商讨治理水患的事情，他焦急地问："如今黄河泛滥成灾，百姓饱受水患困扰，谁有能力治理水灾呢？"首领们一致推荐鲧。尧不相信鲧的能力，但又不好违背众首领的意思，于是就把治水的重任交给了鲧。

一晃九年时间过去了，水患不仅没治理好，反而比以前更严重了。老百姓叫苦不迭，怨愤不已。恰在此时，尧把权力交给了舜，让他代行天子之职管理国家。舜亲自到灾区考察，发现鲧的治洪工作毫无成效，便把鲧流放到了羽山，鲧死在了那里。舜起用鲧的儿子禹，让他继续父亲未竟的事业，接着治理洪水。

禹上任后，带着官民日夜奋战在抗灾第一线。父亲因治水失败死在流放之地，禹心里非常难过。他不想重蹈父亲的覆辙，暗暗发誓一定要平息水灾，让老百姓安居乐业。他带着治水队伍一路跋山涉水，勘测地形，沿途做好了标记，为治水工程作出了合理规划。他果断摒弃了父亲以堵为主的治水办法，决定开凿渠道，通过疏通河道的方式将泛滥的洪水引入江河湖海。当时他刚刚娶了妻子，正值新婚燕尔，却没有时间陪伴娇妻。为了治水，他整天奔波在外，天天从早忙到晚，好几次路过自己的家门都没有进去。

有一天，禹又一次从自己家门口经过，里面传来儿子哇哇的哭声。禹听了心里很酸楚，但是仍然没有进去探望。他把所有的精力都投放到了治水大业上，衣食住行毫不讲究。他和老百姓同甘共苦，一块从事艰苦繁重的体力劳动，头戴箬帽，顶着烈日挥汗如雨地挖土、挑土。他亲自在路上驱车，在水中驾船，路过泥泞的沙滩，就乘坐木橇前进。在崎岖陡滑的山路上行走时，穿的是带齿的鞋子。无论前路有多么艰辛，都阻挡不了他坚定的步伐，抗洪救灾的路上，到处都有他坚毅的身影。

黄河中游有一座高大雄伟的山脉，叫龙门山。湍急的黄河水流经此处，被横亘的庞大山体阻挡，溢出了河道，因此造成了水患，冲毁了百姓的田宅。禹前往龙门山考察，决定劈开山口，让堵住的洪水倾泻而出。他勘测完了地形之后，就带着当地百姓开山劈石，硬是把这座牢不可摧的大山凿豁开了一个大口子，黄河水奔腾而下，水流畅通无阻，水患终于平息了。解决了治水的技术难题以后，禹开始到各地治水，他先是来到了冀州，成功治理了壶口和梁山一带的水患，然后又巡行治理了太原太岳山一带。治理颇有成效后，又去治理漳水流经的区域。

兖州位于济水和黄河之间，境内有九大河流穿过，河道都被疏通了，不再闹水灾了。雷夏泽堤坝修好后，变成了蓄水的湖泊，雍水、沮水流入这里，不再泛滥了。湖畔土地肥沃，非常适合桑树生长，适于发展植桑养蚕业。得天独厚的自然环境，吸引很多人到此定居。大批的山民迁居到了开阔的平原上。

青州依山面水，位于莽莽泰山和浩瀚的大海之间，水患相对较小，很快就治理好了。潍水和淄水都被疏通了。徐州山环水绕，地处大海、泰山和淮河之间，淮河、沂水等经常泛滥的河流治理好了之后，蒙山和羽山周边的地区就成了沃土良田，可以大面积种植庄稼了。大野泽经过合理的整治，变成了一个天然的蓄水池，东原地区的百姓不再担惊受怕了，可以安心地在土地上劳作了。扬州东临大海，北接淮海，是洪水泛滥的重灾区。禹命人开挖彭蠡湖，拦洪蓄水。随后修了许多疏浚河道的水利工程，将汹涌不息的松江水、奔腾咆哮的钱塘江和波浪滔天的浦阳江全部引入大海。经过整治，扬州成为了沃野千里的天府之地，那里花木葱茏、竹林遍地，满眼明媚繁华，置身其中，莺歌燕舞，落叶缤纷，仿佛误入了世外桃源，美得难以用任何语言来描摹。

荆州夹在荆山、衡山两大山脉之间，江水、汉水流经此地，蜿蜒入海。浩浩汤汤的长江和沱水、涔水两大支流都有较为稳定的河道，禹对原有的河道进行了简单的修整，确保河流久雨不溢，能平缓地流向大海。之后，大禹又率人治理了当地最著名的湖泊——云梦泽，老百姓从此可以无所顾虑地从事农业生产了。豫州南部是绵延不绝的荆山，北面是九曲蜿蜒、波澜壮阔的黄河。禹根据它的地形地貌特征，成功把伊水、洛水、涧水三大水系引入了黄河。随后又治理了荥泽、菏泽、孟泽，深挖湖底，扩大蓄水量，在沿岸修筑了坚固的堤坝，这样河水平缓地流入了湖泊，大地就不再受水患威

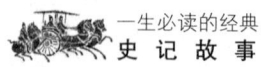

胁了。

梁州东至华山之南，西至黑水之滨，地域广阔，沱江、涔水时常肆虐横流，这两大水系被疏通后，此地就不再发水灾了。禹又带人平整治理了岷山、潘冢山、蔡山、蒙山地区的广大土地。当地的老百姓在上面种上了庄稼，农作物长势很好，到了秋天，粮食大丰收，大家喜笑颜开。灾区的百姓通过自己的辛勤努力，重新建设起了家园。

位于黑水和冀州之间的雍州，汪洋浩荡的弱水被引流到了西部地区，浪阔波清的泾水被导入了黄河最大的支流渭河。漆水、沮水被疏通了，都野泽从此风平浪静，没有再发生水灾。荆山、岐山、终南山、敦物山至鸟鼠山的广大土地，解决了水患问题，变成了万顷良田。三危山地区的百姓过上了安居乐业的生活。

治水工程取得成效以后，大禹把心力都放在了治理九州上：他先后疏通了九条大大小小的河流，深挖了九处湖泊，把洪水续存起来，减轻了抗洪的压力，并在湖岸修筑了高大坚实的堤坝；开凿了九座坚如磐石的大山；以国都为中心，铺筑了四通八达的道路；把稻种分发给老百姓，让百姓踏踏实实地种地；统筹分配粮食，哪里庄稼歉收，就从粮食盈余的地方调拨过去，避免发生饥荒。这样生活在边疆地区的老百姓也能过上丰衣足食的生活了。

大禹又把全国各地的土地按照土力的肥沃贫瘠程度划分成若干等级，要求老百姓按照当地的土地情况缴纳赋税。王城方圆500里的地区为甸服，其他地区根据距离国都的远近划分成不同的区域，缴纳不同的贡品。各地诸侯要按时纳贡，服从天子的命令。

大禹治水耗用了整整13年的时间。他13年如一日，无论严寒酷暑，风雨无阻地奔走在第一线，不曾踏进过自己的家门。舜帝很欣赏他恪尽职守、公而忘私的品格，百姓也爱戴他，为了表彰他在治水方面的贡献，舜帝赏赐给他一块珍贵稀有的黑色玉石，并昭告天下，治水工程大功告成，老百姓可以过安稳生活了。

大禹因治水有功，受到了舜帝的提拔和重用，成为了辅佐君王的肱股之臣。不久，大禹被选为帝位继承人。舜帝去世后，大禹把君位让给了舜的儿子商均，自己离开了帝都，迁居到了阳城。大臣们不愿尊奉商均为天子，纷纷赶来朝拜大禹。大禹又坐上了天子宝座，建国号为夏后。

◎ 智慧贴士 ◎

大禹生活的时代，黄河流域洪水泛滥，百姓饱受水患之苦，面对不可抗拒的自然灾害，所有的努力都显得微不足道。禹的父亲没能成功治理洪水，大禹临危受命，为百姓兴利除害，他事必躬亲、不辞劳苦，与民众患难与共，长年奋战在抗洪第一线，三过家门而不入，终于克服了重重困难，因势利导地把洪水导入了江河湖海，成功平息了洪患。大禹身上那种公而忘私、以民为本、以谋天下之福为己任的崇高精神以及破旧立新、勇于思变、科学治水的做法是非常值得称道的。

殷本纪

网开三面收服人心

在尧舜禹统治时代，有个叫契的家族枝繁叶茂、兴盛起来。这个家族的先祖是帝喾的次妃简狄所生。传说简狄有一天在河水里沐浴，有一只燕子凌空飞过，掉下一枚鸟蛋。简狄甚为惊奇，把鸟蛋捡起来吃掉了，不久就怀了孕，生下了一名男婴，取名叫契。契长大后，曾经跟随大禹治水，舜帝为了表彰他的功绩，把商这个地方赏赐给了他，并赐他姓子。契去世后，其子昭明继承了诸侯国国君之位。历经14代之后，成汤即位。他就是历史上著名的商汤。

古人敬畏神明，把祭祀天地祖宗看成是头等大事，谁也不敢怠慢。有个叫葛伯的诸侯，不以为然，不仅公然废除了祭祀礼仪，还把专门用来祭祀的牛羊宰杀了烹煮着吃。汤为了维护礼仪制度，发兵征讨他，义正词严地教训道："人以水为镜，就能知美丑，一看到老百姓生活的好坏，就能判断出国家治理得如何。你不敬神明，违反天命，我要严厉惩罚你，绝不姑息。"事后伊尹赞美道："汤是多么英明啊，作为高高在上的君主，能体恤百姓，关心民间疾苦，日后一定会有贤德的人来辅佐他。"

汤是一个心地善良的君主。有一天他外出巡视，路上看到有个猎人在森林里张网扑鸟。那人小心翼翼地把网从四面挂好后，"扑通"一声跪在了地上，激动地向上苍祷告道："愿天上飞的、地上跑的，所有的飞禽走兽都自投罗网，快快钻进网里吧。"汤听了，十分惊讶，立即吩咐随从把网撤掉了三面，只留下一面，并对那猎人说："你这么做太残忍了，难道想把所有的鸟兽都一网打尽、赶尽杀绝吗？"接着，他又让猎人重新祈祷："鸟儿啊，你想往左飞就往左飞，想往右飞就往右飞，偌大的天地随你自由翱翔，你想飞到哪里都可以，不遵循天命的，飞到我的网中。"然后又对大家说："对待森林里的飞禽走兽也要有仁爱之心，捕捉一部分就足够了，不能赶尽杀绝。"商汤网开三面的事迹传遍了大江南北，人们都说："商汤的仁爱都惠及到了禽兽啊，世上再也没有比他更仁慈的人了。"

商汤广施仁德的时候，夏朝国君夏桀荒淫残暴、鱼肉百姓，导致民怨沸腾，诸侯昆吾氏利用人民的不满情绪趁机兴兵作乱。商汤先是率领军队讨伐了乱臣贼子昆吾，随后挥师征讨暴君夏桀。出战之前，商汤高举大斧慷慨激昂道："这次起兵，并非是我叛国作乱，而是因为夏桀恶贯满盈、坏事做尽，人神共愤，必须征讨。有人对此次出征心存抱怨，是可以理解的。但是你们想一想，如今夏桀危害天下，已为天理所不容，我必须顺应天命，不敢不征讨。我听到有人私下里抱怨说：'国君让我们抛下农事不管，赶赴战场攻打夏桀，一点也不知道体恤百姓。还有人问：'为什么要兴师动众地攻打夏桀，他究竟犯了什么不可饶恕的罪过？难道是弥天大罪吗？'我告诉你们，夏桀不惜民力，不断加派徭役，无休止地搜刮民财，几乎将百姓的财富洗劫一空。夏国的老百姓全都对他恨之入骨，曾经作歌谣唱道：'你这个毒辣的太阳（夏桀自比为太阳）啊，什么时候消亡，我宁愿和你一同毁灭。'夏王已经昏庸堕落到了不可救药的地步，所以我们才要顺应民意攻伐他！"

商汤认为自己起兵反夏，是一种非常勇武的英雄主义行为，便自号为"武王"。商汤的大军连战连捷，势如破竹，把夏桀的军队打得丢盔弃甲、望风而逃。夏桀诚惶诚恐，狼狈逃窜到了鸣条。商汤乘胜追击，一口气攻克了三个忠于夏国的诸侯国。汤让伊尹昭告天下，向各诸侯国通报了目前的军事政治形势。各方诸侯纷纷跑来归附汤。汤登上了天子的宝座，灭亡了夏朝，开创了商朝。

智慧贴士

商汤是商朝的开国国君，他率众推翻了夏桀的暴政，结束了夏王朝腐朽的统治，开创了一个全新的朝代，建立了新的统治秩序。他之所以能成就帝业，凭借的不仅是武力手段，还有仁德的感召和智谋的运用。古人历来推崇"上攻伐谋"，只懂得逞匹夫之勇，一味迷信武力的人是不可能缔造辉煌的基业的。商汤的过人之处在于，他知道如何树立宽厚仁德的形象，通过对鸟兽解网施仁，展现了自己仁慈善良的一面，与夏桀的残暴不仁形成了鲜明的对比。利用民心向背的形势，审时度势伺机而动，最终成功改朝换代，实现了一番霸业。

一个奴隶的逆袭之路

名相伊尹，本名阿衡，身世很凄苦，相传尚在襁褓中就被亲生父母丢弃在桑林里，幸亏被好心的有莘氏发现，抱回家抚养，这才捡回一条命。伊尹貌寝，仪表不佳，但智谋过人，胸怀大志，绝非等闲之辈。他盼望着有朝一日入朝为官为国效力，能多为老百姓办些实事。

后来商汤迎娶了伊尹的养母有莘氏，伊尹以陪嫁奴隶的身份进入了王宫，成了宫廷里的庖厨。因为掌管君王膳食，伊尹有很多机会接近商汤。他先以桌上的饭食为话题的切入点，从饭菜的味道谈起，自然而然地过渡到国事上，然后又引申到治国方略上，苦心孤诣地劝说商汤施行德政。商汤发现伊尹和其他的仆人不一样，觉得这个年轻人有想法有见地，而且才干出众，于是就破格提拔了他，让他入宫辅佐自己处理朝政。伊尹不知道商汤是否真有诚意聘用自己，故意坚辞不就。商汤礼贤下士，派人恭恭敬敬地拜望了他五次之后，他才肯出来辅佐商汤。再次见面，君臣相谈甚欢，伊尹侃侃而谈，讲了许多富国强民的治国之道，商汤认为他说得很有道理，对他佩服得五体投地，不久即起用他为宰相。

在伊尹尽心竭力的辅佐下，商汤的封国日益强大，国力蒸蒸日上。夏桀并没有察觉出潜在的威胁，照旧大吃大喝，奢侈享乐，继续大兴土木，建造华美的宫殿。由于大量征用民力，土地无人耕作，大片的农田荒芜，以至哀鸿遍野、民生凋敝。为了弄清夏王朝的国情，伊尹主动请缨到夏桀身边做官。夏桀毫无戒备，同意了伊尹的请求。伊尹在夏宫生活了很长时间，对夏朝的政治、经济、军事及民情都看得一清二楚。庞大的夏王朝表面强盛无比，实际上已是病入膏肓、虚弱无力了，百姓对夏桀痛恨不已，恨不能与之同归于尽。这样的王朝实在是不堪一击。伊尹探清虚实以后，找个借口回到了商的国都亳。

伊尹把打探来的情况全部告诉了商汤，商汤认为时机已到，决定发兵攻打夏朝。伊尹说："我们不能贸然出兵，以免打草惊蛇，不如先试探一下，看夏桀有什么反应。"商汤欣然领会，从此不再向夏桀进贡。夏桀勃然大怒，决定调动九夷部族讨伐商汤。伊尹见夏朝还有能力调兵遣将，尚能控制少数民族，就对商汤说："九夷部族仍然忠于夏王朝，说明夏朝余威尚在，灭夏时机不成熟。你先派人向夏桀请罪吧，等到时机成熟了再起兵吧。"商汤只好让人带着贡品到夏桀那里俯首请罪。夏桀见商汤臣服了，又肯以人臣之礼老老实实进贡了，不禁洋洋自得，于是便退了九夷之师。

一年后，夏朝愈发不得人心。九夷中的一些部族实在忍受不了夏王朝的欺凌，陆陆续续背离了夏桀。夏桀陷入众叛亲离的可悲境地。伊尹认为时机已到，就让商汤停止向夏桀进献贡品。夏桀暴怒，下令大举讨伐商汤。诸侯们都按兵不动。夏桀指挥不动诸侯的军队，一时孤掌难鸣。商汤趁机攻打夏桀，伊尹随军出行。商军一路凯歌，一举击溃了夏军，推翻了夏朝的腐朽统治，建立了商朝。

商朝建立以后，商汤在伊尹的辅佐下，励精图治，广施善政，实现了强国之梦，成就了贤臣明君的佳话。商汤过世以后，伊尹继续鞠躬尽瘁地辅佐商汤的后代。商汤的孙子太甲没有仁君的潜质，伊尹担心他毁了商汤的一世英名和千秋大业，于是创作了《伊训》《肆命》《徂后》三篇措辞严厉的文章，劝诫太甲要恪守王道。可惜太甲令他失望了，即位三年之后开始胡作非为，败坏了礼法，失了道义，把国家搞得乌烟瘴气。

伊尹为了商王朝的未来，废黜了太甲，把他流放到了商汤陵寝所在地桐宫，自己代行君权执掌国政，接受各路诸侯和万民的朝拜。太甲在桐宫面壁思过三年，终于悔悟了，决定洗心革面，弃恶从善。伊尹见他浪子回头，愿意弃暗投明，很是高兴，给了他一个改过自新的机会，不久便把他接回了宫，然后把国政大权交还给了他。自己告老还乡，从此归隐江湖。太甲复位后，勤政爱民，推行德政，赢得了民心，四方诸侯纷纷前来归附。伊尹很欣慰，创作了《太甲训》，大力赞扬太甲的功绩。伊尹去世后，太甲的儿子沃丁厚葬了他，并命人创造《沃丁》一文，赞颂伊尹的治国才能，使这位王佐之才的事迹得以流芳百世。

智慧贴士

伊尹是殷商时期的社稷之臣，曾经辅佐商汤灭亡了夏朝，在商朝创建的过程中立下了不世功勋，后来又先后辅佐外丙、仲壬、太甲、沃丁五代君主，整顿吏治、推行德政、发展经济，为商王朝的繁荣强盛立下了汗马功劳。因为是庖厨出身，伊尹把五味调和的理念运用到治国方面，收获了很好的成效，故被老子评价为"治大国若烹小鲜"的贤相。

治大国若烹小鲜指的不是举重若轻、悠然从容的态度，而是指伊尹从精妙复杂的烹饪上，洞悉了事物的本质，将这一理念推广到治国方略上，成果斐然。善烹小鲜者不计其数，但因善烹小鲜而善治国者唯伊尹一人。当初伊尹能以小小庖厨的身份与君王畅谈国事，并说动君王，足见他有多么非同凡响。

周本纪

一代暴虐帝王的悲情人生

商朝最后一位君王是商纣王帝辛。纣王天资聪颖、才智过人,小小年纪就显得卓尔不群。长大以后,身材魁伟,仪表堂堂,很有帝王风范。他浑身是胆,一身力气,敢赤手空拳和凶猛的野兽搏斗,但却不是一个鲁莽的人。他能言善辩,才思敏捷,满肚子都是学问,因此恃才傲物,谁都看不起。登上帝王的宝座以后,他更加目空一切了,动辄在臣子们面前吹嘘自己的才华,炫耀自己的武功,一味自命不凡,妄自尊大,渐渐迷失了自我。

在位期间,纣王终日纵酒狂欢、沉湎女色,致使朝纲废弛。后宫有个叫妲己的妃子,长得美艳绝伦,纣王非常宠她,几乎对她千依百顺、言听计从。妲己喜欢欣赏歌舞,纣王便找来国内最好的乐师为她弹奏舞曲。妲己婷婷袅袅款款而来,踏着节拍轻轻摆袖起舞。纣王沉浸在靡靡之音和美人翩若飞鸿的美妙舞姿里,如醉如痴,久久不能自拔。为了满足自己骄奢淫逸的欲望,纣王变本加厉地搜刮臣民,对老百姓行苛政收重税。收缴上来的钱财堆积如山,装满了鹿台的钱库。纣王仍不满足,又搜集了各种新鲜的珍奇异物,装饰王宫内外。不久,又花费巨资扩建了宫殿,在奢华的住所里栽种百花异草,豢养羽毛艳丽的珍奇鸟兽,以供自己和爱妃们游赏取乐。

商朝饮酒之风兴盛,纣王尤为好酒,为了尽情享受宴饮之乐,他把水池里灌满了美酒,把切割好的肉片挂在树林里,建造了传说中的酒池肉林。商纣和爱妃裸着身子在酒池肉林之间追逐嬉戏,调笑打闹，场面荒淫至极。他们不分昼夜地吃喝玩乐，尽情享受鱼水之欢，完全不顾百姓死活。大臣们看不下去了，纷纷背叛了纣王。纣王恼羞成怒，严刑拷打不忠的臣子，命人在熊熊燃烧的炭火上架起铜柱，逼迫罪臣赤着脚在滚烫的铜柱上行走。人受不了铜柱的温度，就会失足跌到炭火里活活烧死。纣王和妲己每每看到这残忍的一幕，都会忍不住哈哈大笑。

九侯有个漂亮的女儿，入宫做了纣王的妃子。这个美丽的妃子看不惯纣王荒淫，不肯卑躬屈膝、乖乖就范，经常违背纣王的心意。纣王大发雷霆，残忍地杀死了这位美人，一气之下把九侯也杀了。纣王仍然觉得不解气，又把九侯的尸体剁成了肉酱，分发给四方的诸侯品尝。鄂侯对纣王残杀大臣的行为颇为不满，气冲冲地找纣王理论，纣王懒得和他争辩，挥挥手就让手下把鄂侯拖出门外斩了，之后又把尸体熏成了人肉干。两位朝廷要臣的惨死，使西伯产生了兔死狐悲之感，每每想起同僚，他都不免伤心叹息。后来有奸佞小人向纣王进献谗言诋毁西伯，纣王不由分说地把西伯囚禁了起来。手下为了营救西伯，向纣王进献了美人宝马和金银珠宝。纣王收到厚礼很高兴，这才释放了西伯。

西伯获得自由后，把洛水西岸的大片肥沃的土地拱手献给了纣王，言辞恳切地恳求纣王善待臣民，废除严苛的酷刑。纣王得了土地，龙颜大悦，爽快地答应了西伯的请求，并赐予他象征权力的弓箭斧钺，让他领兵征讨其他诸侯。西伯从阶下囚摇身一变变成了西部诸侯最有权势的首领。纣王重用西伯的同时，也在宠信奸佞小人。宠臣费中是个阿谀谄媚之徒，他不仅唯利是图、贪得无厌，还爱占小便宜，同僚全都讨厌他。为了平息众愤，纣王让大臣恶取代了费中的位置。孰料恶也不是省油的灯，他搬弄口舌、无事生非，动辄造谣中伤别人。由于朝廷奸人当道，良臣得不到重用，各路诸侯都很失望，纷纷疏远了纣王。

西伯回到了周地，表面上韬光养晦，暗地里在行善修德，收揽人心，诸侯纷纷背叛了纣王，偷偷投靠了西伯。西伯的势力不断发展壮大，纣王大权旁落，失去了天子的威严。比干和众臣纷纷劝谏纣王，希望纣王能够迷途知返、改邪归正。纣王听不进良言。王室日趋衰微。后来西伯讨伐并消灭了商朝的附属部落饥国。祖伊听说后，惊愕不已，连忙向纣王进言说："老天已经抛弃我们了，殷商气数将尽了，不久就要灭亡了。大王您如果再不痛改前非，继续行暴政，江山社稷就要断送在您的手里了。"纣王满不在乎地说："有什么好怕的？我贵为天子，我的权力是上天赐予的，神明一定会保佑我的，你们不必杞人忧天。"众臣拿他毫无办法，只好叹息着离开了。

西伯死后，周武王继承了诸侯之位。那时纣王更加荒淫腐化、残暴无道，大臣微子屡屡进言劝谏，纣王闭目塞听，毫不理会。微子告别了太师、少师等同僚，黯然离开了国都。比干对纣王说："我作为人臣，忠心耿耿，冒死进谏，早已将生死置之度外，大王难道你还不肯悔悟吗？"纣王哪里听得进这样的逆耳忠言呢，被比干的一番话激怒了，于是就不怀好意地说："我听说圣贤的心脏与常人不同，共有七个孔，可是还不曾亲眼见过，不知道你的心脏和传说的是不是一样？"说完，便下令剖开比干的胸膛，把心脏剜出来赏玩，看看是不是传说中的七窍玲珑心。大臣箕子吓得魂不附体，装疯卖傻假扮成奴仆，希望能躲过灾祸。纣王知道后，把他囚禁了起来。

太师和少师知道纣王大势已去，便携带着象征宗庙社稷的祭器和礼器投奔了周。周武王觉得时机成熟了，便率领各路诸侯讨伐暴君商纣。双方交战于牧野。商军人心涣散，军心动摇，士兵无心恋战，被周军击败。纣王仓皇逃回了王宫，换上了镶有宝玉的华美衣服，衣冠楚楚地登上了露台，绝望之中自焚而死。周武王砍下了他的首级，将血淋淋的头颅悬挂在白色旗杆上。随后杀死了祸水红颜妲己，将身陷囹圄的箕子解救了出来，给贤臣比干重修了坟冢。周武王封纣王的儿子做禄父，让他继续举办殷商时代的祭祀之礼。殷商的百姓很高兴，拥戴周武王做了天子。

智慧贴士

提起商纣王，我们首先想到的就是《封神演义中》所塑造的十恶不赦的暴君形象，他造鹿台、设酒池肉林，荒淫无度，宠信蛇蝎妇人妲己，残害忠良，发明炮烙之刑，以剖腹挖心的残忍方式杀死了国之重臣比干，种种罪恶罄竹难书。司马迁的记述与传说如出一辙，但并不能说明历史上的商纣王就是一个穷凶极恶的恶棍。截至春秋时期，时人历数商纣王罪状时，仅限于比干因死谏被杀，到了战国时期，比干之死发生了戏剧性的变化，吕不韦的门客说他是被剖腹剜心而死，司马迁则说商纣王想看看七窍玲珑心，因此残杀了比干。司马迁这样写不是为了丑化商纣王，而是为了警示后世的君王，千万不能推行暴政。不过史书中的商纣王形象和历史上真实的商纣王是有出入的，我们需要辩证地看待这个问题。

宁为美人败江山

周朝最后一位君王是周幽王，他即位的第二年，各种自然灾害纷至沓来，先是都城附近的渭水、泾水、洛水流经的区域发生了百年不遇的大地震，紧接着这三大支流都干涸了，岐山也跟着崩塌了。大臣伯阳甫认为，这些反常现象都是不祥之兆，预示着周朝国运将衰，并预言国家将在十年之内灭亡。他说："古时候天下大旱，洛水和伊水枯竭，夏朝不久就灭亡了；黄河干涸，商朝也灭亡了。国运的兴衰和山川河流休戚相关，山崩水竭是国运将尽、国家衰亡的征兆，上天每隔十年就会示警一次，老天要抛弃哪个国家，就会让它在十年内灭亡。"

周幽王满不在乎。他一味宠爱后妃褒姒，想要废黜正宫皇后和皇太子，改立褒姒所生的儿子为储君。伯阳甫感叹说："看来周朝真要灭亡了。"褒姒的身世很离奇，传说是龙沫（龙的唾液）流于王庭化身为玄鼋（黑色蜥蜴）使宫女受孕所生。宫女受了惊吓，又担心被人耻笑，于是就把孩子扔掉了。

周宣王时代，有童谣预言说桑木的弓箕木做的箭袋，将使周王朝灭亡。歌谣传遍了京城，闹得满城风雨，周宣王很紧张，这时恰好有一对夫妇在卖传闻中的箭弓箭袋。周宣王便派人把他们杀掉。这对夫妇在逃亡的路上，发现了一个弃婴。婴孩啼哭不止，看起来非常可怜。夫妇俩动了恻隐之心，便抱起这个嗷嗷待哺的孩子，奔逃到了褒国。女孩长大后，出落成了一个亭亭玉立的少女。后来褒国有人犯了罪，惊恐万状，害怕受到惩罚，便把女孩献给周幽王请罪。这个女孩就是后来大名鼎鼎的祸国妖姬褒姒。

幽王三年（公元前779年），周幽王第一次见到美丽不可方物的褒姒，对她一见倾心。不久，褒姒怀了龙种，生下皇子伯服。周幽王爱屋及乌，非常宠爱伯服，于是便废黜了王后和太子，立褒姒为王后，伯服为太子。伯阳甫见周幽王破坏祖训废长立幼，感慨万分地说："大祸临头了，国家就要走到穷途末路了。"

褒姒是个冷美人，整天愁眉紧锁，幽幽怨怨，从来没有人见她笑过。为博美人嫣然一笑，周幽王煞费苦心，可是使出了浑身解数，美人依旧不肯展露欢颜。周朝边境设有烽火台，一旦有敌军来犯，驻守在那里的士兵就会点燃烽火，传递紧急军情。一天傍晚，周幽王携褒姒登上了烽火台，吩咐守军把烽火点燃。边境附近的诸侯见烽火台上狼烟滚滚，火光冲天，以为是敌兵打过来了，急忙召集兵马赶到城下救驾。他们风尘仆仆、气喘吁吁地赶到骊山脚下，一个敌兵也没看到，只见周遭灯火辉煌，山上不时传来飘缈动听的歌声和阵阵鼓乐声。大伙这才知道上了当。原来边境相安无事，周幽王召集他们纯粹是为了取乐。

诸侯受到了戏弄，非常气愤，却都敢怒不敢言，只好咽下这口恶气，悻悻收兵回营。孰料褒姒竟被他们那副满头大汗、狼狈不堪的样子逗乐了。周幽王喜出望外。他费尽心机，终于换来了美人倾城一笑。褒姒笑起来很美，足以让天下男人为之神魂颠倒。为了让美人笑口常开，周幽王一次又一次地点燃烽火戏弄各路诸侯，诸侯接连上了几回当，再也不相信他了。

周幽王屡屡戏耍诸侯，又重用阴险奸诈、贪财好利的奸臣虢石父，导致朝野内外愤愤不平。国丈（废后申后之父）申侯因女儿、外孙被废愤恨交加，如今眼见周幽王冥顽不灵、胡作非为，竟视军国大事为儿戏，干出烽火戏诸侯的蠢事来，认为周幽王已经不可救药，于是便联合缯国、犬戎一起攻打周朝的都城镐京。

大敌当前，周幽王惊慌失措，马上命人点燃烽火报警，释放信号向四方诸侯求援。诸侯一次次上当受骗，长了教训，以为周幽王又在戏弄自己，全都按兵不动，竟无一人前来勤王。申侯轻而易举地攻破了镐京，杀死了周幽王。褒姒成为了阶下囚，王宫里的财物被洗劫一空，西周宣告灭亡。

智慧贴士

褒姒是一个来路不明的奇女子，拥有倾世容颜和迷倒众生的魅惑力，集万千宠爱于一身，不知为什么整天愁眉苦脸，周幽王为了博她一笑烽火戏诸侯，导致了周朝的灭亡。这是一则经典的红颜祸水的故事。乍一听去似乎是说周朝亡于褒姒，可一介弱女子在男权至上的社会何以拥有搅动乾坤的力量？若不是君王好色至极，又怎会被美人玩弄于股掌之间呢？周朝其实是亡于周幽王而非褒姒，若不是他色令智昏，拿家国大事为儿戏，屡屡失信于诸侯，不至于落得国亡身死的可悲下场。

秦本纪

五张羊皮换来治国贤相

秦国地处偏远，原本只是周王室的附属小国，在中原王朝的版图上显得无足轻重。后来周平王册封秦襄公为侯，并把岐山以西的辽阔土地赐给他做封地，秦国才有了一定的根基。秦穆公即位后，秦国走向了强盛。

秦穆公求贤若渴，爱惜人才。他和百里奚的一段佳话，流传千古，成为美谈。秦穆公五年（公元前655年），虞国被晋国所灭。国君和大夫百里奚沦为了俘虏。百里奚以穆姬陪嫁仆人的身份到了秦国。穆姬是晋国公主，晋献公之女。晋献公为与秦国交好，把穆姬嫁给了秦穆公，顺便把战俘百里奚也送了过去。百里奚在秦国做牛做马，形同奴隶，他不甘忍受虐待，偷偷逃了出去。孰料刚获得自由不久，就被楚国人抓回来了。秦穆公听说百里奚才智超群，是个出类拔萃的人才，便想用重金把他赎回来，担心楚国不肯放人，于是就派出使臣说："我们国君的陪嫁奴隶百里奚逃到了贵国，现在国君想要把他赎回去，愿拿出五张黑色羊皮做赎金。"楚王一听，误以为百里奚是个不名一文的庸才，便爽快地把百里奚交给了使者。

年过古稀的百里奚几经周折，又被押送到了秦国。秦穆公亲自前往牢里探望，小心翼翼地为他打开了手铐脚镣，将其奉为座上宾，态度诚恳地和他商讨国家大事。百里奚困惑地说："我乃亡国之臣，没有资格和您谈论国事。"秦穆公说："虞国的国君不懂得任用贤人，不肯重用先生这样的社稷之臣，才会招来亡国的噩运。这不是你的错。"百里奚非常感动，于是开诚布公地和秦穆公畅谈起来，对其知无不言言无不尽。君臣二人促膝交谈了三天。秦穆公非常欣赏百里奚，于是就提拔他为国相，让他辅佐自己处理国家要事。由于百里奚是秦国用五张黑羊皮赎回的人才，如今位极人臣，所以人称"五羖大夫"。

　　百里奚曾经对秦穆公说："国君赏识我器重我，我感到无比荣幸。可我并不是最有才能的人，我的学识才干和我的朋友蹇叔比起来差远了。蹇叔不仅才气纵横，而且有先见之明。当年，我流亡齐国，身无分文，落魄潦倒，不得不伸手向别人乞讨。危难时刻，是蹇叔收留了我。后来，我想要为齐国国君无知效力，蹇叔及时阻止了我，使我免遭大祸。如果不是蹇叔提醒，我很有可能卷入齐国激烈的内斗而惨遭不测。过了一段时间，我只身前往周地，听说王子穨喜欢牛，为他养牛的人都平步青云、身价倍增，于是就想借着养牛的机会毛遂自荐。蹇叔又一次阻止了我，让我赶紧离开周地。不久王子穨惹来了杀身之祸，我因为及时抽身保全了性命。转危为安以后，我又想到虞国国君那里碰碰运气，蹇叔劝我不要这么做。其实我也知道虞国国君并非明主，不可能重用我，我留在虞国，只是为了得到爵位和俸禄，想不到居然沦为了阶下囚。我两次听从蹇叔的规劝，两次死里逃生，只有一次没有采纳他的意见，结果就成了亡国之臣。从这三件事上可以看出，蹇叔料事如神，的确有未卜先知的本领。"秦穆公被说动了，立刻召见了蹇叔，拜其为上大夫。

◎ **智慧贴士** ◎

古往今来，明君礼贤下士招纳人才的故事多得数不胜数，但是用五张黑羊皮赎回家奴拜为贤臣良相的故事仅有一例。秦穆公和百里奚的一段君臣佳话堪称是天下奇闻，自然成为了千古美谈。百里奚命途多舛，长期郁郁不得志，辗转多国得不到重用，孰料当了俘虏被贬为奴隶以后，却被慧眼识珠的秦穆公一眼看中，得到了封侯拜相的礼遇。与其说是造化弄人，不如说是秦穆公眼光独到、求贤若渴，而百里奚本人确有真才实学，值得大用。秦穆公和百里奚彼此需要互相成全，一个成就了丰功伟业，一个找到了用武之地，各自实现了自己的人生理想，堪称是明君贤臣的完美演绎。

以德厚人却晚节不保的春秋霸主

秦穆公十二年（公元前648年），晋国大旱，庄稼颗粒无收，到处都在闹饥荒，晋惠公派使臣到秦国借粮。丕豹建议秦穆公不去援助晋国，趁此机会派兵占领晋国。秦穆公迟疑不决，一时难以定夺，便向大夫公孙之征求意见。公孙之说："天象无常，丰年灾年难以预料，哪个国家都可能发生旱灾，晋国有难，我们不能袖手旁观啊。"秦穆公又问百里奚怎么看，百里奚回答说："公孙之说得很有道理，夷吾背信弃义，得罪了大王，可晋国的百姓是无辜的呀。现在忍饥挨饿的是平民百姓，不是夷吾一个人。"

晋献公去世以后，晋国发生了内乱，先后有两任新即位的国君被杀死，晋国公子夷吾（晋献公之子，即后来的晋惠公）向秦穆公求援，许诺将河西一带的八座城池献给秦国。秦穆公派人护送他登上了王位，没想到他当上国君之后出尔反尔，拒不履行诺言。如今晋国大饥，他又恬不知耻地来借粮。秦穆公不忍晋国百姓受苦，暂

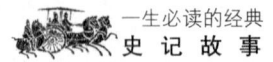

时放下了个人恩怨，采纳了公孙之和百里奚的建议，将宝贵的粮食运送到了晋国，帮助晋国解了燃眉之急。

秦穆公十四年（公元前646年），秦国也遇到了百年不遇的旱灾，饿殍遍地，秦穆公派使者到晋国求援。晋惠公召集群臣商议此事。虢射说："秦国全国闹饥荒，军粮严重不足，我们要是能抓住这个千载难逢的好机会进攻秦国，一定能凯旋得胜。"晋惠公听从了虢射的建议，次年，亲率大军进攻秦国。秦穆公领兵迎战。两国军队激战于韩原。晋惠公为了多抢一些战利品，离开了主力部队，战马陷入了泥泞的沼泽地，久久踟蹰不前。秦穆公带着兵马奋力追击，想要活捉晋惠公，结果被晋军重重包围了。秦穆公在突围的过程中受了伤，形势凶险万分。就在这千钧一发之际，300多个岐下人奋不顾身地冲杀了过来，左冲右突，救出了秦穆公，并俘虏了陷在沼泽地里的晋惠公，迅速扭转了战局。

当年，秦穆公有一匹名贵的良马走失了。官吏经过追查，得知那匹马被岐下的村民吃掉了，于是便想治村民的罪。秦穆公说："怎么能因为一头牲畜伤害老百姓呢？我听说，食用良马的肉，必须以酒佐才行餐，不然的话会伤及身体。"说完便派人送上好酒给村民喝。村民非常感动。后来听说秦国和晋国正在交兵，就不假思索地参了军，看到秦穆公被敌军团团围住，全都奋勇当先地冲了上去，拼死营救秦穆公。秦穆公这才得以虎口脱险。

岐下人的出现，使得秦军反败为胜。秦穆公押着秦惠公回到了秦国，打算杀掉秦惠公祭天。周天子派人求情说："看在他和周室同性的情分上，饶他一命吧。"晋惠公的姐姐穆姬身穿丧服，赤足跪在秦穆公的面前苦苦哀求说："我救不了弟弟，又不能眼睁睁看你杀了他，心里很矛盾，该如何是好呢？"秦穆公长叹道："打了胜仗，活捉了晋惠公，本是一件值得庆祝的喜事，没想到居然惹来这么多麻烦，天子派人替他求情，夫人你为他黯然神伤，我真是左右为难啊。我可以放了他，但他必须签下盟约。"两国订立盟约之后，秦穆公以诸侯之礼热情款待了晋惠公，不久就把晋惠公放回晋国了。

晋惠公回到故国以后，将河西一带的土地进献给了秦国，以此聊表心意，接着又把太子姬圉送到秦国当人质，表露出了化敌为友的诚意。秦穆公把公主怀嬴嫁给了姬圉，两国结成了秦晋之好。

秦穆公栉风沐雨，南征北战，凭借赫赫武功打下了大片疆土，又凭借仁德的感召，使周边的小国纷纷来归附，最终称霸于西戎，遗憾的是，他没有成为问鼎天下的共主。公元前621年，秦穆公逝世，大约有170人为他陪葬，其中包括三位才华盖世、不可多得的良臣，他们都是大臣子舆氏的儿子。子舆氏三兄弟勇敢善良，才华出众又很贤德，深受国人爱戴，人称"三良"。人们都为他们的死感到无比痛心，于是就为他们创作了一首叫《黄鸟》的诗，字里行间流露出了无限惋惜和哀悼之情，控诉了殉葬制度的残酷。一时间人们议论纷纷，认为秦穆公杀良臣殉葬，不配做中原雄主，所以才没有完成称霸天下的宏愿。

智慧贴士

秦穆公雄才大略，是春秋战国时期少有的一代英主，他广纳贤才，唯才是举；以德报怨，心系苍生，肯借粮给背弃信义的敌国；宽仁爱民，不愿为损失一匹爱马而伤害百姓；英勇无畏，作战时常冲锋陷阵、身先士卒……种种事迹表明，秦穆公就是众望所归的圣君明君，可谁又会想到这位仁君明君竟君在临死时，会做出一个这样令自己晚年不保的举动呢？他居然让国中屈指可数的几个人才全部殉葬，直接导致了秦国的衰落。由此可见十全十美的英主是不存在的，雄才大略者往往刚愎自用、残忍暴虐，为政宽仁者也可能墨守成规、愚顽不堪，秦穆公身上的种种矛盾之处恰恰能说明这一点。

秦始皇本纪

放荡艳后乱朝纲

秦王嬴政是秦庄襄王之子。秦庄襄王曾经留在赵国当人质，客居赵国期间，一次偶然的机缘结识了吕不韦身边貌美如花的妾姬（赵姬），从此魂牵梦绕，对她念念不忘。秦庄襄王痴迷赵姬，不久即迎娶她过门。婚后，赵姬生下了嬴政。

嬴政13岁那年，秦庄襄王驾崩，嬴政登基。吕不韦担任宰相，权倾一时。嬴政的母后赵姬仍然与吕不韦保持着剪不断理还乱的情人关系，两人一直暗送秋波、暧昧不明。嬴政渐渐长大了，智慧与日俱增，已经不再是不谙世事的小孩子了。吕不韦担心他和太后的奸情败露，会招来杀身之祸。为了早点儿全身而退，引荐嫪毐到太后府上充任情夫。嫪毐年轻力壮，容貌甚伟，太后见了，果然喜欢。嫪毐由于受到太后的恩宠，变成了炙手可热的大红人，不仅得到了大片的封地，还掌握了国家权力。

秦王政八年（公元前239年），正值多事之秋，国之栋梁大将军蒙骜去世了，嬴政的弟弟长安居打算乘虚而入阴谋造反，以大逆之罪被处死。内乱刚刚平息，黄河流域又开始闹水灾，百姓背井离乡，被迫东迁，举家逃荒的人不计其数。国难当头之际，嫪毐却过得愈发滋润，他得到了山阳地区的广大土地，被封为长信侯，荣华富贵享用不尽，不禁得意忘形，居然把太原郡改为了毐国。

秦王政九年（公元前238年），嬴政移驾到了雍城，文武百官为他举办了盛大的加冠典礼。嬴政成年了，从此可以随身佩戴长剑了。

往昔的翩翩少年历经岁月的洗礼，变成了一个坚毅的成年男子，有能力裁决家国大事、治理天下了。当时嫪毐和太后也住在雍城，嫪毐一直以假太监的身份服侍太后，两人早已有了私情，并生下了两个儿子。嬴政的到来，引起了嫪毐的恐慌。他担心丑事被揭发后会被治以重罪，干脆一不做二不休，起兵造反。

嫪毐神不知鬼不觉地盗取了嬴政的玉玺和太后的玺印，暗暗调动兵马，准备突袭嬴政的寝宫。嬴政接到了密报，马上召集吕不韦、昌平君、昌文君等文武重臣平叛。官军和叛军大战于咸阳。经过一番浴血拼杀，秦王的军队大获全胜，一连斩杀了数百名叛军。叛乱平息。嬴政论功行赏，逐一嘉奖了有功之臣，参加平叛的宦官也得到了赏赐。嫪毐战败后逃之夭夭。嬴政下定决心要擒拿这个叛贼，在全国范围内下达了通缉令，悬赏捉拿长信侯，贴出告示说，活捉嫪毐者，可得赏钱100万，手刃嫪毐者，可得赏钱50万。不久，嫪毐及其党羽全部落网。嫪毐被处以车裂极刑，身首异处，死无全尸。他的家人全部被杀。嫪毐的亲信卫慰竭、史内肆、佐戈竭、令齐等人全部被斩首示众。嫪毐的门客罪责较轻的，被处以三年劳役的惩罚。因为这次叛乱受到株连的大臣，多达4000人，他们全都被削夺了爵位，罢免了官职，一夜之间沦为罪人，统统被放逐到了四川房陵。

在审理嫪毐一案时，吕不韦的行为引起了嬴政的不满。事后，嬴政便罢免了吕不韦，并把自己的母后幽禁在了雍城的冷宫。不久，齐国、赵国的使臣出使秦国，嬴政以东道主的身份设宴款待。齐国使臣茅焦说："大王在建功立业、谋求天下大计之时，把生母流放到外地，怕是有损于自己的名声。各国诸侯如果听说了这件事，谁还愿意心悦诚服地归附你呢？"嬴政觉得他说得很有道理，于是就把母亲从雍城迎回了咸阳，把她安置在了甘泉宫。

秦王政十二年（公元前235年），吕不韦去世，门客将他秘密安葬在了北芒山。嬴政听说后龙颜大怒，严令禁止人们前去凭吊哭丧。对违令者严惩不贷，绝不姑息。通过一系列严厉的措施，终于彻底消除了吕不韦、嫪毐等乱臣对国家朝政的影响力，稳定了政局。

智慧贴士

秦王嬴政早年政途坎坷，铲除了权臣嫪毐、吕不韦之后，才有了君临天下的威仪。而嫪毐、吕不韦能长期兴风作浪，秦始皇的母亲赵姬难辞其咎。在众多史料中，赵姬都被描绘成一个寡廉鲜耻、放浪形骸的艳后形象，正是因为她凭借美色周旋于吕不韦、秦庄襄王、嫪毐三个男人之间，才给秦国带来了那么多不稳定因素，给秦王嬴政带来了那么多不必要的苦恼。

长期以来，嬴政一直以有这样的母亲为耻，曾不顾母子情面将其幽囚外地，后来为了挽回自己的名声，才又把她从雍城冷宫接回了咸阳。母子关系疏离，是嬴政冷酷无情、推行严刑峻法、残暴无道的重要因素之一。这说明环境对于人的成长以及人生观价值观的养成有着至关重要的影响。

"皇帝"名号唯我堪当

大梁人尉缭向嬴政献策，建议用重金贿赂各国的权势人物，破坏六国的合纵大计，分析完了其中的利害，言简意赅地总结道："大王只需献出30万两金子，就能兼并六国，一统天下，这样做不值得吗？"嬴政被说得心动了，欣然采纳了他的意见，给予其超乎规格的礼遇，允许他和自己平起平坐，并命人配备同样的饮食和服装。

尉缭受到如此厚待，却依然对嬴政印象不佳，私下里竟对别人说："秦王没有仁君之相，生得高鼻细眼，胸骨向前隆起，状如鸷鸟，讲话声音如豺狼一般，令人生畏，这种相貌的人一看就心狠手辣，有着虎狼一样的歹毒心肠。他尚未得志时，显得很谦卑，一旦飞黄腾达，就会目中无人，看不起所有人，甚至会残害他人。我不过是一介布衣，他竟能对我如此恭敬，假如我辅佐他荡平天下，那么全天下的老百姓岂不都沦为了他的俘虏？这种狼子野心的人是不能长久共事的。"说完，便决计逃走。嬴政有所察觉，执意要把他留在秦国，册封其为国缭，继续采纳他提出的安邦治国之策和平定天下之道。

秦王政十三年（公元前234年），秦国攻打赵国平阳城，大获全胜。城破，赵国大将扈辄被杀，10万守军惨遭斩首。同年，韩非出使秦国，李斯挑拨离间，怂恿秦始皇扣押他。不久，韩非被杀，死在了秦国的云阳。由于韩非没能说服秦始皇放弃对韩国动武，韩国迫于强秦的淫威，被迫俯首称臣。魏国也忌惮秦国，主动献上大片丰美的土地，向秦国示好。秦王政十七年（公元前230年），秦国发兵攻打韩国，活捉了秦国国君，占领了韩国的领土，并在韩国境内设郡。当年韩国发生了剧烈的大地震，到处都在闹饥荒，已是民不聊生。

秦王政十八年（公元前229年），秦国攻打赵国，占领了军事要塞井陉，包围了赵国的首都邯郸。次年，王翦等秦国大将不断攻城略地，拿下了赵国大片土地，攻克了东阳城，并活捉了赵国的国王。不久，王翦出师攻打燕国，把军队驻扎在中山地区。赵国沦陷后，嬴政亲临邯郸，下令将所有与他母亲赵姬结怨的仇家全部坑杀。血洗邯郸之后，扬长而去。赵国公子嘉带着族人逃到了代国，自立为王。他积极与东邻燕国结盟，两国军队屯兵在上谷，与秦军对峙。

秦王政二十年（公元前227年），燕国的太子丹担心秦国越境侵吞自己的国家，便派刺客荆轲刺杀嬴政。刺杀计划没有成功，嬴政残杀并肢解了荆轲，事后对燕国兴师问罪，派兵攻打燕国。燕代联军迎战，双方决战于易水畔。燕代联军敌不过秦国的虎狼之师，被击溃。一年后，嬴政调动更多的兵力增援秦军，彻底打垮了燕国的军队，并一举攻克了燕国的都城蓟城，毫不留情地杀死了不肯臣服的太子丹。燕国国君逃遁到了辽东，在当地称王。秦国大将王翦以年老为由，请求解甲归田，从此远离官场和沙场。

秦王政二十二年（公元前225年），王翦的儿子王贲奉命攻打魏国，为了取胜，他毁坏了堤坝，将波涛滚滚的黄河水引入城池，致使魏国都城大梁变成一片汪洋。大梁的城墙抵不住排山倒海的浊浪，瞬间被冲垮，整座城被淹没在水下。魏国的君王被迫投降，秦国兵不血刃地兼并了魏国。一年后，嬴政强令归老林泉的王翦出征，命他攻打楚国。王翦夺得了大片土地，俘虏了楚国国君。国家生死存亡之际，燕国大将项燕力挽狂澜，拥立昌平君为楚王，集结兵力在淮南对入侵的秦军发起反攻。双方对峙了一年，楚军被强大的秦军打败，昌平君英勇殉国，项燕拔刀自刎，楚国灭亡。

秦王政二十五年（公元前222年），王贲出师辽东成功扫除了燕国的残余势力，活捉了燕国国君喜。班师回朝途中，顺便打下了代国，俘虏了代国国君，燕国和赵国相继灭亡。同年，王翦率领所向无敌的秦军，成功平定了楚国的江南地区，招降了越国国君，在越地的领土上设立了秦郡。五月，嬴政下旨令天下臣民设宴庆祝，全国举杯相贺。嬴政二十六年（公元前221年），齐国加强了边疆防务，断绝了与秦国的往来。秦国发兵占领了齐国，俘虏了齐国国君，齐国灭国。嬴政凭借强大的武力灭亡了齐楚燕韩赵魏六国，消灭了所有的割据势力，统一了中国。

◎ **智慧贴士** ◎

秦始皇是一个毁誉参半、饱受争议的历史人物，人们歌颂他的伟大功绩的时候,对他的暴政同样记忆深刻。司马迁给了他一个相对客观的评价,在史记中说:"明法度,定律令,皆以始皇起",对他的政绩给予了充分的肯定,又借助尉缭之口把他寡恩薄情、凶狠残暴的一面刻画得入木三分,赋予了始皇帝以真实丰满的血肉。

历史上确实集伟大与罪恶于一身,他顺应历史潮流,歼灭了六国,结束了诸侯割据争战的混乱局面,缔造了天下一统的政治格局,建立了中国历史上第一个中央集权制封建王朝,促使中原王朝的政治体制由松散的邦国制转向权力高度集中的帝国制。因此西汉名臣桑弘羊称赞他:"并吞战国,海内为一,功齐三代。"但不可忽视的是千古一帝秦始皇本质上是一个鹰视狼顾、雄心勃勃的暴君,他的暴虐冷血在并吞六国的过程中已经初露端倪,这样的君主占有了天下,对于天下苍生未必是件幸事。

焚书坑儒鲜为人知的隐情

秦始皇三十四年(公元前213年),秦始皇在宫中大宴群臣,有70位博士出席。仆射周青臣举起酒樽上前祝酒,用赞美的口吻说:"陛下雄才伟略,真是一个了不起的君主啊!以前秦国的疆土方圆不足千里,如今您平定了天下,驱逐了蛮邦,凡是日月照临的地方,皆为秦国所有,诸侯的领地全都变成了郡县,百姓过上了安定的生活,不必再承受战乱之苦,这都是拜您所赐啊!您功盖寰宇,一定会流芳百世的。有史以来,还没有一个人的功绩能跟您相提并论呢?"秦始皇听了,非常高兴。

博士淳于越对秦始皇说:"微臣听说,商朝和周朝的君主都分封宗室子弟和功臣为诸侯,靠他们辅助治理国家,所以商周两个朝代的国祚都延续了1000多年。陛下您得了天下,您的儿子和家族子弟

却都与庶民无异，要是出现了犯上作乱的乱臣贼子怎么办呢？谁来帮助您平叛呢？微臣从未听说过，破坏古制统治能长久的。周青臣只知道溜须拍马奉承您，不肯指出您的过错，说明他不是一个尽忠职守的良臣。"

秦始皇听了这番高论之后，有些困惑，一时拿不定主意，便召集群臣商议。丞相李斯说："五帝的治国策略各不相同，夏商周推行的政策是根据当时的国情制定的，全都没有按部就班地抄袭前朝，这三个朝代的国君不是故意违背祖制，而是因为王朝更迭之后，时代变了，政策也该跟着变。如今陛下消灭了所有的诸侯，废除分封制，确立了郡县制，创下了千秋伟业，这岂是那些抱残守缺、因循守旧的迂腐儒生能理解的？淳于越说的都是夏商周时期的事，年代久远，怎能指导当世呢？自周室衰微以来，群雄并起，诸侯国之间经常发生兼并战争，是陛下安定了天下，现在四海归一，天下太平，那些儒生不去研究当今的政策，偏偏要鼓吹恢复古制，对陛下评头论足、指手画脚，这不是扰乱民心吗？"

紧接着，李斯提出了在政权统一后实现思想统一的必要性，他说："不同流派的士人在街头巷尾胡乱评论国政，为了求取功名利禄或者出于哗众取宠的心理，经常发表一些不利于朝廷的奇谈怪论，要是不加禁止，就会有损天子的威严，助长结党营私的不正之风。所以最好把《秦记》以外的史书统统焚毁，《诗》《书》等典籍一律查抄烧毁，严厉惩处私自藏书者，当众处死讨论这些典籍的人，敢于借古讽今的，立刻处死，并诛灭九族，知情不报的官吏与犯法者同罪论处，一个月内不肯执行命令的官员处以黥面之刑发配到边疆修长城。只有占卜、医药和种植之类的书籍可以保留下来，其他的书都列为禁书销毁。"

秦始皇采纳了李斯的意见，大批的古籍在大火中化为灰烬。侯生和卢生两个术士奉命寻找可以使人长生不老的仙药，遍寻不得，畏罪潜逃，临行前痛斥秦始皇骄纵残暴，振振有词地说："皇帝生性贪婪残暴，以前他不过是个小小的诸侯，如今成了坐享天下的帝王，现在志得意满、春风得意，认为所有的人都比不上他，动不动就对臣民施加严酷的刑罚。天下人都惧怕他，没人敢说真话，只好为他歌功颂德，一味讨好奉承。如此一来，他更加忘乎所以，愈加骄纵狂妄，大小事情皆由自己裁决，每日批阅的奏章多得足以用秤来称量，这种人如此贪恋权势，简直不可救药，我们为何还要为他寻找长生的仙丹呢？"

秦始皇听说侯生和卢生逃跑了，背地里说了自己不少坏话，十分恼怒："这群术士不仅做事不利，还蛊惑唇舌辱骂寡人，危害不小。他们和儒生一样，妖言惑众，断不能轻饶。"于是就派人逮捕审讯方士儒生。方士儒生害怕被施加酷刑，为了免除皮肉之苦，互相告发，这样一个牵连一个，共有460多人落网。这些人全部被坑杀。皇长子扶苏进言说："如今天下初定，边疆并没有完全归顺我大秦王朝。儒生诵读圣贤之书，仿效孔夫子的言行，德行甚高，陛下惩处他们，儿臣担心这样做会影响天下的安定呀！"秦始皇听罢龙颜大怒，把扶苏调派到了北方的边疆，让他负责监督大将蒙恬的军队。

智慧贴士

焚书坑儒是中国历史上最为著名的重大文化事件之一，在那场文化浩劫中，除医药、占卜、农业类书籍外，所有的典籍悉数被焚毁，数百名儒生、术士被活埋。秦始皇的暴戾残忍由此可见一斑。他之所以要这么做，是为了在天下统一的局面形成以后，实施文化专制，排除不同的政见思想，以此巩固和加强君主专制制度。

历朝历代的统治者或多或少推行过类似的政策，比如汉武帝"罢黜百家独尊儒术"，宋朝提倡"存天理灭人欲"的程朱理学，清朝大兴文字狱，本质上都是通过政治手段压制人的自由思想，控制社会舆论，推行愚民政策，维护腐朽不堪的专制集权制度，因为秦始皇是始作俑者，首开恶例，所以背负了更多的骂名，成为了暴君的代言人。

亡秦第一佞臣

八月己亥日，权臣赵高想要犯上作乱，担心文武百官不听从自己号令，于是想出了一个绝招来验证自己在群臣心目中的威信和地位。他把一头鹿牵上了大殿，献给秦二世，指着那头鹿阴阳怪气地说："这是一匹上好的骏马。"秦二世忍不住笑道："丞相真是糊涂，这明明是一头鹿，为什么说它是马呢？"于是问旁边的大臣那长角的动物究竟是鹿是马，大臣面有难色，要么低头不语，要么附和赵高把鹿说成马，少数几个敢于说真话的，日后全都遭到了赵高的陷害，此后群臣皆畏惧赵高，再也不敢拂逆他的意思。

赵高多次说关中群盗乃乌合之众，成就不了大事，没有把关中一带的反叛势力放在眼里。不久，项羽取得了巨鹿之战的胜利，俘获了王离等秦朝大将，挥师西进如入无人之境，章邯等大将连战连败，慌忙上疏请求朝廷发兵来援，燕、赵、齐、楚、韩、卫等封国的诸侯纷纷拥兵自立，关中人大多背叛了大秦王朝，积极响应诸侯，诸侯一呼百应，于是率军向西进发，进攻秦国。沛公刘邦带领数万兵马攻克了武关要塞，杀死了守将，暗中派人联络赵高。赵高唯恐秦二世知道此事，引来杀身之祸，便称病不朝。

晚上，秦二世做了一个噩梦，梦见忽然有只白色的老虎窜出来撕咬他御驾左侧的马，把马活活咬死了，醒来之后怏怏不乐，觉得这个梦很奇怪，于是就让占卜的官员为自己解梦。卜官说："是泾水的河神从中作祟。"秦二世于是移驾望夷宫举行斋戒仪式，把四匹白马投到了泾水里祭祀河神，并派人以诸侯自立造反的事责备赵高。

赵高非常害怕，赶忙召集女婿阎乐和弟弟赵成商量对策。赵高说："皇帝专横独断，不听臣子劝谏，以至天下大乱，现在情势危急，想要把所有的罪责推卸到我们家族身上。我打算废掉秦二世，改立公子婴，公子婴宽厚仁慈，生活节俭，百姓都爱戴他，愿意听从他的旨意。"

赵高暗中筹划发动宫廷政变，让郎中令给自己做内应，对外谎称有一大群盗贼闯入了皇宫，然后吩咐阎乐马上召集属吏调动士兵入宫，佯装捉贼。由于担心女婿不肯密切配合自己的行动，赵高把阎乐的母亲劫持到自己的居舍扣押起来做人质。阎乐率领1000多吏卒浩浩荡荡地赶到了望夷殿的殿门，把守门的仆射捆绑了起来，理直气壮地质问道："盗贼闯入了宫中，威胁到了陛下的安全，你为何不阻止？"仆射一头雾水，辩驳道："宫中戒备森严，城墙四周都有士兵把守，怎么可能有贼人闯入？"

阎乐不听他辩解，不由分说地将其斩杀，然后带领士兵气势汹汹地闯入宫中，边走边放箭。宫里的郎官和宦官大惊失色，顿时乱成一团，有的四散逃窜，有的上前拼杀，敢于反抗的人都被杀死了，地上留下了数十具尸体。郎中令和阎乐杀气腾腾地闯进了秦二世的寝宫，一箭射向了宫室里的帷帐。秦二世又惊又怒，召唤左右捉拿叛贼。侍从吓破了胆，全都立在原地不动，不敢上前格斗。只有一个随侍的宦官不离不弃地护送着秦二世。两人逃到了一个相对隐蔽的宫室内，秦二世责备宦官道："有人阴谋作乱，你为什么不早禀报我？现在的局势已经发展到不可收拾的地步了。"宦官回答说："臣不敢说话，才能苟活于世，保全性命。若是臣把实情早早告诉陛下了，早就被乱臣杀死了，怎么能苟延残喘活到今日呢？"

阎乐走到秦二世面前，言辞凿凿地列举他的罪状："足下骄奢恣肆，滥杀无辜，如今天下人都背叛了你，足下已成了万民唾弃的孤家寡人，你自己看着办吧。"秦二世小心翼翼地问："可否让我见见丞相。"阎乐拒绝了。秦二世又问："给我一郡的封地，让我当个诸侯王，可以吗?"阎乐不应允。秦二世再度退而求其次："我当个万户侯可以吗?"阎乐依旧摇头。秦二世绝望了，可怜巴巴地乞求道："我和妻子儿女做普通百姓，总可以了吧?"阎乐说："我奉丞相之命，为天下社稷诛杀足下，足下多说无益，我不敢上报。"说罢便命令士兵上前擒杀秦二世。秦二世挥刀自刎。

秦二世死后，赵高拥立子婴为王，子婴依礼斋戒了五日，和两个儿子商量对策："赵高杀了秦二世，犯下谋逆大罪，担心大臣追究，就装模作样地拥立我为王。他已经暗中和楚国订立了盟约，就等灭亡了秦朝的宗室后，在关中一带称王。他心怀鬼胎，想趁我朝拜宗庙的时候趁机杀掉我。我称病不去，他必会亲自来请我，到时我们可以借机行事杀掉他。"子婴料想的没错，他几次三番推脱，赵高果然亲自来了。面对赵高的质问，子婴默不应声，随后拔出随身的佩剑，一剑赐死了赵高，随后诛灭了赵高三族。46日后，子婴向刘邦投降。一个月后，项羽带人杀进了秦宫，子婴和所有宗室子弟全部被屠杀，咸阳惨遭屠城。项羽俘虏了美貌的宫女，洗劫了宫室的财宝，一把火焚毁了秦宫。秦朝灭亡。

智慧贴士

提及大秦帝国的灭亡，人们往往把它归罪于残暴无道、昏聩无能的胡亥秦二世，却忽略了赵高在加速秦帝国覆灭中所起的作用。赵高可以公然在朝堂上指鹿为马，几乎能只手遮天，满朝文武莫敢与之抗衡，事实上他已经保持了国家的朝纲，成为了帝国的实际掌权者。正是因为他具有呼风唤雨的能力，且心术不正，屡屡搅动乾坤兴风作浪，才在自我毁灭的同时葬送了大秦帝国。

项羽本纪

好男儿当胸怀天下

项羽名籍，字羽，下相人。他出身名门世家，祖父是楚国赫赫有名的大将项燕，在与秦国激战时兵败自杀。项羽很小的时候就没了父亲，自幼与叔父项梁相依为命，是被叔父抚养长大的。家人希望把项羽培养成才，怎奈项羽不喜读书，没能完成学业，后来弃文从武，改写剑术，依旧没有耐心，以至半途而废。

叔父项梁见他一事无成，很失望，经常唉声叹气，骂他没出息。项羽辩驳说："识文断字有什么用？不过是为了记得自己姓名罢了，剑术再精，只能打败一人。这些技能根本不值得我浪费时间学习。我要学的是抵御千军万马的超凡本领。"项梁一听，认为侄儿志向远大，非一般少年可比，非常高兴，于是就耐心地教授项羽兵法。刚开始，项羽听得津津有味，兴趣颇为浓厚，学习很认真。可惜好景不长，项羽刚学到一点儿皮毛功夫，就以为自己领悟了兵书的精髓，不想学了。后来项梁杀了人闯下弥天大祸，为了躲避仇家，带着项羽逃奔到了外地，迁居到了江苏吴县。

项梁个性豪爽，古道热肠，对待需要帮助的人几乎有求必应，因此结交了不少朋友，深受当地百姓爱戴。项羽深受叔父影响，骨子里也有了豪侠气概。有一天秦始皇外出巡行，驾临会稽，路过钱塘江，百姓倾城而出，跑来围观，都想一睹天子圣颜，项梁和项羽也在人群中。叔侄俩站在江边翘首观望。皇家仪仗队看上去十分威武壮观，秦始皇威风凛凛地坐在御辇上，享受万民的膜拜，神气十足。项羽见了不服气地说:"有什么了不起的!有朝一日我必定取代他。"项梁听了惊出一头冷汗,赶忙捂住项羽的嘴,压低声音说:"别乱说话,要是被人告发了,你可就闯下大祸了,对皇帝不敬犯的可是杀头大罪呀。"

项梁虽然嘴上责备项羽,心里却十分欢喜,他认定侄儿与众不同,将来一定能做出一番轰轰烈烈的事业,对他更加喜爱了。项羽并不知道叔父的心思,不解地说:"您让我研习兵法练习武艺,难道不是为了让我将来报仇雪恨吗?今天为何畏首畏尾,表现得这么胆小怕事呢?"项梁语重心长地说:"家仇国恨不可忘,大仇一定要报,不过要耐心等待时机,我们要做的是惊天动地的大事,不能心浮气躁、鲁莽行事。"在叔父的悉心教导下,项羽学会了隐忍,克服了身上的许多弱点。20岁的时候,项羽成为了一个武艺超群、英武不凡的青年,他身材魁梧,体型健硕,力气大得很,抬手就能把硕大的铜鼎扛举起来,吴县的人都很敬畏他。

智慧贴士

少年时代的项羽志大才疏,耐性不佳,学东西喜欢浅尝辄止,如果没有叔父循循善诱的劝导,很有可能一无所成。项羽能成就霸业,是因为他拥有常人所不具备的素质,他最大的优点是超级自信,小小年纪便坚信自己能成就千秋伟业取代秦始皇,不甘于庸庸碌碌,这是叔父项梁一直对他赞赏有加的根本原因。总体来说,项羽是块璞玉,只要略加雕琢,就能大放异彩,他注定不会平凡,注定会在金戈铁马、风云际会的时代绽放出属于自己的独特风采。

勇武无敌的热血少年

秦二世元年(公元前209年),陈胜、吴广在大泽乡揭竿而起,号召天下劳苦大众反抗暴秦。项梁、项羽听到农民暴动的消息，欣喜万分，认为时机已到，现在可以雪国耻报家仇了。会稽郡守殷通派人传话说："江西的郡县全都起兵造反了，秦朝气数已尽，推翻暴秦统治的时机到了。正所谓'先发制人，后发制于人'，我们不能被动等待，我准备率先行动，想派你和桓楚将军带兵攻打秦军。"当时，桓楚流亡在外，几乎销声匿迹，项梁沉吟了一番，忽然心生一计，于是回复郡守说："桓楚逃亡在外，我的侄儿项羽知道他的藏身之处，你去问问他吧。"

事后，项梁把自己的计划告诉了项羽。项羽持剑跟着叔父项梁拜会郡守。项梁吩咐项羽在门外稍事等候，自行进入府中，笑着对郡守说："项羽来了，现在在外面候着。"郡守说："让他进来吧。"项梁大声召唤项羽。项羽应声而入，箭步走到了郡守面前。项梁朝他使了个眼色。项羽立刻会意，陡然上前一步，拔出佩剑，挥刀砍向郡守。郡守还没有反应过来，就糊里糊涂地送了命。项梁拎着郡守血淋淋的头颅，身上佩戴着郡守的印符，凶神恶煞地走了出来。侍卫们看到这恐怖的一幕，全都惊住了。数十倍守卫操起兵戈围攻项梁和项羽。他们虽然人多势众，却抵不过项羽。项羽勇猛无比，锐不可当，顷刻之间便把那群人打倒在地，侍卫非伤即死，丧失了招架之力，少数幸存者吓得趴在地上，不敢轻举妄动，再也没有人敢站出来反抗。

项梁召集地方豪杰官吏，向大家郑重宣布自己要替天行道，起兵反秦，结果一呼百应，四下欢呼雷动。紧接着项梁开始着手招兵买马，他先是征调了吴郡的兵丁，又派人到所属的各县征募青年壮丁，终于组织起了一支8000人的精兵队伍。这8000吴中子弟兵后来追随项羽转战千里，历经无数战役，一路所向无敌，在项羽成就霸业的过程中发挥了重要作用。

有个地方豪杰没有受到项梁的任用，他心中不解，便找项梁询问其中的缘由，项梁当众批评道："前些日子，我派你办理丧事，你没把事情料理好，可见你能力有限，不能委以重任。"众人听了，都佩服项梁识人用人的能力，大伙一致推选项梁做会稽郡的郡守，让年少气盛的项羽当副将，协助项梁统领抗秦的军队。

智慧贴士

诛杀会稽郡守是项羽初出茅庐时第一次实施斩首行动，出手快准狠，反应敏锐，勇猛过人，颇有少年英雄的气概。但项羽杀郡守不是为了拯救天下苍生，而是为了报私仇成就霸王之业，他的行为不具有任何英雄主义色彩。项梁唆使项羽杀郡守，目的在于与官方划清界限，招揽民心，扩大项氏家族的影响，并不属于义举。项梁虽然与殷通是旧交，但他不可能与官方的代言人合作反秦，因为那样做有损项家声誉，会遭到楚人的非议，而杀掉殷通，取代他的位置，号令义军反秦，则能乘势而上，达成自己的目的。

刀尖上的"千古一宴"

项羽的军队抵达了函谷关，关隘有士兵把守，不肯放大军进入。经过打听，项羽才知道原来沛公刘邦早已捷足先登先行入关了，守城的士卒正是刘邦的人。项羽非常恼怒，命令军队发动猛攻，守军抵挡不住，只能听凭项羽长驱直入。项羽进入关内以后，把军队驻扎在了新丰、鸿门地带。当时刘邦把军队驻扎在了霸上，还没来得及拜见项羽。

刘邦的麾下有个叫曹无伤的人，想要背弃汉营投奔项羽，暗地里派人传话给项羽："沛公此番入驻咸阳，是想在关中称王，让秦王子婴做丞相，然后成就一番霸业，现在他已经把秦国的金银珠宝和所有值钱的东西全都霸占了。"项羽听了，怒火中烧，马上吩咐左右设宴犒赏三军，准备和刘邦决一死战。

项羽兵多将广，兵力高达40万，刘邦只有区区10万之众，和项羽较量简直就是以卵击石，完全没有胜算。双方一旦交战，项羽必胜无疑。然而范增却并没有小看刘邦，他对项羽说："沛公以前贪财好色，可是入关以后就判若两人了，财物分文不取，美色一点儿不沾，说明他志向不小。不早点儿铲除他，将来必定后患无穷。"

项羽的叔父项伯与刘邦的谋士张良是故交，张良在他落难的时候曾出手相救，对他有救命之恩。他听说项羽决计要杀刘邦，担心张良受到牵连，连夜赶到汉营，劝张良早点儿逃走。张良不想抛下主公独自离开，便把实情告诉了刘邦。刘邦将项伯请进了帐中，恭恭敬敬地敬了一杯酒，与项伯约为儿女亲家，解释说："我虽然率先进入了关中，但宫殿里的金银财宝分毫未取。我派兵把手关口，是担心盗贼闯入，别无他意。我天天盼望着项将军到来，随时准备恭迎，怎么可能背叛他呢？"项伯信以为真，建议刘邦亲自到项羽那里致歉，澄清误会，刘邦点头应允。

次日清晨，刘邦来到鸿门拜见项羽，谋士张良、大将樊哙和上百名随从随行。刘邦对项羽说："我和将军合力击败了秦军，我因为距离秦都近，就近水楼台先得月先入了关中，没想到有人会在我们之间挑拨离间，让您无端生了一肚子闷气。"项羽见刘邦对自己如此恭顺，火气顿消，坦诚地告诉刘邦是曹无伤在背后搬弄是非。

酒宴上，项羽、项伯面东而坐，尊位凸显，老臣范增面南而坐，颇有长者的风仪。刘邦不敢造次，选择了北边的座席，张良在西侧陪侍。席间，范增频频举起玉玦，示意项羽动手。项羽木然无应。范增见状，借故离开了宴席，找到项羽的堂兄弟项庄说："项王妇人之仁，不忍下手，你进去敬酒，找机会除掉刘邦。刘邦不死，日后我们必成为他的俘虏。"项庄依言行事，敬完酒之后说："不如让我舞剑为大家助兴吧。"说完拔剑挥舞了起来，凌厉的剑锋直奔刘邦而来。项伯从中看出了端倪，猛地站起来说："一人独舞有何乐趣？不如我陪你共舞吧。"说完唰地抽出雪亮的宝剑，和项庄对舞起来，暗中替刘邦格挡剑锋，不给对方任何下手的机会。

张良见大事不妙，慌忙离开了酒席，到营门外找樊哙商量对策。樊哙二话不说就往军帐里硬闯。守卫前来阻拦，他用盾牌把对方击倒在地，气势汹汹地闯了进去，横眉怒目地看着项羽。项羽见来者如此刚猛，一身豪气，不禁为之一震，当场赐给他猪肘和美酒。樊哙接过酒杯一饮而尽，以盾牌撑地，将猪肘放在盾牌上，拔剑啖肉，神色自若，态度极为潇洒。项羽问道："壮士，还能再喝一杯吗？"樊哙借题发挥道："我死都不怕，还怕多喝一杯烈酒吗？秦王残暴无道，百姓全都背叛他，各路豪杰并起，怀王有言在先'谁先攻入咸阳，谁就做关中王'，现在沛公率先攻取了咸阳，把财宝原封不动地封存在宫里，又派人把手函谷关，免得贼人乘虚而入，然后退兵霸上，等着项将军大驾光临。这样的有功之臣，项将军你不但不嘉奖，反而听信小人的谗言，要杀他，这么做与秦二世有什么区别呢？"

项羽一时语塞，只好客客气气地请樊哙落座。过了一会儿，刘邦离席如厕，樊哙和张良也跟着出来了。刘邦担忧地说："我没告辞就冒冒失失地出来了，是不是有些不妥？"樊哙说："做大事的人，何必在乎细枝末节，现在人家是菜刀，我们是案板上的鱼肉，随时都可能被宰割，还讲究什么礼数？"听了这番话，刘邦不再顾虑。张良问刘邦有没有带礼物献给项王。刘邦把一对白色的玉璧和一对玉斗交给了张良，叫他转交给项羽和范增，之后便匆匆离开了。

张良回到帐中辞谢："沛公不胜酒力，今日饮酒过量，身体不适，不能前来道别，特嘱我将白璧一对玉斗一对献给项王和亚父。"

项羽忙问:"沛公现在人在何处?"张良回答说刘邦已经先行离开,现在应该在军营里了。项羽双手接过玉璧,默然无语。范增火冒三丈,将玉斗狠狠地摔在地上,用剑击得粉碎,对着项羽叱骂道:"没用的东西,不能和你谋划大事。将来与你争夺天下的,必定是沛公刘邦,我们就等着当阶下囚吧。"刘邦平安地回到了军营,马上处死了朝秦暮楚的叛徒曹无伤。

智慧贴士

故事围绕鸿门宴展开。宴席上老谋深算的范增早已布下了捕杀刘邦的天罗地网,决计要置刘邦于死地。孰料关键时刻,项羽的戒心和怨恨居然被刘邦低三下四的恭顺态度所消除化解,以致整个计划失败,项羽永远地错过了称霸天下的机会。项羽放过刘邦,不是因为心慈手软,而是因为他孤高自傲、刚愎自用,不把刘邦这样摇尾乞怜、卑躬屈膝的小人物当竞争对手,不想在宴席上杀死一个没有还手之力的弱者,以致被假象所蒙蔽,最后让刘邦夺了天下。

徒有其表的楚人

鸿门宴事件发生不久,项羽便率军进入咸阳屠城,杀死了秦王子婴,洗劫了皇宫中的财物,俘虏了如花似玉的宫女,将这些莺莺燕燕、楚楚可怜的女子分给了各路诸侯和手下的官兵。掠走了美女财宝以后,放火焚毁了秦朝的宫殿,那座富丽堂皇、无与伦比的锦绣宫阙在火光中化成了一片废墟。由于宫殿的规模太过庞大,大火烧了三个多月都没有熄灭。数日之后,秦宫才灰飞烟灭。

有个叫韩生的人奉劝项羽在关中称王,对项羽说:"关中乃风水宝地,这里土地肥沃,山清水秀,四面群山环饲,山岭交错,自成天险,在此地建都,可称霸天下!"项羽举目四望,宫室残破,眼前一片狼藉，关中到处都是战火留下的痕迹，满目疮痍，实在不值得留恋。遂无意在关东久留，只想速速东归，于是就对韩生说："富贵显达了，不回故乡见江东父老，就好比穿着华美的衣服在伸手不见五指的黑夜里悄然行走一样，谁能看得见，又有谁知道呢？"听了这话，韩生开始鄙视项羽，私下里讽刺项羽说："我早就听说，楚国人喜欢惺惺作态，就像猴子戴上高帽装模作样冒充人一样，如今见了项王，才知传闻不虚。"项羽听了，暴跳如雷，立即叫人把韩生抓来烹杀了。

不久，项羽派人返回楚国把咸阳的情况禀报给楚怀王，楚怀王说："按照原来的约定办吧。"项羽便遥尊楚怀王为义帝。项羽不满足于现在的地位，一心想要称王，但不想过早地暴露野心，于是就先册封手下当王。有一天他把众将士召集起来，说："起兵之初，我封诸侯子弟为王完全是权宜之计，是为了号召天下讨伐秦朝。但消灭秦朝的主力是诸位将军和我项某人，当初我们举兵起事，披坚执锐南征北战，无数次出生入死，打了多少凶险的恶仗？三年来，我们风餐露宿，饥寒交迫，吃了多少苦？现在秦朝已经灭亡了，天下已定，我论功行赏，分封各位为王，可好？"诸将异口同声地说："好。"

项羽分封了各路将领以后，感到犯难了，他不知道该怎么给刘邦封赏。他担心刘邦将来跟自己争夺天下，不想封刘邦为王，但转念一想自己和刘邦有盟约，背信弃义影响恶劣，会让自己在诸侯中失去威信，况且刘邦灭秦有功，不能不赏。于是就找范增商量。项羽想了想说："巴蜀一带崎岖难行，道路不畅，遭到贬谪的秦人都聚居在那里，不好管理控制，就把这块封地分给刘邦好了。"范增表示赞同："也好，巴蜀属于关中，把这块土地封给刘邦，不算违背盟约。"项羽把棘手的巴蜀和汉中一带分给了刘邦，册封为汉王。接着又在关中拥立了三个王，目的在于监视和控制刘邦。项羽本人自封为西楚霸王，终于实现了称王的愿望。

◎ 智慧贴士 ◎

项羽在战场上攻无不克战无不胜，是一个所向无敌的战神，但在政治上比较幼稚。他认为自己兵力雄厚，在争霸战争中占据绝对优势，就开始自高自大，想要衣锦还乡炫耀成就，表现得非常浮躁和急功近利。在册封诸王时能以情动人，鼓舞人心，体现出政治家的智慧，对刘邦的安排相对合理。但许多事情处理得仍不尽如人意，比如只知道感情投资，却不懂得知人善任，只知道空口承诺，舍不得给有功之臣封官加爵，这些都为他日后的失败埋下了伏笔。

霸王挥泪别爱姬

项羽和刘邦在楚汉相争的战役中僵持不下，短期内谁都没有能力消灭对方，于是划清了楚河汉界，约定以鸿沟东为界，彼此互不侵犯。之后，项羽领兵东去，刘邦也打算遵照约定撤兵西归。张良和陈平劝说道："主公您已经打下了半壁江山，诸侯纷纷来归附。形势对我们是很有利的。楚军粮草断绝，正值虚弱疲惫之际，这是上天要亡楚啊，我们应该趁机消灭它。您放过项羽，就等于放虎归山啊！"刘邦采纳了他们的意见，违背了盟约，马上派兵追击项羽。

汉军在阳夏南边驻扎了下来。刘邦和韩信、彭越约好在固陵会师，到时兵合一处同心协力围攻楚军。汉军如约抵达了固陵，韩信和彭越却不见踪影。楚军见只有一路汉军，士气大增，奋勇反击，将汉军打得人仰马翻、溃不成军。刘邦狼狈逃回了营地，问张良韩信、彭越为何不肯发兵来援。张良说："楚军已成了强弩之末，要不了多久就会被消灭了，可你还没给韩信、彭越封地，他们自然不愿为你拼死效力了。你只要承诺消灭了项王,愿意与他们共享天下,他们马上会出兵。"刘邦听信了张良的话,答应封韩信、彭越为诸侯王。韩信率领30万大军支援刘邦,把项羽围困在了垓下。彭越率军到垓下会合。

楚军粮草已尽,士兵饥馁不堪,军心动摇。如今又被汉军重重包围,不禁叫苦不迭。一天夜里,汉营中忽然传来熟悉的歌声,项羽侧耳倾听,发现那凄清婉转的歌谣正是楚地的民歌,惊诧万分:"刘邦已经把楚国全境都占领了吗?如若不然,汉营怎会有那么多楚人?"楚军众将士也产生了同样的错觉,认为楚地已经沦陷了,听着扣人心弦的乡音,想起远在千里之外的父母妻儿,不由得潸然泪下,有的居然跟着哼唱起来。

楚军被围困多日,人饥马乏,早已丧失了斗志,如今听到四面楚歌,内心更加凄楚不安。不少人借着夜色的掩护悄悄溜出了军营,索性当了逃兵,有的则叛逃到了汉营。项羽忧心如焚,他知道一旦军心涣散,局面就一发不可收拾了。由于心中苦闷愁烦,他辗转反侧难以成眠,于是就把心腹招入帐内,一同举杯消愁。

项羽身边有个叫虞姬的美人,一直与他形影不离,两人朝夕相守,甚为甜蜜。项羽有一匹钟爱的宝马,叫乌骓马,这匹马伴随他驰骋沙场,见证了他所有辉煌的战果。身陷重围,命运未卜的时刻,项羽最难以割舍的就是他一生挚爱的女人和那匹和自己一同征战天下的骏马。回想起往昔的峥嵘岁月,他不由得放声悲呼道:"力拔山兮气盖世,时不利兮骓不逝。骓不逝兮可奈何,虞兮虞兮奈若何!"项羽反反复复唱了好几遍,虞姬伴着这雄浑悲壮、苍凉凄切的歌声挥剑起舞,随口唱道:"汉兵已略地,四面楚歌声,大王意气尽,贱妾何聊生。"歌罢,虞姬拔剑自刎。项羽柔肠寸断、痛不欲生,不由得泪流满面,其他人都跟着低声哭泣,军帐中一片呜咽声,楚军哀不自胜。

> 🔖 **智慧贴士**
>
> 项羽是司马迁非常喜欢的历史人物，所以司马迁把他塑造成了一个铁骨柔情的悲情英雄，他既是一个力拔山河的壮士，一个纵横天下的霸王，又是一个儿女情长、痴心不已的温情男子，对美人、宝剑、宝马寄予了极深的情感，待到四面楚歌，走到穷途末路时，仍然割舍不下自己钟爱的人和事物。如此多愁善感，又怎能不教人同情呢？可以说项羽是天使与恶魔的结合体，他杀人如麻，动辄畅汗淋漓地屠城，所过之处血流成河，但他又有温柔多情的一面，真情流露时至纯至性令人动容，也许这就是人性的复杂所在吧。

宁为鬼雄，不过江东

项羽痛失虞姬后，决定突出重围，拼死一战。当夜，他骑着乌骓马带领800名骑兵杀出了一条血路，逃出了包围圈，消失在茫茫夜色中。天色放亮时，汉军发现项羽不见了，连忙禀报刘邦，刘邦派兵围追堵截项羽。项羽策马狂奔，把大半追兵远远甩在了后面，待渡过淮河之后，在后面穷追不舍的骑兵只剩下百余人了。

项羽一口气逃奔到了阴陵，看到前方有一个三岔路口，不知哪条路通向江东，于是就向在田地里劳作的农民问路，农民认出了他的身份，骗他往左走。项羽带着人马向左边的路口狂奔而去，走着走着，来到了一片沼泽地，人马无法行进，这才知道上了当，慌忙调转马头往回返。这时汉兵已经追赶过来了，项羽慌不择路，朝东南方向逃去。在奔逃过程中，双方数次交锋，楚军死伤大半。逃到东城时，项羽身边只剩下了28名骑兵。后面的追兵多达数千人，如洪水般从四面八方围上来。

项羽知道自己在劫难逃了，就对众将士说："我自起兵以来，历经70余战，战必胜攻必取，不曾有过败绩，所以才能雄霸天下。现在被困在这里，是老天要亡我，不是我不擅用兵啊。"为了证明自己的神勇，项羽决定斩杀汉军中一员大将。他单骑出战，潇洒地纵马奔腾而去，横冲直撞地冲向汉军。汉军格挡不住，吓得四散逃窜。项羽左冲右突，瞬间将一名汉将斩落马下，歼敌近百人，打了一场漂亮的胜仗以后，得意地回到了楚军队伍里，对左右说："我说的没错吧，沦落到今天这个地步，是老天要亡我项羽，并不是我不擅作战。"将士纷纷附和说："大王说得对。"

项羽杀出了重围，带着残兵奔逃到了乌江。岸边恰好停泊着一艘小船。亭长对项羽说："大王，您赶快乘坐渡船过江吧。江东虽然土地狭小，但方圆也有上千里，人口足有几十万，规模比得上封国了，您可以考虑东山再起，在那里称王。"项羽凄然笑道："既然苍天想要让我项羽灭亡，我为何还要渡江呢？当年跟我在会稽一起聚义起事的8000江东子弟兵已经全军覆没了，我独自回去，有何面目见江东父老呢？"说完便把乌骓马牵来送给了亭长，饱含深情地说："这匹马跟随我五年了，它快如闪电，能日行千里，是匹上等的好马，我不忍心杀掉它，就送给你吧。"言毕，吩咐士兵下马与敌兵肉搏。项羽斩杀了数百名汉兵，有万夫不当之勇，他自己受伤10余处，渐渐体力不支。绝望之际，他在汉军中看到了旧相识吕马童，便大笑着说："听说刘邦为索我的项上人头，悬赏千金，并许以万户侯的优厚条件，我就成全你们吧。"说完，便拔剑自刎了。

大将王翳第一个冲了上去，一刀割下了项羽的头颅，其他将领如同饿狼一般抢夺项羽的尸体，在推搡和践踏的过程中，死伤数十人。吕马童和其他四位将领都争得了一段尸身，刘邦履行诺言，给五人都封了侯。

> **智慧贴士**

项羽乌江自刎是最值得回味的历史事件,对于这一决绝的选择,人们莫衷一是,历来众说纷纭。有人认为项羽心理太过脆弱,经不起失败的打击,慷慨赴死不过是为了逃避残酷的现实;有人认为项羽已经丧失了东山再起的资本,理想彻底破灭了,苟活于世不符合他的性格,拔剑自刎是最好的选择;有人认为项羽是一个悲观的宿命论者,没有勇气与命运抗争,反复强调他是亡于天命,所以最终选择了听天由命一死了之。无论如何,项羽的死都是一个彻头彻尾的悲剧,正是因为如此,他才成为了令司马迁无比哀怜的悲情英雄,这幕悲剧才成为了不可超越的千古绝唱。

高祖本纪

豪杰还是无赖

楚汉相争期间,刘邦和项羽的军队在荥阳广武山对峙了数月,久久没有开战。项羽多次发起进攻,刘邦坚守不出,想要凭借持久战的打法拖垮项羽。当时汉军粮道畅通,粮草充足,战马膘肥体壮,士兵精神抖擞,大部分时间都在养精蓄锐,并不急于结束战斗。楚军的情况就没有那么乐观了,运粮道路被彭越截断,军中粮草匮乏,眼看就要断炊了。

项羽非常焦急,情急之下,把刘邦的父亲刘太公和妻子吕雉绑到了阵前,威胁刘邦说:"你若再不投降,我就把你的父亲扔到铜鼎里煮了。"刘邦一心想要成就霸业,哪肯受人要挟,老父危在旦夕之际,居然要起了无赖,满不在乎地说:"我和你已结拜为兄弟,我爹就是你爹，你非要煮了咱爹，那就自便吧。不过，煮好了，千万别忘了分我一杯羹吃。"项羽一听，怒不可遏，立刻下令将刘太公烹杀。项伯奉劝道："如今天下未定，想要一统江山的人是不会在乎家人生死的。你杀了刘太公没有任何意义，只会徒增怨恨罢了。"

项羽只好叫人把刘太公押了回去。随后对刘邦说："你我征战多年，天下百姓饱受战乱之苦，这么多人吃苦受难不得安宁，都是你我争夺天下造成的。我希望我们俩今天能单独比试较量一番，在战场上决一胜负，别让普天下的老百姓跟着受苦了。"刘邦笑着说："我不逞匹夫之勇，宁可和你比拼智力，也不跟你比拼蛮力。"项羽大怒，令军中壮士上前挑战。汉军中有个叫楼烦的神射手，箭无虚发，技艺非凡，上前叫阵的楚军全都被他射死了。项羽见状，亲自迎战。楼烦见他怒目圆睁，一脸杀气，吓得不敢直视，浑身瑟瑟发抖，连忙逃回了营中。

刘邦走到阵前，隔空喊话，历数项羽罪状，高声道："狂妄的乱臣贼子，你犯下十条大罪，待我细细道来。当初我们都听楚怀王号令，事先约定谁先入关中谁就称王。你不履行约定，自己称王，把我封在偏远的蜀汉，这是第一条罪状；你矫旨杀死了宋义，自封为上将军，这是第二条罪状；你为赵国解了围，本该向楚怀王复命，你没那么做，还强迫诸侯入关，这是第三条罪状；你火烧秦宫，盗挖皇陵，洗劫宫室珠宝，这是第四条罪状；你杀害降王子婴，这是第五条罪状；你坑杀了20万秦军，却封他们的将领当诸侯王，这是第六条罪状；你任人唯亲，把自己的亲信都封在土肥水美的宝地，把原来的诸侯王迁移到别地，让他的臣子为篡夺大位造反，这是第七条罪状；你驱逐义帝，霸占韩地，吞并了梁楚，这是第八条罪状；你叫人暗中刺杀义帝，这是第九条罪状；你作为臣子，弑君杀降，违背盟约，简直罪大恶极，为天下所不容，这是第十条罪状。我率领正义之师征讨你这个大逆不道的贼人，实乃顺应天意民意，凭什么要求我单独与你比武？"

项羽暴怒，令弓弩手射箭击杀刘邦。刘邦胸部中了一箭，痛得俯下身去，他连忙捂住脚趾，掩饰道："可恶的逆贼，射中了我的脚，"说完便踉踉跄跄地返回了军营。刘邦伤势很重，回去之后立即躺在卧榻上休养。张良担心军心不稳，要求刘邦装作若无其事的样子去慰劳汉军。刘邦忍着钻心的疼痛，来来回回在军营中巡视，看起来活蹦乱跳，并无大碍。项羽见刘邦无恙，不敢轻举妄动。

智慧贴士

司马迁用寥寥数笔即把汉高祖刘邦吊儿郎当、流里流气的流氓本色刻画了出来。父亲差点儿被烹煮，他不但不着急，反而要求项羽分自己一杯肉羹。阵前振振有词地叫骂，长篇大论地侮辱矮化项羽，站在道德的制高点上批评项羽是乱臣贼子，却忘记了自己六亲不认，为争天下不顾老父的死活，丝毫不比项羽高尚。被一箭射到胸口，谎称被射到脚趾，使用障眼法迷惑项羽。种种迹象表明，刘邦是一个狡猾、虚伪、聪明绝顶的乱世枭雄，意气用事、天真尚武的项羽绝非他的敌手，他能击败项羽夺得天下乃是情理中的事。

大风歌——烈士暮年壮心不已

公元前202年，项羽兵败白刎，刘邦取得了最后的胜利。群臣一致推举刘邦当开国皇帝。刘邦推辞道："只有有德之人才配被尊为皇帝，我无德无才，怎敢称帝？"大臣说："大王虽出身寒微，但却率众推翻了暴秦的统治，诛灭了乱臣，平定了天下，封赏了有功之臣。这样的功德，难道还不配称帝吗？您要是不接受皇帝的尊号，那么得到封赏的功臣就会不安了。"刘邦装模作样地推让了几次，实在推脱不掉，做出勉为其难的姿态说："既然诸位认为我顺应时势当皇帝，能造福苍生，那么就按你们的意思办吧。"于是就在定陶汜水畔举行了登基仪式，定国号为汉，开启了一个崭新的朝代。

刘邦当了皇帝之后扬扬自得，在刚刚落成的未央宫大宴群臣，席间走到父亲刘太公面前炫耀道："以前你总嫌我身无长物，游手好闲，认为我一辈子都不会有出息，永远比不上能干的二哥。现在我做了大汉天子，你觉得是二哥占有的财富多，还是我的财富多呢？"说完高高兴兴地痛饮了一杯。众臣听罢，不由得开怀大笑，对着刘邦连声高呼万岁。

高祖十二年（公元前195年），英布起兵叛乱。刘邦率兵东征平叛，归途经过家乡沛县，便召集从前的故友和父老乡亲，聚在一起饮酒叙旧。席间，120名儿童被请来为大家献唱。酒过三巡后，刘邦兴致高涨，亲自操起乐器边弹奏边放歌："大风起兮云飞扬，威加海内兮归故乡，安得猛士兮守四方！"他一遍遍教孩子们吟唱这首动情的歌谣，自己则伴歌起舞。想起昔年戎马倥偬、征战四方的往事，不由得感慨连连，心头五味杂陈，不知为何，竟流下了泪水。他有些伤感地对乡亲说："游子长年漂泊在远方，每每思念故土，想起遥远的家乡，就会泪如雨下。我虽然在关中定都，但从没有忘记过哺育过我的故乡。假如有一天我不在人世了，我的灵魂照旧会思念这片热土。我是以沛公的身份走出去的，现在我荣归故里，成为了天下之主，我相信乡亲们一定会以我为荣，为我骄傲。因此我要把沛县作为自己的封邑，免除乡亲们的赋税徭役，从此沛县人永远都不用纳税、服徭役。"说完，继续与乡人欢歌痛饮，畅谈旧事。

智慧贴士

本篇讲述的是《大风歌》的创作背景。刘邦作《大风歌》时已经年过花甲，奋斗了大半生，征战了大半生，龙袍加身回归故里，回想起人生起落沉浮以及那段血雨腥风、金戈铁马的豪情岁月，不由得心潮澎湃。可到达权力顶峰后，又不禁感叹高处不胜寒，昔日一同出生入死帮助自己守四方的兄弟如今反目成仇，想到这里不禁悲从中来。思念故土，思念乡亲，表面上看是怀旧情绪使然，事实上是帝王作为孤家寡人，承受着常人不能理解的孤独，玩世不恭、没心没肺的刘邦在体悟到这一切的时候，也变得深沉起来了。

鸟尽弓藏——过河拆桥的高手

刘邦称帝以后，为了安抚人心，分封了七位异姓王。韩信、黥布（即英布）、彭越等战功卓著的大将都得到了封地，享有很大的权力。由于异姓王的封国相当于国中国，足以与中央王朝分庭抗礼，刘邦感觉到了威胁，就想剪除这些被封王的开国功臣。有人揭发楚王韩信谋反。刘邦召集群臣讨论应对之策，多数人主张兴兵讨伐。

陈平认为不妥，他说楚国兵强马壮，粮草充足，韩信又是带兵的奇才，武力讨伐完全没有胜算。接着，他提出了一个较为稳妥的建议，让刘邦以巡游为借口，谎称要驾临云梦湖，于陈地召集各方诸侯。待韩信奉命前来，趁机将他逮捕。刘邦依言行事，韩信中计，很快就被擒获了。韩信听说有人告他谋反，面对指控，大喊冤枉，之后又无比痛心地说："古人所说的果真不错，狡猾的兔子死了，猎狗就失去了利用价值，该被烹杀了；飞鸟绝迹了，良弓该被收藏起来了；新朝建立了，谋臣没用了，也该被屠杀了。如今天下已定，我这样的臣子该被铲除了。"

刘邦没有理会韩信的辩解，把他押送到了洛阳，由于迟迟找不到谋反的铁证，这件案子只好不了了之了。刘邦释放了韩信，将其贬为淮阴侯，又把韩信原来的封国一分为二，交给刘姓子弟管理。

韩信因此心怀怨恨。后来又有人告发韩信谋反，刘邦诛灭了他三族。梁王彭越蠢蠢欲动，也起兵谋反，被削夺了爵位流放到荒远的蜀地，不久又举旗造反，再次被镇压。韩信和彭越死后，刘邦派刘家子孙接管了他们的领地。高祖十一年（公元前196年），刘邦御驾亲征，打败了叛逃的黥布，将其斩杀于鄱阳。

刘邦在平定黥布之乱时中了一箭，伤口感染了，伤势不断恶化。回到长安城以后，痛不可支，伤情越来越严重了。吕后找来了名医为他诊治。医生查看了箭伤。刘邦忙问："伤情如何？"医生支支吾吾地说："尚无大碍，陛下只要按时服药，不久就会痊愈的，不必太过焦虑。"刘邦见他神色慌张，言辞闪烁，知道自己伤得太重，任何灵丹妙药都无力回天了，气得大骂医生："我本是一介布衣，仗剑诛讨暴秦，最后得了天下，这难道不是冥冥之中注定的吗？我命由天定，就算是神医扁鹊在世，怕是也无济于事。你还待在这里干什么，快点儿滚出去吧。"刘邦拒绝医生诊治，让人给了对方50两黄金，将其打发走了。四月甲辰日，刘邦在长乐宫驾崩。

智慧贴士

刘邦为了守住刘家江山，对开国元勋大加杀戮，逼反并杀死了韩信、彭越、黥布等叱咤风云的大将，策划了一幕幕狡兔死走狗烹的悲剧，自己也落下一个过河拆桥、翻脸无情的骂名。一般而言帝王都容不下功高震主的臣子，为了权力和江山，都不会念及旧情，实则同器寝则同榻的好兄弟也不例外。刘邦正是如此。他的做法与其他朝代的开国皇帝并没有什么不同。可是拔除了所有眼中钉，保住了至尊权位又如何呢？最终照旧难逃一死。在生命的最后一夕，身负重伤、病入膏肓的刘邦面对死亡，同样无能为力，死神并不会因为他得了天下就放他一马，到头来机关算尽一切成空。

吕太后本纪

史上最富争议的妇女

刘邦去世后,他和吕后的儿子刘盈继承了皇位。刘盈年少,性格温和柔顺,不能独当一面,大权便滑落到了强悍刚毅的吕后手中。吕后憎恨戚夫人,认为是这个狐媚的女人魅惑了刘邦,夺走了丈夫的爱,还差点儿夺了儿子刘盈的太子之位。戚夫人曾经怂恿刘邦废长立幼,改立自己的儿子刘如意为皇太子。如今刘邦已死,戚夫人没了依靠,吕后便想报仇。她让人剃光了戚夫人一头乌黑的长发,并用铁链锁住了戚夫人的一双秀足,强迫对方换上难看的囚服,从早到晚一刻不歇地舂米。舂米不足一石,就不给饭吃。

吕后变相地折磨戚夫人,又把毒手伸向了年幼的赵王刘如意,派人召刘如意入宫,企图加害于他。赵王的丞相周昌对使者说:"赵王年幼,先帝托孤于我,我必须保护好他。我听说吕后对戚夫人心怀怨恨,想要杀掉他们母子,唯恐赵王遭遇不测,不敢让他面见吕后,更何况赵王近来身体不适,实在不宜前往。"使者把这番话原原本本地转达给了吕后,吕后十分生气,派人把周昌召到了长安。周昌离开了赵地,吕后又派人召刘如意进宫。刘如意不敢拂逆她的旨意,只好心怀忐忑地赶往长安。

汉惠帝刘盈听说母后要召见弟弟,料定背后必有阴谋,为了保证弟弟的安全,亲自前去迎接,两人同吃同住,形影不离,不给母后下手的机会。吕后无可奈何,只能静观其变。惠帝元年(公元前194年)十二月的一天,汉惠帝起了个大早,想要外出打猎,本打算

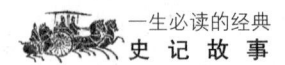

和弟弟刘如意一块去。刘如意睡得正香，汉惠帝不忍打扰，就没叫醒他，独自出去了。吕后听说寝宫里只剩下了刘如意一个人，便派人用鸩酒将其毒杀。汉惠帝打猎归来后，发现弟弟已经毒发身亡了。汉惠帝抱着弟弟僵硬的尸体放声痛哭，涕泪横流，悲伤欲绝。

　　吕后毒杀了赵如意之后，仍然不肯善罢甘休，又回过头来对付可怜的戚夫人，叫人砍掉了她那双会跳舞的纤纤玉腿，剜掉了那双顾盼生辉、脉脉含情的大眼睛，熏聋了她的耳朵。耳聪目明、能歌善舞的绝代佳人变得又聋又瞎，身体残缺不全，真是惨不忍睹。吕后仍不解气，又让人给戚夫人灌下哑药，她从此再也不能发声了。紧接着，就被扔到了臭气熏天的厕所里，成为了"人彘"。数日后，吕后让汉惠帝陪自己一同观赏人彘。汉惠帝以为是什么稀罕物，就同意了，见到人彘的一刹那，当场惊呆了。只见一个似人非人的东西蜷缩在光线幽暗的角落里，没手没脚，双眼成了两个血窟窿，嘴巴一张一翕，似乎要说什么，却发不出声音。汉惠帝吓出一身冷汗，哆哆嗦嗦地问吕后这是何物。吕后笑着告诉他这就是善歌舞妙音律美艳无双的戚夫人。

　　汉惠帝知道真相后，难过地大哭了一场，不久就病倒了，整整一年卧床不起，病情稍有好转便派人传话给吕后："太后实在太残忍了，把一个好好的活人折磨成那个样子，这不是人能做出来的事情。我是太后的儿子，自觉有愧于天下，再也没有脸治理国家了。"此后，整日饮酒作乐，追求声色之娱，不理朝政，渐渐伤及了身体，年纪轻轻就染上了一身病。即位七年，抑郁而终，享年23岁。

　　吕后在汉惠帝的葬礼上放声号啕，久久没有一滴眼泪。张良的儿子张辟年仅15岁，见吕后痛失亲子却一点也不忧伤，便问丞相陈平："惠帝是太后的独子，他英年早逝，太后却佯装悲痛，哭的时候有声无泪，这是为什么呢？"陈平说："是啊，我也觉得很蹊跷，你

62

说这是为什么?"张辟分析说:"皇上驾崩,皇子年幼,太后担心你们这些功臣趁政局不稳作乱。你向太后建议将吕台、吕产、吕禄奉为将军,让吕家人掌握军权,太后就安心了,你们便可免于祸难了。"陈平依言行事。吕后如释重负,非常高兴。这才放下心来哀悼惠帝,簌簌地流下了眼泪。此后,吕氏家族掌握了国家政权。

智慧贴士

吕后在政治上很有作为,但后世对她评价并不高,原因在于,她垂帘听政,并不像普通女人那样温柔、善良、仁慈,她的残暴比商纣夏桀、秦皇汉武有过之而无不及,为了对付戚夫人,居然发明出了人彘这种灭绝人性、令人发指的酷刑,并毒杀了年少无知的赵王刘如意,连她的亲生儿子刘盈都看不下去,以致接受不了自己的母亲抑郁而死。吕后不是一个有着正常情感的女人,她没有悲悯之心,又没有母性,她的所作所为已经将她永远地钉在了历史的耻辱柱上,即便政绩卓著也不可能流芳百世,只会遗臭万年。

差点儿让夫家断子绝孙的铁腕女人

吕后掌权后,开始分封吕氏家族的子弟为诸侯王,为了平衡诸吕和刘家宗室的关系,她想出了一个两全其美的办法,即促成吕刘两家联姻。在她的安排下,朱虚侯刘章娶了吕禄的女儿,赵王刘友、梁王刘恢纷纷立吕氏家族的女子为王后。刘友对吕姓王后素无好感,他另有所爱,吕姓王后醋意大发,愤而离家,跑到吕后面前进献谗言说:"我听刘友背地里说大汉乃刘家天下,姓吕的怎能封王呢?待太后百年之后,我必击杀他们。"

吕后大怒,立刻把刘友召来问罪。刘友抵达京城后,住在官邸里。吕后不肯接见他,还派侍卫全副武装地在府邸把守,不准提供饭食。赵王的臣下悄悄地把饭菜递了进去,结果被抓进了大牢。刘友饥肠辘辘,饿得头昏眼花时大发感慨作了一首歌,唱道:"吕氏家族把持朝纲,刘家宗室势力衰微,胁迫王侯颐指气使,逼迫我娶吕姓女子作王妃,我的王妃由妒生恨,背地里诋毁诬陷我,长舌妇人祸国殃民,皇上(孝惠帝)不能明察。我贵为王侯却要活活饿死,谁又怜惜我呢?吕氏天理不容,我祈求苍天为我报仇!"少帝七年(公元前181年),刘友在幽禁中饥饿而死。吕后用庶民的丧葬规格埋葬了刘友,把他的尸骨埋在了平民墓地。己丑日,出现了日食,霎时间天昏地暗,白昼如同黑夜一般,吕后不悦,对左右说:"这都是因为我啊。"

二月,梁王刘恢取代刘友,被册封为赵王,吕王吕产被改封为梁王。汉惠帝第六子刘太被改封为吕王。刘泽和吕后的外甥女结为夫妻,他手握雄兵,乃堂堂大将军,吕后担心自己百年后,他会对诸吕发难,为了稳住他,便把他封为琅王。刘恢由梁王变成赵王后,心里颇为不满,吕后便把吕产的女儿嫁了过去,立其为王后,随从官员清一色被换成了吕家人,这样就可以全方位地监视刘恢的一举一动了。刘恢非常宠爱一个姬妾,对其情有独钟,吕产的女儿知道后,派人送了一杯毒酒,毒杀了那名姬妾。刘恢痛失所爱,十分忧伤,整日郁郁寡欢,不久即抑郁成疾,自杀身亡了。吕后认为刘恢为了一个妇人伤心得死去活来,抛弃了宗庙礼法,又丢了性命,实在太没出息,便借故废除了他后代子孙的继承权。

同年秋天,吕后派人传话给远在边区的代王刘恒,承诺会改封他为赵王。刘恒不假思索地拒绝了,坚持留在荒僻的代国。陈平等人建议封吕禄为赵王。吕后同意了。不久燕灵王刘建死了,他的独子已被吕后所杀,算是绝了后,封国随之被撤销。少帝八年(公元前180年），吕通被封为燕王。

后来，吕后外出参加祭礼，回宫的半路上，看到了一只灰白色的大狗，猛地扑到了她的腋下，眨眼间消失得无影无踪。回来后找人占卜。占卜说是刘如意的冤魂在作祟。吕后生了病，腋下时常隐隐作痛。病情一日重似一日，自知命不久矣，于是就把军政大权交给了吕禄和吕产，让他们分别统领北军和南军，并嘱托二人说："高祖皇帝平定天下后，曾与文武大臣立下盟约，非刘氏宗室不可以封王，有人违背此约，天下人可共同征讨。现在诸吕都被封了王，大臣心里不快。我死后，皇帝年幼不能主事，大臣必反动政变作乱。你们一定要把兵权牢牢抓在自己手里，控制住皇宫。行事要小心些，不能为我发丧。"不久，吕后病死。按照她的遗诏，诸侯都得了千斤黄金的赏赐，其他大小官吏也得了价值不等的黄金，吕产成为了相国，吕禄的女儿被册封为皇后。

智慧贴士

吕后独揽大权以后，积极扶植家族势力，不断地分封吕姓子孙为诸侯王，强迫刘家宗室与诸吕联姻，对抗命者不遗余力地残害打压。吕后这么做的目的在于篡夺刘汉江山。在古人眼里，这是一种极其大逆不道的行为，吕氏外戚专权历来受到史学家的口诛笔伐。其实吕后的行为与一般性质的改朝换代没有区别，同样的做法在中国历史上屡见不鲜，归根结底是家天下的帝王政治在作祟，任何一位掌权者，都希望江山永固，自家天下千秋万世地存在下去，必然会优待同姓的皇亲国戚，打压异性王，这也正是许多悲剧产生的根源。

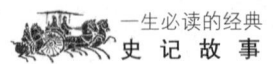

孝文本纪

中国历史上第一位薄葬的皇帝

公元前180年,周勃、陈平等人发动宫廷政变,诛杀了诸吕,恢复了刘汉天下,迎立代王刘恒为帝,刘恒入长安即位,史称汉文帝。汉文帝勤俭爱民,在位23年,没有兴建过一座豪华宫室和苑囿,没有增添过一件新衣、一辆车驾,所用的都是旧物。他想过要修筑一座露台,向工匠询问造价,工匠回答说至少要耗用上百斤黄金,他立刻打消了建露台的想法,叹息着说:"这相当于十家中等平民累积的家产,实在太奢侈了。"

汉文帝平时穿的都是朴实无华的粗布衣服,他的爱妃装束简约素雅,从不穿长及地面的奢华服饰,帷帐上没有任何锦绣图案。汉文帝是个简朴的好皇帝,不但吃穿用度俭省,连丧葬也主张从简,为自己修筑陵寝时,他要求改变帝陵的规格,不追求宏大的规模和宏伟壮观的气派,以免劳民伤财。他再三告诫修陵的官员,绝对不能使用昂贵的金银和铜装饰皇家陵墓,不要用金银器物、铜制品作随葬品,可用廉价的瓦器、陶瓷陪葬,自己百年之后,薄葬即可。

南越王尉佗野心甚大,阴谋篡位造反,明目张胆地自封为南越国皇帝。汉文帝认为假如朝廷兴师动众地出兵讨伐,必然会消耗大量的人力财力,最终的受害者是广大老百姓。为了让百姓免受战乱的荼毒,汉文帝没有发兵征讨叛臣尉佗,而是采用怀柔手段安抚了尉佗兄弟,摆出宽大为怀的姿态善待他们。尉佗受到了感化,主动取消了帝号,老老实实俯首称臣。

后元七年（公元前157年），汉文帝崩逝，留下遗诏说："世间万物，芸芸众生，有生即有死，这是亘古不变的自然规律，不必哀伤。人皆贪生厌死，死了还要贪图享受，子孙要为他花费巨资修建陵墓，用贵重的物品陪葬。为了给死人办丧事让活人倾家荡产，这种现象比比皆是，我不赞同这种做法。生前，我没能造福百姓，死了反倒拖累他们，让大家守丧默哀耽误正常的劳作和日常生活，这实在是一种过失，非我所愿。我虽贵为九五之尊，但和普通的凡夫俗子一样渺小。我从政20年以来，在神明的护佑和贤臣诸侯的共同辅佐下，实现了天下大治。我并不聪明睿智，一度担心自己犯错，辱没了列祖列宗，败坏了祖宗的基业。现在我寿终正寝，享尽天年，死后灵位能被供奉在帝庙中，这已经很让人欣慰了。没什么好悲哀的。传令下去，大臣用三天时间为我举办丧失，其他烦琐的规定一律废除。切勿禁止民间结婚嫁娶，不必举办斋戒和悼念活动，别要求别人赤脚参加我的葬礼，孝带不必太长，三寸即可，取消仪仗队，不必叫人跑到宫殿哭丧。七日后，换掉素衣丧服。如有缺漏，参照前面的规定来办。谨此布告天下，希望天下万民能知道我的心意。另外，千万别破坏霸陵的山水，保持那里的原貌，宫中夫人以下的嫔妃都遣送回家吧。"

智慧贴士

古代的帝王大多穷奢极欲，生前骄奢淫逸，享尽荣华富贵，死后还要耗尽国财，把所有价值连城的宝物都埋葬在地下，以供自己在另一个世界享用。汉文帝是帝王中的奇葩，他一生节俭，毕生致力于为百姓谋福祉，死后第一个提倡薄葬，废除一切繁冗的仪式，不讲求排场，不劳民伤财，不耽误百姓生活，这样通情达理的皇帝在中国历史上少之又少，所以他注定会成为明君的典范。

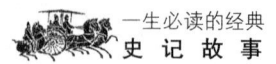

肉刑废除之谜

汉文帝刚刚即位时，汉朝刑罚严苛，除了令人胆寒的死刑外，还有毁人面容肢体的肉刑，要么在脸上刺字，要么割鼻砍断双脚。汉武帝认为当今的刑罚实在太残酷了，于是就废除了"连坐"。所谓连坐是指一人犯法，全家受罚，株连人数甚广。朝廷取消了连坐法令，百姓莫不欢欣。

汉文帝当政时期，有个叫淳于意的人，官拜太仓令，因为不愿曲意逢迎讨好官场上的人，弃官从医，从此悬壶济世，专为百姓治病，在民间很有威望。有个富人妻子身染重疾，久病不愈，特请淳于意前去诊治。不想妻子服了药，病情没有好转，没过多久就去世了。富人于是污蔑淳于意乱开药方害死了人，暗中贿赂官府，想要治淳于意的罪。官吏得了钱财，不经审查，便宣判淳于意有罪。淳于意被判处肉刑，须到长安受刑。临行前他叹息着对女儿说："可惜我膝下无子，遭逢大祸，没人能帮得上忙。"五个女儿全都难过地哭了起来，年纪最小的女儿缇萦听了这话顿时百感交集，父亲蒙冤落难，让她愤恨难平，父亲那番生女少男的抱怨，让她困惑不解，她不明白为什么女孩就不能为父亲分忧呢。

缇萦不顾别人阻拦，坚持护送父亲西行，跟着囚车来到了京城长安。到了长安，她马上找人写了一封信，上疏给朝廷说："我叫缇萦，是太仓令淳于意最小的女儿，我父亲为官时，清正廉洁，大公无私，为百姓做了很多好事。从医以后，致力于救死扶伤，为病人解除疾苦，造福一方。现在他受人诬陷，被判处肉刑。我为我的父亲难过，也为所有遭受这种残酷刑罚的犯人感到悲哀。受刑的人将终生残疾，身体永远都不能复原了。用刑的本意是让犯人迷途知返、重新做人，可是受过肉刑的人，想痛改前非也晚了。皇上为何要使用这种刑罚呢？我愿入宫为奴为婢、做牛做马，侍奉皇上，替父亲赎罪。请皇上网开一面，宽恕我的父亲吧。"

汉文帝阅罢，非常感动，心想一个弱小的民间女子，居然敢冒死上书替父求情，真是胆略过人、孝心可嘉，对这个素未谋面的少女不由得产生了几分敬意，于是便下令赦免了她的父亲。第二天，汉文帝下了一道诏书，废除了所有残害人身体的肉刑。缇萦救父的事迹很快传遍了京城，不少青年才俊前来求婚。缇萦婉言拒绝了，跟着父亲在长安城行医。淳于意医术精湛，行医半年便名满京城，成了远近闻名的名医。缇萦素知父亲生性耿直，担心他得罪权势人物，于是便劝父亲回乡。父女俩回到家乡后，继续救治病人，造福乡里。

智慧贴士

汉文帝废除肉刑是从政以来最为重要的举措之一，许多人认为他废苛法行仁政，是因为被一个叫缇萦的少女勇敢救父的义举感动，事实上这是一个酝酿已久的举动，缇萦事件不过是促成刑律改革的导火索而已。由于改朝换代，破坏巨大，汉初统治者多推行轻徭薄赋无为而治的政策，努力休养生息，令人终身残废的野蛮刑罚与总体政策相悖，早晚会被废除。缇萦上书恰逢其时，汉文帝便顺水推舟，加快了刑制的改革。

孝武本纪

不问苍生问鬼神

汉武帝是汉景帝之子，汉文帝之孙，经过两代励精图治，社会经济恢复迅速，天下太平，国泰民安。汉武帝即位时，国家富足，百姓和乐，到处都是一派繁荣的景象。汉武帝像其他帝王一样，信奉儒家思想，致力于重用有才能的儒生，赵绾和王臧受到了重用，官拜公卿。由于窦太后不喜儒学，赵绾和王臧经常受打压，最后被逼自杀。窦太后去世后，汉武帝又招揽了一些大儒。

除了儒生以外，汉武帝最器重的就是术士。有个叫李少君的人，因为通晓鬼神之事和长生之术，受到汉武帝的赏识。李少君隐瞒了真实年龄，说自己是一个70多岁的老叟，声称他是因为擅于驱使鬼神，并服用了长生不老的仙丹才童颜永驻的。人们信以为真，纷纷送来财物，求他点化。李少君喜欢装神弄鬼，把骗术修炼得炉火纯青，凭借臆想和猜测，经常作出各种匪夷所思的预言，奇怪的是每言必中，人们就更加相信他了，把他当成了在世的活神仙。

李少君曾经对汉武帝说："只有虔诚地祭祀灶神，才能把神仙招来。神灵现身以后，就能把不起眼的丹砂炼成金光灿灿的黄金，用这种黄金做成食器，盛装饭食，天长日久，能长命百岁，活到一定的岁数，就能看到蓬莱仙岛的仙人。见到神仙，举行封禅大典，就能永远长生不老了……"汉武帝信以为真，亲自祭祀了灶神，又派人到大海上寻找蓬莱仙岛上的神仙，吩咐术士把药剂掺进丹砂里炼制黄金。

后来李少君病死了，汉武帝不相信他真的死了，以为他羽化成仙了，于是继续求仙问药，与此同时，又派了大批人寻找传说中的蓬莱仙岛，引来无数术士效仿。汉武帝宠爱的李夫人红颜薄命，年纪轻轻便香消玉殒了，长期以来，汉武帝一直对这位绝代佳人念念不忘，夜里经常梦到她。有个叫少翁的术士自称擅长招魂术，汉武帝命他把李夫人的魂魄从阴间招来，与自己相会。少翁向汉武帝要了一件李夫人穿过的旧衣，在一间幽静晦暗的屋子里挂上了纱帐，然后点燃了蜡烛，绘制了李夫人的画像。一切准备就绪后，便开始施法了。

由于室内光线微弱暗淡，烛火摇曳不定，制造出了一种朦胧恍惚的错觉，汉武帝透过纱帐，居然看见了女人的半张脸，觉得那形貌和风姿非常像李夫人，他刚想揭开帷帐看个究竟，那个美丽神秘的倩影却突然消失不见了。少翁解释说汉武帝身上阳气太重，李夫人的魂魄受了惊吓，逃之夭夭了。汉武帝信以为真，居然把完全不懂军务的少翁封为文成将军。少翁愈发胆大包天，居然哄骗汉武帝说，把皇宫装修一番，换上神仙道袍，就能招来神明。在他的建议下，汉武帝的车驾绘上了云气图案，使人一见便联想到腾云驾雾的神仙。招揽神仙的同时，汉武帝还忙着驱邪，不同的时间配置不同颜色的车辆驱逐恶鬼。接着他又大兴土木，修建了规模浩大的甘泉宫，宫室里摆着各路神仙的画像以及各种各样的祭祀器具。

转眼一年过去了，神仙仍然没有降临。汉武帝非常生气，虽然没有开口责备少翁，但心里已经很不满了。情急之下，少翁狗急跳墙，挥笔在玉帛上写了几行字，然后把那带字的玉帛悄悄放到草料里，看着牛吞下，对外宣扬说："这牛很怪异，可能肚子里有什么不寻常之物。"汉武帝听说后，让人把牛肚子剖开，看看胃里有什么东西，结果发现了那封帛书，有人认出了少翁的笔迹。汉武帝这才知道自己上了当，怒喝着叫左右把骗子少翁拉出去斩首。

汉武帝无数次被术士欺骗，但是仍然不死心，继续执迷于求仙问药，他到处巡游，足迹遍布名山大川，每次都是无功而返。渐渐地，他开始讨厌那些信口开河、夸夸其谈的术士了。到了晚年，他终于醒悟了，将所有招摇撞骗的术士赶出了宫，下达了罪己诏，反思自己多年来的过失。公元前87年，汉武帝去世，葬在了茂陵。

智慧贴士

雄才大略、喜怒无常的汉武帝在司马迁笔下变成了另一幅样子，他迷信、痴情，甚至有点愚蠢，屡屡被那些信口雌黄的术士欺骗戏耍，与人们印象中那个英明神武的汉武大帝的形象完全不同。汉武帝之所以表现得那么昏聩愚昧，不是因为他不够聪明，不能明辨黑白，而是因为他太过贪婪，一味追求虚无缥缈、不切实际的东西，要么渴求长生不死，要么希望与阴阳两隔的佳人相会，术士看准了他的弱点，轻而易举地将他这位雄狮一般的帝王玩弄于股掌之中，让他成为了全天下的笑柄。

世家原指世代享受朝廷俸禄的达官显贵,即豪门大族。《史记》中的世家记录的是一方诸侯和钟鸣鼎盛之家的故事,包括春秋霸主、战国枭雄、没落贵族、获得爵位的汉代功臣等,以王侯将相为主。历史事件主要发生在诸侯国和封国之间。陈胜出身于社会底层,本来不符合《世家》的条件,但司马迁也把他列入了《世家》之中,这是因为陈胜是第一个揭竿而起反抗暴秦的农民起义军领袖,对大秦帝国走向瓦解起到了摧枯拉朽的作用,其影响力不输一方诸侯。

吴太伯世家

夫差,一个骄傲的失意枭雄

吴王阖闾十九年(公元前495年),吴国发兵讨伐越国。越王勾践率兵赶赴姑苏应战。他驱赶着一批慷慨赴死的死囚冲向吴军阵营。死士仰天高呼,列于阵前,忽然抽出长剑,纷纷自刎而死。吴军从未见过如此惨烈的景象,被这种盛大的集体自杀的惊人场面震慑住了,个个呆若木鸡,一时放松了戒备。越军趁机发起攻击,吴军溃

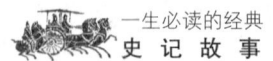

败。吴王阖闾脚趾受了重伤，吴军且战且退，一连撤退了七里。

没过多久，阖闾伤口感染，已经到了不可救治的地步。弥留之际，把太子夫差叫到了床榻前，咬牙切齿地说："千万别忘了，你的父亲是越王勾践害死的。"夫差握紧了拳头，发誓一定要为父亲报仇。夫差即位后，封伯嚭为太宰，抓紧时间操练军队，准备灭亡越国一雪前耻。公元前494年，吴国攻打越国，旗开得胜，洗刷了姑苏之败的耻辱。勾践带着残兵败将退守会稽。他深知凭借越国不是吴国的对手，于是便派大夫文种向伯嚭求和。文种承诺，只要吴国肯休兵，越国将献上土地，越王愿以奴仆的身份入住吴国，以示归附之意。

为了表达诚意，勾践献上了厚礼，亲自来朝拜夫差。夫差非常高兴。伍子胥忧虑重重，私下里对夫差说："越国是我国的心腹大患，不得不除。商朝能强大兴盛，国祚恒久，是因为把所有危险的叛臣全都赶尽杀绝了。"夫差打了胜仗，收服了勾践，原本心情大好，忽然被伍子胥泼了一头冷水，很是扫兴，不久便把伍子胥派到了齐国，这下耳边终于清静了。伍子胥出使齐国时，把儿子托付给了齐国大夫鲍氏。夫差听说后，龙颜大怒，喝令他挥刀自裁，特赐给他一把用来自刎的宝剑。伍子胥悲愤地说："臣不畏死，可叹我一片碧血丹心，竟落得如此下场。我死之前，有一事相求，还望大王能答应。请在我的坟冢旁栽上梓树，然后把我的眼睛挖出来置于吴国东门，我要亲眼目睹吴国是怎么被越国灭国的。"说完，便拔剑自刎了。

公元前482年六月，勾践率兵攻打吴国。经过数年的养精蓄锐，越国兵强马壮，很快打进了吴国的都城，俘获了吴国太子。夫差闻讯大惊，为了稳住人心，没有把这个不幸的消息透漏给诸侯。不知谁口风不严，走漏了风声，夫差大怒，气得挥剑乱砍，杀死了好几个帐前的士兵。后来夫差和晋定公争夺中原霸主之位，晋国出兵攻打吴国，征讨不臣，夫差被迫把霸主之位归还给了晋定公。当时太子被俘，吴军疲敝，吴国争霸失败，威严扫地，越国步步紧逼，夫差无力招架，只好向越国乞和。越国势力日益强大，频繁进犯吴国，无心维持和平局面。公元前475年，越国大军围攻吴国国都。两年后，越国灭亡了吴国，夫差成了亡国之君，被安置在甬东。

想起伍子胥之言，夫差悔不当初、痛心疾首，他不由得悲叹道："伍子胥几次三番劝我不要轻信越国，我为何听不进去呢？现在沦落到这个地步，我有何面目去见伍子胥呢？"说完，以袖遮面，自刎而死。

智慧贴士

夫差之所以会败给勾践，落得国灭身死的下场，不是因为他心慈手软，不愿对自己的竞争对手斩草除根，而是因为太过骄傲，听不进正确的意见，害得伍子胥含恨而死，自己也付出了惨重的代价。夫差和楚霸王项羽一样，是一个自以为是、刚愎自用的乱世枭雄，勾践看透了他的弱点，故意表现得卑躬屈膝、低三下四，充分满足了他的虚荣心，等时机成熟后忽然转守为攻，打得夫差措手不及。与其说夫差输给了善于隐忍的勾践，不如说他输给了自己，假如他不那么自命不凡和麻痹大意，就不会沦为亡国之君。

齐太公世家

抛一箭之仇，成春秋首霸

齐襄公趁鲁桓公醉酒之际将他杀死，然后跟鲁夫人私通。他经常滥杀无辜，整日沉湎于女色，屡次欺侮大臣，他的弟弟们担心受到牵连，都想逃离是非之地，公子纠逃到了鲁国。因为母亲是鲁国人，公子纠便放心在鲁国避难，管仲和召忽尽心尽力辅佐他。公子小白逃到了莒国，贤臣鲍叔牙倾力辅佐他。小白的母亲是卫国人，深受齐僖公的宠爱。小白和大夫高傒私交甚笃。后来公孙无知被杀，高、国两大家族的大夫秘密从莒国召回了小白，想要迎立他为齐国国君。鲁国听说公孙无知已死，马上派侍卫护送公子纠回齐国，帮助他争夺王位，并派管仲阻挠小白回国。管仲带着士兵对小白围追堵截，一箭射中了小白的钩带。小白将计就计，倒地装死，管仲误以为除掉了小白，派人将小白的死讯报告给了鲁国。护送公子纠的军队放慢了脚步，足足走了六天才到达齐国，而小白早已抢先一步回了齐国，被高傒拥立为国君，成了齐桓公。

当初小白被射中了钩带，装死骗过了公子纠的心腹管仲，靠着这种瞒天过海的方式他成功躲过了一劫，随即藏身在温车之中，被拉到了齐国，由于国内有高、国二氏做内应，才得以捷足先登抢到了君王的宝座。即位后，他立刻派兵抵御鲁军。齐、鲁两国交战于乾时，齐军大获全胜，鲁军一路败退，狼狈逃窜，齐军乘胜追击，切断了鲁军的去路。齐国给鲁国去信说："公子纠是我的亲兄弟，实在不忍心手足相残，将他诛杀，请鲁国自己动手吧。召忽、管仲是我不共戴天的仇人，把这两个人交给我们剁成肉酱，我们才能放心。如若不照办，齐国就会发兵攻打鲁国。"

鲁国人非常害怕，于是便杀死了公子纠。召忽被迫自杀。管仲请求被关押。齐桓公原本打算杀死管仲，以保一箭之仇。鲍叔牙说："你还是公子的时候，我有幸追随你、辅佐你。如今你成了一国之主，我没有能力帮助你成就更大的事业了。如果你只是想把齐国治理好，有高傒和我两个人辅佐你就可以了。如果你想一统天下，成就一番霸业，必须得到管仲这样的经天纬地之才辅佐才行。管仲留在哪个国家，哪个国家就会强盛，你千万不能错失这样的人才啊。"

齐桓公听从了鲍叔牙的建议，佯装要兴师问罪向管仲寻仇，其实是想重用他。管仲心领神会，请求被押解到齐国。鲍叔牙亲自迎接管仲，解开了管仲身上的镣铐，让他沐浴更衣后去面见齐桓公。齐桓公封管仲为大夫，奉其为座上宾。

◎ 智慧贴士 ◎

齐桓公是春秋五霸之一，他能成就霸业，得益于能臣管仲的辅佐。齐桓公与管仲有一箭之仇，险些死在管仲手里，两人曾经势不两立。如果没有海纳百川的心胸，过于计较个人恩怨，齐桓公就会错失社稷之臣，失去争霸天下的资本。他能成为一代霸主，凭借的不是武力，而是用人之道，他能重用能臣，把敌人发展成朋友，使其为自己所用。而其他君王自视过高，多半不会原谅和宽恕冒犯过自己的臣下，事后必然会伺机报复，不可能成就明君贤臣的千古佳话，也不可能成就更大的事业，这正是齐桓公从争霸战中脱颖而出的根本原因。

鲁周公世家

隐藏在"庆父之乱"背后的历史真相

鲁庄公身染恶疾，自知大限已到，但仍有许多事情放心不下，一直为选立储君的事情烦恼。一般而言，君位都由嫡长子来继承，可鲁庄公的正妻哀姜没有儿子，哀姜的妹妹姜生倒是生了一个叫妍开的儿子，有个叫孟任的宠妃也为他生了一个儿子，取名为姬斑。

当年，鲁庄公建了一座高高的楼台，登高远望，恰好可以俯瞰党氏家的庭院。有一天，鲁庄公登楼赏景，看到了党氏的女儿孟任。他对美丽娴静的孟任一见倾心，发誓要娶她为妻。为了表明真心，当场用刀划破了手臂，和孟任海誓山盟。之后，鲁庄公践行誓约，迎娶孟任为夫人，孟任生下了姬斑。鲁庄公想立姬斑为太子，由于姬斑并非嫡出，他担心朝中大臣和天下百姓反对姬斑做储君。

鲁庄公有三个弟弟，分别是庆父、叔牙、季友。鲁庄公病危时，和叔牙讨论立太子的事情。叔牙说："君位应该由嫡长子继承，没有嫡长子，就让弟弟继承，拥立庆父做国君便是了，有什么为难的？"鲁庄公不想传位给庆父，又召见了季友，季友认为该立姬斑为国君。两人一拍即合，于是便密谋除掉叔牙。季友假借鲁庄公之名让叔牙候在针巫氏家里听旨，然后让针季献上毒酒传话说："你今天痛痛快快地饮下这杯毒酒，就能保全后人。如若不然，就会殃及后代。"叔牙被迫喝下毒酒，不久毒发身亡而死。鲁庄公没有食言，没有伤害叔牙的后代，还立了他的儿子为叔孙氏。鲁庄公病死后，姬斑在季友的拥立下成为鲁国国君。

鲁庄公的正妻哀姜曾经与庆父私通，两人一直藕断丝连，鲁庄公一死，便迫不及待地厮混到了一起，开始鸳梦重温。当时姬斑正在党氏家里为鲁庄公服丧。哀姜和庆父私下里密谋杀死姬斑，让姬开取而代之。他们派一个叫荦的马夫执行刺杀任务。荦与姬斑有仇，是最适合的人选。姬斑在即位前，爱慕梁家的女儿。有一天，他发现荦在墙外调戏自己的意中人，当场发了一通火，把那个轻浮浪荡的马夫狠狠鞭打了一顿。荦因此对姬斑怀恨在心。鲁庄公对姬斑说："荦一身力气，与你结了仇怨，日后必报复，你最好杀了他，以绝后患。"姬斑不以为然，没有杀掉荦。结果被荦杀掉了。季友感觉大事不妙，仓皇逃到了陈国。姬开被庆父立为国君。庆父垂涎皇位已久，不久便派人杀死了姬开，想要取而代之。

季友听到消息，决定挺身而出，挽救国家危亡，于是便护送姬开的弟弟姬申回国。鲁国百姓痛恨庆父残暴，纷纷叛离。庆父知道大势已去，慌忙逃到了莒国。姬申顺利即位。哀姜担心姬申为哥哥报仇，偷偷潜逃到了邾国。季友给莒国送去了厚礼，希望能索回庆父。莒国把庆父交了出去。庆父惶恐万分，哀求奚斯向季友求情。季友不肯放过庆父。奚斯哭着回来了。庆父听到奚斯悲悲切切的哭声，知道事情已无挽回余地了，不等奚斯开口说话就横刀自杀了。哀姜因为和庆父通奸败坏了哥哥齐桓公的声誉，被齐桓公杀死。齐桓公大义灭亲之后，把哀姜的尸体运送到了鲁国，暴尸于市，任由百姓围观。姬申看不下去了，出言求情，齐桓公这才准许将哀姜安葬。

◎ 智慧贴士 ◎

后世以"不去庆父，鲁难未已"来形容某个人物或因素带来的无穷无尽的灾祸，比喻不斩草除根就会后患无穷。足见庆父之乱给鲁国政治造成的消极影响。这场叛乱，本质上是血雨腥风的宫廷争斗，一切都是围绕着王位的角逐而展开，在当时父死子继和兄终弟及的传位制度是同时存在的，所以才会上演兄弟、叔侄互相残害的悲剧。

陈杞世家

聚众淫乱死于非命的昏君

陈国是周室的诸侯国之一，在东周时，是一个非常强大的国家。后来周室衰微，诸侯并起，陈国处在风雨飘摇中，上至一国之君下至文武大臣皆荒淫无道，国家内外交困，形势岌岌可危，偏偏在这个时候又发生了夏征舒之乱，局面更加混乱了。

陈国国君陈灵公昏聩无能、荒淫无度，把国家治理得一团糟。邻国楚国一直虎视眈眈地觊觎着陈国的土地。楚庄王即位六年后，派兵讨伐陈国。陈国被迫屈膝求和，两国休兵，不过楚庄王并没有打消侵吞陈国的想法。陈灵公在位期间，君臣都很荒淫风流，朝野乌烟瘴气。当时陈国有一个水性杨花、风流娇俏的美妇人，叫夏姬，是陈国大夫御叔的夫人。刚过门不久，御叔就死了。夏姬年纪轻轻便成了寡妇。她的儿子成大之后，在朝廷里做官。夏姬不堪闺中寂寞，尽管已是半老徐娘仍风流不减当年，和陈灵公、大夫孔宁、仪行父均有私情。

君臣三人皆以私通这名俏寡妇为荣，丝毫没有羞耻感。他们甚至拿着夏姬的贴身内衣到朝堂上炫耀，时常淫笑不止。大臣们被这种恬不知耻的行为激怒了，有个叫泄治的大夫实在看不下去了，便劝谏陈灵公说："国君是天下万民的榜样，你作为一国之主，这样放荡好色，臣民该效法谁呢？如果陈国人全都以你为榜样，那么整个国家就乱了。你还是收敛自重一些比较好。"

陈灵公羞愧得无地自容。泄治离开后，他把原话一字不漏地说给了孔宁、仪行父两人听。孔宁和仪行父怂恿陈灵公杀死多嘴多舌的泄治。陈灵公迟疑不决，两人便主动请缨暗杀泄治。陈灵公没有阻止，耿直敢谏的泄治不久即死于奸臣之手。泄治死后，陈灵公、孔宁、仪行父三人经常出入夏姬家，通宵达旦地饮酒嬉乐，朝中无人敢言。征舒怒气填膺，但作为臣子，不敢教训君主，只好咽下这口恶气。

有一天，陈灵公又带着孔宁、仪行父到夏姬家里喝酒，三人略微有了醉意以后，开始笑吟吟地挑逗捉弄对方。陈灵公指着征舒对醉眼蒙眬、满身酒气的孔宁、仪行父说:"你们瞧瞧看,征舒和你俩长得多像啊。"两人嬉笑道:"大王,征舒和您长得也很像啊。"面对这种奇耻大辱,征舒实在无法忍受了,于是便带上弓箭,悄悄地躲在马房门口,准备射杀陈灵公。陈灵公踉踉跄跄地走了出来,征舒连忙搭弓射箭,杀死了陈灵公。孔宁、仪行父闻风而逃,两人受了很大的惊吓,纷纷逃窜到了楚国。太子妫午惊闻父王被杀,慌忙逃到了晋国。征舒自立为国君。

楚庄王知道后,以征舒弑君为借口,发兵攻打陈国,占领了陈国国都,杀死了征舒,把陈国改为楚国的县城。楚国吞并陈国,版图大大增加,群臣称贺,唯有大夫申叔没有任何表示,楚庄王问其缘由。申叔说:"牛践踏了人家的田地,牛的主人有过错。但田地的主人要是把牛牵到自己家中,强行据为己有,那过错就更大了。您是打着为陈国攘奸除凶的旗号号召诸侯攻打陈国的,但现在您觊觎陈国的土地和财产,想要吞并陈国,这样出尔反尔,以后还怎么号令天下呀。"楚怀王觉得申叔所言有理,便放弃了侵吞陈国的打算,把陈国太子妫午护送回国,立为国君。

智慧贴士

  国君荒淫无道、生活糜烂,不仅会败坏社会风气,而且将影响到国政,扰乱时局,改变历史的走向。这是许多朝代走向覆灭的重要原因之一。陈灵公好色无耻,沉湎于声色犬马,最终引来了杀身之祸,直接导致了夏征舒之乱。楚国借机攻打陈国,差点把陈国并入楚国版图,若不是申叔阻止了楚庄王,陈国早就灭国了。可见作为一名国君,个能洁身自好,影响有多么恶劣。

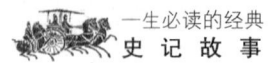

卫康舒世家

被夺妻害命的大孝子

卫宣公风流成性，荒淫无耻，在做公子的时候，就和父王卫庄公的姬妾夷姜私通，几度春风之后，夷姜珠胎暗结，为他生下了儿子卫伋。由于两人的关系名不正言不顺，私生子卫伋不便抛头露面，所以从小便被寄养在民间。卫宣公嗣承大位以后，夷姜格外受恩宠，卫伋顺理成章地被接回宫中，成为了太子。

卫伋长大成人后，卫宣公为他安排了一门婚事，新娘是齐僖公的女儿宣姜。熟料两人尚未成亲，这段姻缘就莫名其妙地结束了，原来卫宣公看上了姿色出众的宣姜，便把未来的儿媳妇强娶为妻，又为儿子卫伋安排了另一门婚事。宣姜为卫宣公生下了卫寿和卫朔两个儿子。

卫寿和卫朔性情迥然不同。卫寿单纯善良，重情重义，和卫伋非常亲近。卫朔阴险狡诈，妒忌卫伋，对自己同父同母的亲兄弟卫寿也心怀怨恨。夷姜去世后，宣姜和卫朔总向卫宣公进献谗言污蔑卫伋。卫宣公认为自己和儿子卫伋之间有夺妻之恨，长期以来一直提防着卫伋，如今听到谗言，便信以为真，决定先下手为强，设计杀死卫伋，于是派卫伋出使齐国，暗中唆使强盗在半路上将其截杀。

临行前，卫宣公给了卫伋一面特殊的旗帜，上面饰有白旄标识，劫匪见了这个标记，立刻就知道暗杀的目标了。卫寿知道了父亲的阴谋后，好心奉劝卫伋不要去齐国。卫伋却说："作为人子，只有遵从父命才算孝顺，违背父亲的意愿，算不得一个好儿子。假如父亲真的要置我于死地，我也要义无反顾地遵从他的安排。"

卫寿说服不了卫伋，只好偷走了他的旗帜，赶在他前面到达了齐国。强盗看到了白旄旗，误以为来者是卫伋，便不由分说地把卫寿杀死了。卫伋赶到后，发现弟弟已代替自己受死了，十分难过，忍不住放声大哭起来，哭完之后对强盗说："你们杀错人了，我才是你们要杀的太子。"强盗听罢，毫不犹豫地把他杀死了。

智慧贴士

这则故事反映的是孝父忠君的纲常思想，卫伋就是忠孝两全的典型形象，作为一个儿子他不愿违抗父命，即使被父亲误会即将前往死地，也不愿意逃跑。作为一名臣子，他把父王看得至高无上，即便是被逼得走投无路也要完成君王赋予自己的使命，最终用自己的生命捍卫了忠君孝父的理念。在当时看来，卫伋几乎是一个完美的道德者形象。但在今天看来，卫伋不过是愚忠愚孝的牺牲品而已。孝道虽然值得提倡，但愚孝就不可取了。

相对于单纯憨直的卫伋，卫寿的形象更加符合现代精神，为了不让卫伋被无辜残害，他甘愿挺身而出，这说明他把是非大义看得比忠孝之道更加重要，是一个敢作敢为、敢爱敢恨的热血男儿，这种精神才是值得肯定的。

给鹤加官进爵的荒唐君主

卫寿和卫伋死后，卫朔失去了竞争对手，顺理成章地继承了君位，成了卫惠公。朝中大臣左公子和右公子对王室自相残杀的内幕十分清楚，两人一致认为卫朔心狠手辣，为了取得夺嫡斗争的胜利，间接害死了自己的亲兄弟，如此无情无义，不配做卫国国君，于是举兵讨伐卫惠公。卫惠公不得民心，得不到百姓的支持，没有信心战胜左公子、右公子，兵败之后狼狈逃窜到了齐国。

流亡齐国期间，卫惠公一直谋划着重返卫国夺回王位，不甘心大权旁落。他请求齐襄公帮他讨伐卫国。齐襄公答应了，于是假借周天子的名义号令诸侯征讨卫国。卫国寡不敌众，被诸侯联军打败。左公子、右公子被杀死。他们拥立的国君卫黔牟仓皇逃跑，逃到周天子那里避难。卫惠公重新坐上了国君的宝座。公元前675年，卫惠公因不满周天子收留落难的卫黔牟，联合燕国一起攻打周室。周王室势微，打不过强大的诸侯，周惠王感觉大事不妙，连忙逃到了温地避难。周惠王的弟弟公子颓被两个诸侯国拥立为新任天子。公元前771年，长期流亡在外的周惠王在郑国军队的护送下返回了周朝。

公元前669年，卫惠公逝世，太子赤即位，史称卫懿公。卫懿公是一个不求上进的君主，继位后游手好闲、不务正业，整日与鹤相伴，长期不理朝政。他非常喜欢鹤，给予鹤以极高的待遇，鹤的地位已经远远超过了朝中重臣。那些羽毛光鲜、形态优雅的鹤都得到了最贵的爵位，平时可乘坐超级豪华的车辆出行，规格超出大臣的车驾。为了养鹤，国家耗费了大量的钱财，浪费了大量的人力，大臣们十分担忧，对国君这种超乎寻常的嗜好颇为不满，百姓也议论纷纷，民间怨声沸腾。卫懿公满不在乎。

大夫石祁子和宁庄子多次劝谏卫懿公要约束自己的行为，千万不能玩物丧志耽误了正事，卫懿公置若罔闻，依旧我行我素。卫懿公即位九年后，狄人攻打卫国，卫懿公派遣将领前去应战。将士们郁愤地说："国君让鹤享有丰厚的待遇，不如现在就派它们到战场上打仗吧。"卫懿公无可奈何，只好亲自上阵领兵迎战。双方交战于荧泽。由于军心不振，卫军被狄人杀得落花流水，卫懿公惨死在乱军中。

> **智慧贴士**

卫懿公因好鹤亡国的故事可谓是玩物丧志的代表。一个人有所偏好本是无可厚非的，但过度沉迷就不可取了，作为国君身系一国安危，更应该约束自己的行为。卫懿公让鹤乘坐豪华轩车，给予其大夫级别的待遇，对臣下和百姓却漠不关心，征战沙场的将士不能享有实际禄位，百姓由于他的横征暴敛生活在水深火热之中，这样的君主又有谁愿意拼死效力呢？纵使有两位大将临危受命，也起不到力挽狂澜的作用了，因为卫国的灭亡几乎已成定局。

晋世家

流亡列国的落难公子

晋文公重耳是晋献公之子，为了躲避骊姬的迫害长期流亡在外。骊姬是晋献公的宠妃，一心想立自己的儿子奚齐为太子，为此害死了太子申生，没过多久，又把矛头对准了重耳和夷吾，不断地对晋献公吹枕边风，试图陷害两位皇子。重耳深知人言可畏，未经父王许可就逃到了晋国的蒲城。晋献公大怒，派官宦履到晋国追杀重耳。重耳逾墙而走，履在后面穷追不舍，一剑砍断了重耳的衣袖，重耳裸着一条胳膊逃走了。他觉得晋国已经不安全了，就带着谋士和随从逃到了狄国。

狄国把咎如（国名，隗姓，赤狄别种）的一个漂亮的女战俘嫁给了重耳，把女战俘的妹妹嫁给了赵衰。赵衰是重耳身边的五贤士之一，时常为重耳出谋划策。两人在狄国娶妻生子，整整居住了五年。晋献公死后，大臣里克杀掉了奚齐，打算迎立公子重耳为国君。

重耳认为国内局势不稳，贸然回去恐遭遇不测，因此没有回国。里克退而求其次，改立重耳的弟弟夷吾即位。夷吾就是晋惠公。

七年后，晋惠公认为哥哥重耳的存在，对自己的王位构成了威胁，便派宦官履和刺客前去刺杀重耳。重耳闻讯，慌忙和谋士们商量对策，他认为为今之计最好逃亡大国寻求庇护，决定投靠齐桓公。谋士们同意他的看法。临走前，重耳对妻子说："我这一去不知什么时候回来，你一定要等我，25年后，你还没有等到我，就可以自行改嫁了。"他的妻子叹息着说："25年后，我坟冢旁的小柏树都长成参天大树了，不过没关系，我还是会等你的。"

重耳一行人在去齐国的路上途径卫国，卫文公没有礼遇他们，重耳觉得自己受到了怠慢，气冲冲地离开了。抵达五鹿时，众人饥饿难耐，只好沿路向百姓乞食。乡民献上土块给他们享用，重耳大怒，正待发作，赵衰说："这土块代表的是辽阔的土地，百姓把土块献给你，预示着有朝一日你将拥有大片的土地。你该感谢上苍的赐予才对。"重耳转怒为喜，高高兴兴地跪拜苍天。

来到齐国后，重耳受到了隆重的接待。齐桓公不仅对他礼遇有加，还把宗室女子姜氏嫁给他，并附赠20匹骏马当新婚贺礼。重耳在齐国舒舒服服地待了五年，既有娇妻美眷又有优渥的生活，日子过得格外滋润，有些乐不思蜀，不想回晋国了。赵衰和狐偃见重耳安于现状、不图进取，感到无比失望，暗中商量如何回到晋国。不想姜氏的侍女外出采桑，把他们密谈的内容听得一清二楚，回去就把事情禀报给了主子。

姜氏担心侍女走漏风声坏了大事，毫不留情地把她杀掉了。事后对重耳说："你贵为王族，是逼不得已才逃到这里的，许多贤臣把身家性命压在了你的身上，你一味贪图安逸，整天浑浑噩噩，辜负了他们的期望，难道不觉得羞愧吗？"重耳听不进去，不想离开。姜氏于是便和狐偃、赵衰密谋，遣送重耳回国。他们把重耳灌醉了，拖到车上。趁重耳醉得不省人事的时候，将其带出了齐国。重耳酒醒后大怒，扬言若是回国后成就不了大业就杀掉狐偃。

重耳一行人途径曹国时，受到了无礼对待。曹公共听说重耳奇人有奇像，肋骨是连在一起的，非常好奇，于是就在重耳沐浴时偷窥。大夫负羁奉劝曹公共善待重耳，曹公共不加理会。事后，负羁给重耳送食物的时候，奉上了一块美玉。重耳吃光了食物，把玉还给了他。随后去了宋国。当时宋国刚被楚国打败，没有能力为重耳提供帮助。重耳又去了郑国，郑国对他很无礼，他又离开郑国去了楚国，最后到了秦国，在秦国的帮助下，返回了晋国，如愿继承了王位。

智慧贴士

晋文公重耳的流亡经历，充分说明了"生于忧患，死于安乐"的道理。为了逃避政治迫害，重耳作为长于膏粱宫阙中的王族，锻炼出了惊人的生存能力，练就了非比寻常的毅力和胆识，他忍受着饥饿和白眼，长期处于逆境，却丝毫不灰心，一直奋发进取，这是非常难能可贵的。但是过上了安逸的生活以后，立时判若两人，只想着偏安一隅，维持现状，没有了更高的追求，丧失了斗志，若不是妻子和身边的贤士强行把他带出齐国，他极有可能终老他乡，浑浑噩噩地了此一生。可见毁掉一个人的并不是祸难和忧患，而是安乐的环境，忧患击不垮的人，通常会在安逸中沉沦，忘记奋斗的初衷，继而沦为庸庸大众中的一员。

越王勾践世家

传奇商圣陶朱公

范蠡是越王勾践身边最重要的谋臣之一，在他的辅佐下，勾践消灭了吴国，雪了国耻，成就了霸业。范蠡因为劳苦功高，被封为上将军。范蠡深知勾践长颈鸟喙，可以共患难不可共富贵，坚决不肯接受封赏，一心想要功成身退。勾践不同意，假惺惺地说："越国灭吴，你立下了汗马功劳，我要跟你平分越国，你胆敢不听命，我必治你的罪。"范蠡悄悄收拾好了行囊，乘船逃出了越国，从此销声匿迹，再也没有踏上过那片土地。

范蠡隐姓埋名来到了齐国，经过数年的艰苦奋斗，积累了巨额财富，成了富甲天下的豪商巨贾。齐国国君听说他有才干，想让他做国相，辅佐自己治理国家。范蠡拒绝了，把家产赠送给了朋友和邻居，带着值钱的财物迁居到了陶地。他凭借着活络的经商头脑和过人的智慧，很快发迹了，积累起了万贯家财。因为定居在陶地，自诩为陶朱公，成为了当地最有名望的富商。陶朱公的大名如雷贯耳，无人不知无人不晓。

范蠡在陶地混得风生水起，活得有声有色，可惜好景不长，他二儿子在楚国杀了人，被定了罪。范蠡说："杀人偿命合乎法理，可是我有千金家财，怎忍心眼睁睁看着儿子在闹市中被正法啊？"他想派小儿子带着1000镒黄金疏通关节搭救二儿子。长子主动要求前往楚国营救弟弟，并以自杀相要挟。范蠡把信交给了长子，嘱托他把钱和信交给一个叫庄生的故交，再三强调说："一切听从庄生安排，千万不要和他争执。"长子答应了，临行前又多带了几百镒黄金。来到楚国后，长子马上拜会了庄生，发现庄生屋舍简陋，觉得对方不像身居显位的人，即便如此，还是转交了信和金子。庄生收下后说："你赶快启程离开楚国吧，此地不宜久留，等你弟弟获释后，你不要打听其中的缘由。"长子不放心，在楚国又逗留了一段时间，用剩下的钱打点了朝中有权有势的官员。

庄生不是贪财之辈，本不想收范蠡的钱，打算事成之后把金子原封不动地还给范蠡，用以标榜自己的信用。他对妻子说："陶朱公的钱，我日后会一文不少地还给他。你千万不能随便取用。"几日后，庄生觐见楚王说："星宿位置变动了，预示着楚国要发生大祸了。"楚王紧张地问有什么消灾的办法。庄生建议他实行恩德。楚王下令将国库封存了起来，准备大赦天下。收受贿赂的官员见状，欢欢喜喜地把这个好消息告诉了范蠡的长子。范蠡的长子大喜过望，认为弟弟有救了，于是便想把送给庄生的 1000 镒黄金索要回来。他跑到庄生家里辞行，虽没有开口提金子的事，但意思已经很明显了。

庄生把金子还给了他，觉得自己受到了小辈的欺侮，心里十分不痛快，于是对楚王说："听说陶朱公的二儿子杀了人关在我国的大牢里，陶朱公救子心切，花钱贿赂了您身边的大臣，您这次大赦天下，得到赦免的不是平民百姓，而是犯下杀人大罪的富商之子。"楚王听罢大怒："我虽德行不高，但也不至于为了一个富商之子大赦天下。"于是下令将范蠡的二儿子正法，次日大赦天下。

范蠡的长子带着弟弟的尸体哭着回去了。家人都十分悲痛，范蠡长叹道："我早就料到会是这个结果。长子虽然爱弟弟，但年幼时过过苦日子，饱尝世事艰辛，所以把钱财看得过重，舍不得把这么一大笔钱送出去。小儿子就不一样了，从小锦衣玉食，长大后把钱看得很轻，所以一开始我才会让小儿子来搭救二儿子。"

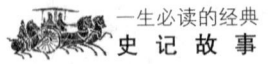

智慧贴士

范蠡是一个非常有远见的人,他是少数几个能看穿功名利禄、勇于功成身退的智者,所以避开了"狡兔死走狗烹"的政治迫害,最终得以善终。历史学家普遍对范蠡评价很高,因为他不仅具有王佐之才,而且富有经商天赋,是一个不可多得的奇才,更令人钦佩的是他为人豁达,懂得割舍,拥有常人所不具备的智慧和胸怀。不过作为一个有血有肉的真实人物,范蠡并非十全十美,二儿子犯下杀人大罪时,他选择贿赂官员为儿子脱罪,破坏了法制,毁掉了法律的公平性和正义性。这种做法不值得称道,但是可以理解的。任何一个父亲,都不想面对白发人送黑发人的悲剧,如果能避免这种悲剧的发生,当然会不惜一切代价,范蠡虽不是普通人,却有普通人的情感,他渴望拯救儿子的急切心情是可以理解的。

赵世家

一个孤儿引发的血案

晋灵公是一个残暴不仁的昏君,多次加害贤臣赵盾,赵盾侥幸逃脱,从此亡命天涯。后来晋灵公被弟弟赵穿杀死,其叔叔晋成公即位。赵盾闻讯,回到了晋国,重新掌握了大权。晋景公当政时期,赵盾去世了,他的儿子赵朔继承了他的官职。晋灵公的宠臣屠岸贾一心想要给主子报仇,赵朔首当其冲,成了第一个打击的目标。

有的大臣认为晋灵公的死与赵盾无关,不应该残害赵盾的后人。屠岸贾却坚持认为赵盾虽没有杀害晋灵公,却是害死晋灵公的罪魁祸首,赵盾的后人必须为此付出代价。韩厥说服不了屠岸贾,于是赶紧通知赵朔逃跑。赵朔不想落下畏罪潜逃的口实，不打算离开晋国，但又担心赵家遭遇灭门之祸，于是便嘱托韩厥保护赵家后人。韩厥答应了。为了避开屠岸贾的锋芒，赵朔长期称病不朝，但依然没有躲过大祸。屠岸贾带兵闯入了赵家，杀死了赵朔，血洗了赵氏家族。

赵朔的妻子已经身怀六甲，赵家惨遭灭门时，她挺着大肚子躲到了晋景公的宫室里。因为她是晋成公的姐姐，拥有王族血脉，屠岸贾不敢造次，这才躲过了一劫。赵朔的门客公孙杵臼对主子死心塌地，见赵氏家族惨遭灭门，痛苦万分，竟责备赵朔的朋友程婴儿不肯一同赴死。程婴说："赵朔的夫人现在有了身孕，如果生下的是男婴，我会尽心尽力把他抚养长大，为赵家延续血脉，如果生下的是女婴，我再去死也不迟。"

没过多久，赵朔的妻子诞下一名男婴，取名赵武。屠岸贾听到了风声，立刻派人入宫搜索。赵朔的妻子把儿子藏在胯下，祈祷说："如果老天要灭绝赵氏家族的话，孩子你就哭吧，如果赵氏家族命不该绝，你就不要发出任何声音。"屠岸贾带人进宫仔细搜查时，赵武安静得出奇，赵朔的妻子如释重负，屠岸贾无功而返。母子暂时平安，但程婴和公孙杵臼还是不放心，打算把赵武带出宫。

公孙杵臼问："营救婴儿赵武和慷慨赴死，哪个更容易？"程婴回答说："死是一件很容易的事，想要救出赵武真是难于上青天啊。"公孙杵臼说："那重任就让你来担当吧，让我去死吧。"谋划停当后，他们把另外一个婴儿藏到了深山里。程婴佯装叛变，对屠岸贾说："你若肯赏给我千金，我就告诉你赵氏孤儿的藏身之地。"屠岸贾和他达成了交易。程婴和婴儿被抓，当场死于非命。屠岸贾误以为赵家最后一丝血脉已除，全然放下心来。程婴把赵武秘密接出了宫，把赵武抚养成人。

一生必读的经典
史记故事

> 智慧贴士

赵氏孤儿的故事为大众所耳熟能详，人们都很佩服公孙杵臼和程婴的义举，一个杀身成仁舍生取义，一个忍辱负重，牺牲了比生命还宝贵的清誉，含辛茹苦地把赵氏孤儿抚养长大。这是一个感天动地的故事，听到的人莫不为之动容。表面上看，赵氏孤儿能存活下来，为贤臣赵朔延续血脉，是基于公孙杵臼和程婴做出的巨大牺牲，细细深究起来，事情并没有那么简单，赵武的生是由另外一名男婴的死换来的，同为襁褓中的小生命，分量是等同的，婴儿调包计太过残酷，也太过不人道，让这种义举或多或少打了一些折扣。

贪心的败家子——赵孝成王

公元前262年，赵孝成王晚上做了一个美梦，他梦见自己穿着左右颜色各异的偏衣骑在龙背上到处飞，忽然从半空中摔到了地上，看到了满地的金银财宝。次日，他叫占卜的人解梦。占卜者说："左右颜色各异的衣服寓意着残缺不全，御龙飞天从空中掉落表明大王您欠缺实力，唾手可得的财宝蕴藏着隐患。"

不久，韩国上党太守冯亭派人出使赵国。原来秦国攻打韩国，已经兵临上党，情况十分危急。上党位于韩国西北地带，仅有一条窄路与韩国腹地相连。秦国切断了这条交通要道，韩国若要出兵援助上党，必须绕道而行，经过赵国或魏国。上党太守冯亭认为与其投降秦国，还不如转而投降赵国，于是便派使者求见赵王，承诺愿拱手献出上党17座城池。赵孝成王白白得了17座城邑，非常高兴，把喜讯转告给了平阳君赵豹。赵豹忧心忡忡地说："不劳而获得到的东西，一定包藏着隐患。平白无故得到的好处，我们不能轻易接受。"赵孝成王不以为然地说："冯亭不是说上党的百姓是心甘情愿地归附我的吗？我为什么不能接受上党的城池？"

赵豹说："上党和韩国之间的道路已经被秦军切断了，如今上党孤悬在外，处在秦国的掌控之下，冯亭献城池，其实是想把赵国拖下水，秦国绝不会让赵国白白捡到便宜。"赵孝成王不听，他舍不得丢掉到手的肥肉："即便出动百万大军，血战一年，也未必能攻下一座城池，如今不费一兵一卒兵不血刃地拿下了17座城池，我们为什么要放弃呢？"后来，赵孝成王又把这个消息告诉了平原君和赵禹，两人异口同声地说："不费吹灰之力坐收17座城池，这可是千载难逢的好机会，怎么能错过呢？"

赵孝成王得到了支持，大喜，马上派平原君接管上党的城池。平原君按照赵孝成王的吩咐，给予了太守冯亭优厚的封赏，赐给对方3万户的封地，其他的县令得到了3000户的封地。冯亭婉言谢绝了赵国的赏赐，当场洒下悲泪，派人传话说："我为韩国守城，不能与驻守的城池共存亡，是为不义；没有征得国君的同意，就把上党的17座城池献给了赵国，也是不义；通过割让国家的土地换取自己的封地，这是卖国求荣，更加不义。因此，我绝无可能接受封地。"赵孝成王尊重他的选择，不再勉强他接受封赏。

为了保住新得的城池，赵国派老将廉颇驻守长平。秦军忌惮廉颇的威名，没有贸然采取军事行动。后来，赵孝成王听信小人的挑拨，罢免了廉颇，起用夸夸其谈的赵括。秦军没有了顾虑，在白起的率领下大举进攻赵国。赵国大败，40万俘虏全部被活埋，从此一蹶不振，赵括在混乱中被杀死。赵孝成王想起赵豹之言，后悔不迭，可惜一切都太迟了，因为贪图一时的利益，赵国付出了难以想象的惨重代价。

智慧贴士

精心设计的骗局，是考验人性贪欲的试金石，人们由于贪图小利而吃大亏，从而落入圈套，皆因贪念而起。赵孝成王梦想着不费一兵一卒，不必开疆拓土，就能轻而易举地获得大片丰饶的土地，无异于痴心妄想。他不肯听取正确的建议，想徒手接到从天而降的馅饼，平白无故地得到上党17座城池，结果败掉了自己的家业。可见人在被贪欲蒙蔽双眼的时候，往往会做出非常不理智的事情，甚至会犯下可笑的低级错误，以至付出难以想象的沉重代价。

孔子世家

孔圣人与弟子们的流浪往事

公元前551年，一代影响中国历史2000多年的文化人物诞生了，他就是儒家学说的创始人孔子。孔子刚刚出生时，头顶有一部分凹陷了下去，所以父母给他取了个形象的名字——丘。孔子虽不是出身于钟鸣鼎盛之家，但至少属于名门之后，他祖上在宋国地位很高，受到时人称颂。后来孔家家道中落，但后人仍然受到士大夫的尊崇。鲁国大夫孟釐子临终前再三叮嘱儿子孟懿子要拜孔子为师，足见其对孔子的看重。

孔子年幼时家境贫寒，长大之后不得不自谋生计。他曾经做过官吏仓库的九品芝麻官，钱粮的数目计算得非常精确。他还管理过牧场，把牧场打理得井井有条。在礼崩乐坏、诸侯并起的时代，孔子为了实现自己的政治理想，踏上了周游列国的道路。在许多国家饱受冷遇，几乎处处碰壁。他越挫越勇，明知不可为而为之，长年辗转漂泊，经过几度奔波，来到了郑国，弟子们走散了，他独自一人在外城的东门翘首张望。

子贡到处打听孔子的下落。有个郑国人见过孔子，便对子贡描述了一番："我在东门看到一位老人，额头酷似唐尧，脖颈形似皋陶，双肩很像子产，腰部以下的部位比大禹短了三寸，那副狼狈相就像是一只丧家犬一样。"子贡找到老师孔子之后，把这番话原原本本地复述给孔子听。孔子苦笑道："他对我外貌的描述不是十分准确，但说我像只丧家犬，比喻得实在太恰当太传神了。"

孔子周游列国期间，处境确实比丧家犬好不了多少。他带着弟子路过卫国蒲地时，蒲地恰好被乱臣公孙氏占领了。孔子师徒莫名其妙地被羁押扣留了，处境非常危险。有个叫公良儒的弟子生得高大威猛，不愿做笼中困兽，打算孤注一掷拼死一搏，于是便和蒲地的人格斗。蒲地人很害怕，只好放下武器，和孔子师徒谈判："只要你们不去卫国，现在就可以把你们放了。"孔子答应了，双方缔结了盟约。

蒲地人践行了誓约，释放了孔子一行人。孔子没有遵守约定，带着徒弟们去了卫国。子贡不解地问："夫子平时教导我们做人要一诺千金、言而有信，如今为何要违背盟约呢？"孔子回答说："我们是在受人挟持的情况下被迫订立盟约的，这种盟约并非出自本意，神明都不会认可，根本谈不上什么违背不违背了。"

孔子对自己要求甚高，但并不古板迂腐，能够从不同的角度看待问题，处事比较灵活。他非常看重礼仪和礼法，把礼看成维护社会制度的一种有效手段，平时待人彬彬有礼，希望自己的言行能够给弟子做出表率。孔子不仅对待官员恭敬有加，对待平民百姓同样谦虚有礼，因此在乡里很受尊敬。孔子对礼的追求渗入到了生活各个方面，吃饭讲究"食不厌精，脍不厌细"，座席要摆放得方方正正，才肯落座，陪服丧的人用餐从来不会吃得太饱。他认为作为一个君子，最大的不幸就是不能在后世留下美名，于是提笔写了《春秋》，通过撰写鲁国历史来宣扬自己的思想主张。《春秋》是一部严谨的著作，凝结了孔子一生的智慧和毕生的心血，书成之后，连工于文字的子夏都无法增删一句。

子路惨死后，孔子非常悲伤，以致卧病不起。子贡前来看望他。孔子难过地说："如今周室衰微，天下大乱，乱局已经持续很久了，至今没有哪个诸侯国国君愿意奉行我的政治主张。昨天我梦见自己端坐在两根柱子中间被人祭祀，自知命不久矣。因为殷朝的人死了，棺材要摆放在堂屋的两根柱子之间。"不料一语成谶，七日后，孔子寿终正寝，享年73岁。

智慧贴士

孔子生前颠沛流离、饱经忧患，才华和抱负得不到施展，政治主张不被采纳，内心苦闷至极。可是他死后，却被封建统治者捧上了神坛，他的一言一行皆成为金科玉律，影响中国历史长达2000多年。之所以会出现如此奇怪的现象，主要是和中国古代的政治、文化背景有关。礼崩乐坏、诸侯并起，各国都想依靠强大的武力吞并天下的时代，孔子主张推行德政仁政，靠教化和礼法统治人民，恪守古礼，恢复周朝时期"君君臣臣，父父子子"的人伦秩序，不符合诸侯国国君的根本利益，所以没有人肯践行他的主张。天下一统、尊卑贵贱的封建秩序建立起来以后，孔子的主张比较符合统治阶级的利益，所以他开创的儒学受到历朝历代统治者推崇，他本人也被奉为圣人。

陈涉世家

暴秦第一掘墓人

陈胜，字涉，阳城人。出身寒微，年少时曾躬耕于陇亩，长年给富人种地。他不甘心永远贫穷卑微，有一天在田埂上休息，忽然口出妄言："将来我们当中要是有人大富大贵、平步青云了，千万不要忘记同甘共苦的伙伴啊！"同伴们听了，觉得很好笑，于是便嘲笑他说："你别异想天开了，我们这些人都是受人雇佣的苦力，怎么可能大富大贵呢？"陈胜不屑地说："燕子、麻雀之类的小鸟怎么能明白鸿雁的远大志向呢？"

秦二世元年（公元前209年），秦国征发农民到渔阳戍边，陈胜和阳夏人吴广也在队伍里，他们被任命为屯长，管理集合在大泽乡的900名戍卒。一行人行至半路，天气突变，忽然下起了瓢泼大雨，道路泥泞难行，无论如何，这支戍边队伍是不可能按照规定的期限到达渔阳的。按照秦律，逾期到达一律斩首。陈胜和吴广私下里商量说："我们畏罪潜逃，被官方逮到是死路一条，聚众起义也是死，同样是死，为什么不死得轰轰烈烈一些呢？"吴广认为他分析得很有道理。

陈胜又接着说："天下百姓忍受暴秦的压迫已经很久了，如今苍生受苦，老百姓痛苦不堪，这都是秦二世造成的。原本继承皇位的应该是皇长子扶苏，皇帝的宝座根本轮不到秦二世来坐。扶苏因屡次向秦始皇进谏，不为始皇帝所喜，被遣送到了边疆。他在清白无辜的情况下，无故被秦二世杀害。百姓很痛惜。楚国大将项燕战功

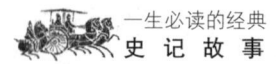

赫赫，德高望重，深受楚国百姓爱戴。如果我们以扶苏和项燕的名义号令天下，必然会一呼百应。"

吴广被陈胜说动了，于是便去占卜吉凶。占卜的人说："你们共谋的大计有希望成功，但你们问过鬼神了吗？"吴广立刻心领神会，所谓的问鬼神就是借助灵异现象在民间树立威望，于是就和陈胜商量对策。两人找来一块白绸，在上面写上"陈胜王"三字，然后来到集市，神不知鬼不觉地把绸缎塞进鱼腹中。戍卒把那条鱼买了回来，剖开一看，里面有一块带字的白绸，十分诧异。到了夜里，吴广来到附近的一座古庙里，模仿狐狸叫，怪声怪气地高嚷道："大楚兴，陈胜王。"戍卒们夜半三更听到这鬼哭狼嚎、非人非兽的奇怪叫声，联想起白天的怪事，不由得毛骨悚然。第二天，人们面面相觑，议论纷纷，目光都聚集在了陈胜身上。

为了进一步挑起官民矛盾，吴广又使了一计。在县尉喝得酩酊大醉之际，他口口声声说要逃跑。县尉大怒，狠狠地鞭打了吴广，并拔出了佩剑，试图将其击杀。吴广一把把凶器夺下，杀死了县尉。由于平日比较爱护戍卒，在这次事件中，戍卒们纷纷站到了吴广一边。吴广对大家说："我们半途遇到了大雨，不可能如期到达渔阳了，所以都会被处死。即使暂时大难不死，戍边服役活下来的机会也十分渺茫。大丈夫不能默默无闻地死去，应当建功立业之后再死，死了也要名扬后世。王侯将相难道是天生尊贵吗？难道我们就不能做一番大事吗？"听了这番话，戍卒们不禁热血沸腾，纷纷表示愿意听从吴广号令。陈胜、吴广于是便打着扶苏、项燕的旗号聚众起事。义军攻下了大泽乡，又接连攻克了好几座城池，声势浩大。待攻下陈县后，义军人数扩大到了好几万人，兵车足有六七百辆。陈胜认为时机已到，便建立了大楚政权，自立为王。

智慧贴士

陈胜、吴广在大泽乡揭竿而起，掀开了秦末农民起义序幕，为风雨飘摇中的大秦帝国敲响了丧钟，这是一段可歌可泣的历史。陈胜的鸿鹄之志、吴广的足智多谋得到了充分的体现。司马迁对这次起义给予了充分的肯定，用热情洋溢的笔触赞扬了两位义军领袖勇于反抗压迫的精神，这种评价是非常难能可贵的，因为在古代官方和封建士大夫普遍把农民起义军看成乌合之众和流寇，对其大加污蔑，很难对义军领袖给予客观的评价。司马迁作为一个有良知的知识分子，选择了用另外一个视角来看待秦末的历史，站在平民的角度叙述整个历史事件，这也是后代许多史学家望尘莫及的。

从众望所归到孤家寡人

陈胜举起反秦大旗后，为了让起义的火种形成燎原之势，马上派出将领到全国各地起兵。有个叫葛婴的将领攻下了东城，把襄强立为楚王，不料陈胜拥兵自立，情急之下杀死了襄强，事后葛婴立即上书向陈胜谢罪。陈胜没有宽恕他，毫不犹豫地将其杀死。不久，攻占赵地的武臣也自立为王，陈胜勃然大怒，把武臣的家小全部抓了起来，准备灭了武臣的家族。蔡赐劝谏说："如今暴秦未除，天下未定，大王若是诛杀了武臣的家人，就又多了一个强敌，不如做个顺水人情，封他为赵王吧。"陈胜听从了他的建议。

后来，陈胜的多个部下在攻下城池之后，自立为王，形成割据势力，形势开始失控。暴秦的统治尚未被推翻，农民起义军的首领便忘记了初衷，纷纷做起了帝王梦，渐渐腐化堕落了。陈胜也不例外。他称王的消息传到了阳城，和他一起耕田的伙伴听说他富贵了，风尘仆仆地来到陈县投奔。不想被守卫抓了起来。那个穷朋友苦苦哀求，请求守卫替自己通报一声，守卫不肯，挥手打发他走。那个穷朋友不死心，待陈胜出门时，赶忙追上去直呼其名。

陈胜转过头，见到了同自己一块耕田的老乡，一番叙旧之后，两人同乘一辆车子回了宫。穷朋友走进宫室，但见四周装饰得富丽堂皇，陈设异常华丽，居室宽敞明亮，忍不住惊叹道："大王的宫殿真轩敞真气派呀。"羡慕之情溢于言表。他在宫殿里住了一段时间，没完没了地念叨过去的贫贱往事，陈胜颇为不悦。有人提议说："大王，您的朋友胡言乱语，有损于您的名誉，不如把他杀掉算了。"陈胜贵为楚王，已然今非昔比，早就忘记了自己贫寒的出身，不想再被别人揭短，穷朋友的做法戳中了他的软肋，令他羞愤不已，在愤怒的驱使下，他做出了一个无情的决定，派人把那个穷朋友杀了。

陈胜的故交听说了这件事以后，担心自己遭受同样的对待，纷纷借故离去。陈胜成了高不可攀的孤家寡人，旧友都不敢亲近和依附他。虽然还没有坐拥天下，陈胜已经掌握了帝王之道的精髓，培植了朱房、胡武两名亲信，授意他们监视群臣的一举一动。朱房、胡武非常刻薄，发现大臣有一点儿过失，就给对方扣上不忠的罪名，将其逮捕治罪。他们随意惩治不喜欢的人，不经审判就给人定罪，经常大肆迫害异己。陈胜眼睁睁地看着两人为非作歹，不仅不加阻拦，反而更加宠信他们。将领们非常寒心，纷纷背离了陈胜，陈胜越来越不得人心。

陈胜的影响力日趋下降的同时，吴广的公信力也受到了前所未有的挑战。吴广率兵攻打荥阳，久攻不克，麾下有个叫田臧的大将说："援军已经全军覆没，秦军迟早要反攻对付我们，到时我们准吃败仗。依我看，不如留少量兵马驻守荥阳，部队主力去迎击秦军。吴广不懂兵法，又刚愎自用，断不会采纳我们的意见，我们干脆把他杀掉算了，免得他坏了大事。"众将领都赞同他的看法，于是假传陈胜的旨意，把吴广杀了，随后将吴广的项上人头交给了陈胜。陈胜已无将领可用，只好提拔田臧。不久，田臧在对抗秦军的过程中战死沙场。秦国大将章邯占领了荥阳,紧接着又发兵攻打郏城,守将邓说狼狈逃回了陈县。

陈胜大怒,将邓说以军法处死。章邯杀到了陈县,与楚军展开了恶战,蔡赐阵亡。陈胜亲自赶赴前线督战,仍然没有挽回颓势,楚军连战连败,万般无奈之下,他只好撤兵败逃,逃到城父的时候,车夫庄贾忽然发难,将他杀死,然后投降了秦国。一代豪情恣肆的义军领袖这么一命呜呼了,骈死于车夫之手,至死没有完成反秦大业。

智慧贴士

陈胜是反抗秦末暴政的农民军领袖,他有胆识有魄力有吞吐天下的气势,堪称人中豪杰。在那个苛法横行、民不聊生的乱世,他振臂一呼,率先举起了反秦的旗帜,点燃了起义的火种,加速了秦朝的灭亡,影响了朝代的兴衰和历史的进程,因此而被后世铭记。作为平民的代表,陈胜的一生足够闪耀,活得轰轰烈烈、光芒万丈,但死得并不光彩,更谈不上气壮山河,他是在众叛亲离的情况下被自己的车夫杀死的,死得无声无息、卑微落寞。他之所以落得这般下场,是人心向背所致,得志之后很快就腐化堕落了,变得自私自利、阴暗狭隘,尚未推翻秦朝的暴政,自己就蜕变了,最终兵败身死,徒留悲叹。

萧相国世家

没有战功的最大功臣

萧何和刘邦是同乡,都是沛县人。在刘邦不名一文,还是老百姓的时候,萧何就已经成为沛县的官吏了。他和刘邦过从甚密,经常利用职务之便帮助刘邦。后来刘邦终于谋得了一官半职,成了亭

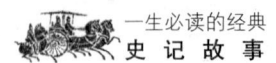

长，萧何还是一如既往地帮助他。刘邦要去咸阳服役时，家乡的官员给了他300钱的盘缠，萧何十分慷慨，竟送去了300钱。

秦朝御史到泗水视察时，萧何做了许多辅助性的工作，得到了御史的赏识，被擢升为泗水郡卒史。不久，考核政绩结果发布，萧何名列榜首，御史大为赞赏，打算向朝廷推荐他做大官，萧何婉言拒绝了。刘邦起兵反秦，萧何毅然投身于刘邦麾下，成了刘邦的左膀右臂。攻下秦都咸阳后，众将士都忙着争抢财物，萧何默默地进入皇宫，把前朝法令、户籍、地图等档案资料取了出来。刘邦当了汉王之后，萧何受到了重用，被封为丞相。他因为及时抢救出了前朝的文献资料，对全国的交通状况、户籍情况以及诸侯的虚实强弱了若指掌，在刘邦称霸的过程中，起到了至关重要的作用。萧何不仅长于内务，还慧眼识珠，把用兵如神的韩信推荐给了刘邦，韩信智勇过人，帮助刘邦攻下了无数城池，打赢了无数场战役。

刘邦平定三秦后，萧何留守后方负责治理巴蜀，并为前线的将士提供粮草等后勤保障。萧何把巴蜀治理得非常好，在当地有很高的民望。刘邦与各路诸侯联合起来迎战项羽时，萧何留守关中，每次制定颁布法令兴建宫室，都要向刘邦禀报，表现得十分恭顺。刘邦落败，被项羽追得四处奔逃时，萧何都会调动军队给予刘邦支援。由于屡屡雪中送炭，能为主子排忧解难，萧何受到了刘邦的器重，得以全权处理关中事务。

刘邦在前线作战时，仍不忘派人到关中慰问萧何。鲍生认为背后必有深意，便对萧何说："汉王在战场上领兵打仗非常劳苦，即便如此，还不忘派人几次三番地慰劳你，可见对你不是很放心，你把亲属派到前线去，使其处于汉王掌控之下，汉王就可以完全放心了。"萧何依言行事，刘邦果然非常高兴，从此不再怀疑萧何了。

刘邦平定天下，登基称帝后，开始对开国元勋论功封赏，大臣都在邀功,吵吵嚷嚷,争执不下。刘邦认为萧何才是大汉的第一功臣,册封其为酂侯,众臣不服气,质问刘邦说:"我等为陛下出生入死,攻城略地,历经无数战役,立下了汗马功劳,萧何从来没有打过一仗,只会舞文弄墨,发表高论,他的功劳凭什么在我们之上呢?"刘邦以打猎做比喻,侃侃而谈道:"在打猎的过程中,猎狗只负责追咬猎物,没有猎人的指挥,他们根本追踪不到猎物,所以猎人的功劳比猎狗大。你们就好比那群受驱使的猎狗,萧何才是那个运筹帷幄的猎人。再说,你们只是单枪匹马地追随我,至多带来两三个人,萧何却能带着几十个亲属效忠于我,功劳当然比你们大。"众臣听完这番话,张口结舌,一时无言以对。

智慧贴士

萧何是刘邦阵营中最重要的谋士之一,因为长于内务,在楚汉相争中为汉营提供了有利的后勤保障而被刘邦视为第一功臣。客观来说,萧何确实是一个出类拔萃的人才,既受君主赏识,又得民心,非常适合辅佐君王夺取天下和治理国家,无论是在战争时期还是在和平时期,都能发挥重要作用。这是他被刘邦看重的根本原因。

萧何是一个挥舞笔杆的文人,而不是舞枪弄棒的将士,攻城略地、上阵打仗并非他所长,但他的用处却远远大于奋战在一线的将领和士兵,因为他的工作直接决定着整体战争的成败,而非一城一地的得失。刘邦对他的评价是比较客观的。汉军能夺取天下,萧何确实居功至伟。

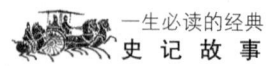

留侯世家

化百炼钢为绕指柔的张良

张良，字子房，先祖为韩国人。父祖在韩国曾经封侯拜相。秦国灭亡韩国时，张良非常年轻，还没有投身官场。弟弟英年早逝，张良没有风光大葬他，把家财都用在招揽勇士上了，立志刺杀秦始皇报灭国之仇。他在东方结识了一个叫沧海君的人，沧海君为他招募来了一个勇武过人的大力士，三人合谋一起刺杀秦始皇。他们铸造了一只120斤重的铁锤，打算趁秦始皇东巡的时候下手。可惜那只大铁锤没有命中秦始皇，只是砸中了秦始皇的车夫，秦始皇几乎毫发无损。刺杀计划失败后，张良遭到全国通缉，于是逃到下邳避难。

有一天，张良从桥上经过，遇到一个穿着粗布衣服的老者。老者当着张良的面，把鞋子扔到了桥下，颐指气使地指挥张良捡鞋。张良觉得这个老人非常无礼，气得想要动手殴打他。冷静下来以后，张良心软了，毕竟老者年事已高，不方便弯腰捡鞋，帮他拾起掉落的鞋子不过是举手之劳而已，不必太过计较。张良帮老者把鞋捡了起来，孰料那老者不但不知感激，反而倚老卖老，要求张良把鞋给他穿上。张良气愤不已，不过转念一想，既然已经帮人家把鞋子捡起来了，索性好人做到底，替人家把鞋穿上吧，于是俯下身子帮老者穿好了鞋。老者很高兴，大笑着离开了。张良目送着老人远去，觉得自己遇见的必是一个奇人。

不久，老者又回来了，用赞赏的语气对张良说："你这个年轻人很不错，值得好好教导。五日后，天刚蒙蒙亮时，你就在此地等我吧。"张良答应了。五天后天刚亮便如期而至，没想到老者早就到了。老者不高兴地说："你年纪轻轻，怎么起得比我还晚呢？"张良没有吭声。老者告诉他五日后再相见。这次鸡刚刚打鸣，张良就匆忙赶到了桥下，没想到老者又提前到了，老人更加生气了，要求张良五日后再来，这次一定要比他早到。五日后，张良不到半夜时分就摸着黑来到了桥下，不久，老者也到了。老者把一本书交给了张良，对他说："你读了这本旷世奇书以后，就能为君王出谋划策了，十年后必显赫通达。"据说那本书就是《太公兵法》，让张良受益匪浅。

智慧贴士

张良原本是一个血气方刚的青年，敢于铤而走险，为报国恨家仇，参与过刺秦的行动。作为一个血性汉子，他有刚烈如火的一面，同时又有温煦隐忍的一面。他懂得怎样化百炼钢为绕指柔，所以不易摧折，知道该怎样以柔克刚，能忍住一时之气，默默为一个粗野无礼的老者提鞋，结果收到了丰厚的奖赏，得了一本旷世奇书，命运由此为之改变。可见恬退隐忍、柔顺处事的人前路更加宽广，更容易成就大业。

运筹帷幄，决胜千里的幕后高人

张良身体羸弱，常年疾病缠身，不能独自带兵作战，投靠刘邦后，成为了一名谋臣，帮助刘邦谋划天下大计。公元前204年，刘邦被项羽的大军围困在了荥阳，心里非常焦虑，便找到郦食其商议对策。郦食其说商汤灭夏、武王伐纣时，都把前朝王族后代安置在了封国，暴秦却灭了剥夺了这些王族后裔的封地和爵位，只要重新册封六国的后代，授予其印信，六国君臣和百姓都会归顺汉营。这样汉的力量就强过楚了，日后必能夺取天下。刘邦信以为真，把此事全权托付给郦食其去办。

事后，刘邦把这件事告诉了张良。张良听罢脸色大变，劝谏刘邦千万不要这么做。刘邦问其缘由。张良说："商汤伐夏，却册封其后代，是因为商汤有实力置桀于死地，敢问大王，您现在有能力消灭项羽吗？"刘邦摇了摇头。张良又问："武王伐纣，却把纣王的后代安置在封国，是因为武王有本事取得商纣的项上人头，请问大王，您能获取项羽的人头吗？"刘邦回答说："不能。"张良又抛出了第三个问题："武王攻下商朝的国都后，表彰了前朝旧臣商容，释放了贤臣箕子，为含冤屈死的比干重新修整了坟墓，大王您能像他那样对待贤能之人吗？"刘邦又说："不能。"

紧接着，张良又提出了第四个问题："武王曾发放财物粮食赈济百姓，大王您现在能做到吗？"刘邦再次给予了否定的回答。张良不依不饶，继续接着问："周武王推翻了商朝后，把所有具有杀伤力的武器都收缴了上来，决心不再轻易动武。大王您现在能终止战争吗？"刘邦说："不能。"张良继续逼问道："周武王将战马迁移到了华山以南，以示休兵之意，大王您现在能让战马脱离沙场吗？"刘邦又说："不能。"张良接着问："周武王把牛全赶到桃林以北了，表明不再用它们押运粮草了。大王您现在能终止运送粮草吗？"刘邦回答说："不能。"

张良又说："您的大臣追随您征战沙场，不就是期望能得到封地吗？您恢复了六国，把封地分给了六国的诸侯，大臣就会纷纷弃您而去。楚国势大，即便您恢复了六国，六国诸侯忌惮楚国淫威，也不会真心归附您。您要是采用郦食其的计策，千秋大业就毁于一旦了。"刘邦恍然大悟："郦食其就是个纸上谈兵的妇孺，险些坏我大事。"说完赶忙派人销毁印信。

汉六年（公元前201年），刘邦封赏有功之臣。张良是谋士，不曾出入疆场，没有立下任何战功，然而刘邦对他评价很高，说他是运筹帷幄之中、决胜于千里之外的奇才，并赐给他3万户的封邑，张良婉言谢绝了，只接受了留县的封地，故被称作留侯。

智慧贴士

张良是一个卓越的战略家，他能高瞻远瞩地看待问题，并深入洞察事务的本质，因此能做到统揽全局，为刘邦做出正确的战略规划。他的可贵之处在于，既能充分吸取历史的教训经验，又不拘泥于过去的经验，能够立足当世，预测未来，提出切实可行的方案。郦食其却不是这样，一味地慕古，完全脱离实际，以致推导出灾难性的结论，险些害刘邦陷入万劫不复的境地。同为谋士，两人高下立现。

陈丞相世家

聪明有余的小人物

陈平出身于阳武县户牖乡的一户贫寒人家，家里经济拮据，没有条件培养他。但他从小就很爱看书，十分好学。哥哥陈伯很爱护他，兄弟俩相依为命，陈伯耕田种地养家糊口，让陈平到外面求学。陈平长得高大魁梧、英俊不凡，人们很好奇，于是便问他："你家里那么穷，饮食又粗劣，你为何生得这么人高马大呢？"陈平的嫂子听了，不屑地说："他吃米糠长大的，没什么稀奇的，平时游手好闲，不爱劳动，一点儿用处都没有。有这样的小叔子，真是累赘，还不

如没有。"陈伯听了非常恼怒，写下一纸休书，便把妻子打发走了，他绝不容许自家人鄙薄弟弟。

陈平到了弱冠之年，该娶亲了，富户嫌他家贫，都不愿把女儿嫁过去。陈平不愿娶寒门之女，婚事就这样耽搁下来。有个叫张负的富户，孙女嫁过五次，丈夫接二连三地死去，长期守寡，没人敢再娶她过门。陈平无所顾忌，决定迎娶这位没人要的富家千金。平时他靠给人办理丧事赚些小钱。有一天，在丧主家里见到了张负，张负见他仪表堂堂，一眼就相中了他。陈平也很想做张家的孙女婿，两人相谈甚欢。

不久，张负来到陈家，发现陈平虽然家贫，门外却留下了很多豪华马车碾压的车辙印，于是便当机立断，决计把孙女嫁给陈平。他的儿子张仲说："陈平一穷二白，还好吃懒做，全县的人都在嘲笑他，你怎么能把孙女嫁给他呢？"张负说："陈平一表人才，不会永远落魄下去的。"他再三告诫孙女："不能因为陈平家境贫寒就看不起人家。你过门之后，要像侍奉父母那样侍奉兄嫂。"陈平自娶了富家女以后，经济上宽裕了许多。

陈胜的部下周市攻占了魏国地区，立魏咎为魏王，魏王的军队和秦军会战于临济。陈平千里迢迢地跑到临济投靠魏王，谋得太仆一职，但没有受到重用。魏王不肯采纳他的策略。陈平很郁闷，觉得没有找到用武之地。有人在魏王面前进献谗言说陈平坏话，陈平十分担忧，于是黯然离开了魏国。随后他又投于项羽麾下，因入关时立下大功，得以加官进爵。不久，殷王背叛了楚国，陈平成功降服了殷王，受到项羽嘉奖。后来刘邦攻下了殷地，项羽追究失城失地的责任，决定处死平定殷地的将领。陈平很害怕，于是派人把官印和黄金交还给项羽，自己悄悄逃走了。

他乘坐小船渡河时，船夫见他相貌魁伟、气质不凡，料定他不是寻常人物，身上很有可能携带了很多金银细软。于是起了歹念，打算杀人灭口，洗劫财物。陈平十分慌张，当即随机应变，解开了衣裳，裸着身子帮船夫划船。船夫见陈平身上确实没有值钱的东西，马上打消了杀人越货的念头。陈平这才化险为夷，逃过了一劫。

◈ 智慧贴士 ◈

陈平身上有不少市井气息，他是一个世俗而又现实的历史人物，瑕疵随处可见。比如他嫌贫爱富，热衷于攀龙附凤，宁愿迎娶嫁过五次的富家千金，也不愿理会寒门之女。再比如他好吃懒做，整日做着迅速发迹的美梦，不肯踏踏实实地付出劳动。但他并非一无是处，身上也有一些可取之处。譬如头脑灵活，随机应变的能力很强，遇到危险能急中生智，采用最简单的方法脱困，这是他能在豪杰辈出的时代脱颖而出的重要原因，也是他能苟活于乱世、屡屡逢凶化吉的根本原因。

善出奇谋的旷世奸雄

陈平在魏无知的引荐下，见到了刘邦。当时刘邦共召见了七人，设宴招待了他们，让他们用过餐之后各自回房休息。陈平说："我有要事相商，必须今天禀报大王，我要说的话不能留到明天讲。"刘邦甚为诧异，于是就把陈平单独留下了。经过一番促膝长谈，两人大感相见恨晚，刘邦格外赏识陈平，未经考核即任命他为都尉。

汉营的将领见陈平未立寸功就被委以重任，心里颇为不满，私下里议论说："陈平不过是楚国的一个逃兵，汉王对他一无所知，不晓得他是否有真本事，就让他当都尉，监督我们这些久经沙场的老将，真是太不公平了。"这些抱怨传到了刘邦耳朵里，刘邦不以为然，仍然重用陈平。

楚汉相争期间，刘邦给了陈平一大笔黄金，叫他暗中离间楚军阵营。陈平到处散播谣言，说钟离昧等臣子功勋卓著，却没被封王，心里不满，打算投靠汉王。项羽被流言迷惑，渐渐疏远了钟离昧等大臣。为了进一步验证流言的真假，项羽派遣使者到汉营中打探虚实。刘邦备下酒宴迎接使者，桌上堆满了山珍海味，见到使者后，佯装吃惊道："我还以为你是亚父派来的呢？原来是项王派来的啊。"说完就吩咐下人把好酒好菜撤走，代之以粗茶淡饭。

使者回去复命时，把原话一字不漏地报告给了项羽，项羽起了疑心，从此不再信任亚父范增。范增非常生气，请求告老还乡。项羽未出言挽留。范增黯然离开了，因过度忧愤抑郁，病死在了回乡的路上。

刘邦被困荥阳时，陈平想出了一个奇计，让2000名妇女换上军装入夜从东门出城，分散楚军注意力，刘邦趁机逃离。楚军果然上当，误把娘子军当成了汉军，赶忙围追堵截，错失了活捉刘邦的机会。刘邦逃到关中以后，纠集残兵败将，重整旗鼓，继续与项羽争霸天下。

刘邦当上大汉天子以后，大加屠戮开国功臣，陈平却没有遭受任何迫害。吕后当政后，陈平亦安然无恙。吕后归天后，陈平联合周勃，剿灭了吕氏家族，拥立汉文帝刘恒即位。汉文帝认为周勃平叛有功，功劳大于在背后出谋划策的陈平。陈平知道汉文帝的想法后，装病不朝，请求辞去右丞相之位。汉文帝顺水推舟，让周勃担任了右丞相。

不久，汉文帝在早朝时向周勃提了一系列问题，诸如全国一年有多少案子、一年的钱粮收支几何等等，周勃一问三不知，急得满头大汗。汉文帝把同样的问题抛给陈平，陈平不紧不慢地答道："狱案情况问廷尉，钱粮收入开支情况问治粟内史。"汉文帝不悦："既然所有事情都有主管的人，那你这个丞相有何用处？"陈平侃侃而谈："对上辅佐天子顺承天道，对下要使万物繁盛不息，对外安抚诸侯，对内凝聚民心，让臣子各司其职。"汉文帝听了，大为赞赏。事后周勃责怪陈平有所保留，不肯把君臣对答的技巧倾囊相授。陈平笑道："假如皇上问你长安城内一共有多少个盗贼，你也要勉为其难回答吗？"周勃知道自己远不如陈平有城府，无意继续与之争锋，于是托病辞去了右丞相的职务。陈平成了朝里唯一的丞相，从此大权独揽。

智慧贴士

足智多谋和阴险狡诈是一枚硬币的两面，心机深沉的人往往会兼容这两个特点，陈平正是这样的人。他头脑聪明，在刘邦遇到棘手问题时，总能出奇谋解决，帮助刘邦排忧解难，算得上是一个合格的谋士。可是从另一个角度讲，所谓的奇谋本质上就是阴谋诡计，登不上大雅之堂，而且为正人君子所不齿，实在不值得称颂。比如他靠散播谣言离间范增和项羽的关系，间接害死范增，用柔弱的2000名娘子军作挡箭牌帮助刘邦逃脱，与周勃争权的过程中表现得也很卑鄙，这些都不值得效仿。

绛侯周勃世家

龙游浅滩被虾戏

周勃是沛县人，和汉高祖刘邦为同乡。他少时家贫，为了谋生，贩卖过亲手编织的蚕箔，在葬礼上吹奏过挽歌。尽管日子过得穷困潦倒，却没人轻贱他。他孔武有力，又很勇敢，在沛县小有名气，一直被奉为勇士。后来刘邦揭竿而起,周勃便投奔其麾下,每次作战都冲锋在前,攻下了无数城池,立下了赫赫战功。刘邦登基称帝后,周勃被册封为绛侯,得到了绛县8000多户食邑的赏赐。

周勃为人刚直敦厚,做事稳重,颇受刘邦信赖,被视为是一个可以托付重任的良臣。总体来说,周勃是一个比较务实的人,平时不擅辞令,不喜繁文缛节,每次召见儒生,都要求对方开门见山马上回报工作,免去了不必要的礼节和冗长的高论。汉文帝即位后,周勃任右丞相。有人对周勃说:"你拥立有功,位极人臣,如今深受皇上器重,可俗话说得好'伴君如伴虎',你若不肯功成身退的话,怕是将来要惹火上身。"周勃觉得对方言之有理,遂产生了退意。后来他发现自己对陈平推心置腹,陈平却不肯以诚相待,感到无比失望,对官场愈发厌倦,于是辞去了右丞相之职。一年后,陈平去世,朝中无人能胜任丞相之职,汉文帝无奈,只好把周勃召回。

周勃当了一年多的丞相之后,汉文帝对他的忠心产生了怀疑,十分不悦地说:"我早已颁布诏令,让列侯回到自己的封地去,有些大臣迟迟不肯离去,不如你做个表率。"事后罢免了周勃的相位,把他赶到了封地。周勃诚惶诚恐,回到封地后,更加低调谨慎,但仍然有人诋毁他,趁他落难之际落井下石,诬告他谋反。接受刑狱官审讯时,一向拙于言辞的周勃,由于过于紧张害怕得语无伦次,没办法替自己申辩。狱吏便开始乘人之危,肆无忌惮地欺凌他。周勃不堪忍受,拿出千金赠给狱吏,恳请对方高抬贵手。狱吏收受贿赂后,态度大变,不仅没再为难他,还答应帮助他洗刷冤屈。周勃又花钱贿赂了薄太后的弟弟薄昭,薄昭在薄太后面前替周勃说了不少好话。

薄太后认为周勃是大汉的开国功臣,对刘汉忠心耿耿,断不可能谋反,汉文帝听信小人谗言是非不分,着实可恨,气得把头巾掷向了汉文帝,掷地有声地说:"以前周勃带着高祖皇帝的印信诏令,在外手握雄兵，不曾有半点儿反心，现在屈居在一个小小的县城里，怎么可能起兵谋反？"汉文帝知道自己冤枉了周勃，马上派人释放了周勃，并恢复了他的封地和爵位。周勃走出大牢时，回想起自己锒铛入狱后遭受的种种屈辱，不禁感慨万端地说："我曾经统领千军万马，身经百战，什么大风大浪没见过？如今才知道狱吏的显贵啊。"

智慧贴士

人在春风得意、如日中天时，往往看不清世界的真相和真实的人性，唯有落难之时，才能弄清谁落井下石、见风使舵的小人，才能看到隐藏在繁华之下的社会阴暗面。曾经风光无限的大人物失意之时，极有可能受到蝇营狗苟的小人物的践踏，命运掌控在微不足道的人物的手里，这是何其可叹啊！

生子当如周亚夫

周勃过世后，他的长子周胜之顺理成章地承袭了爵位。后来周胜之获罪，爵位和封地被削夺，汉文帝让周勃的次子周亚夫继承了周家的爵位。公元前158年，匈奴南下犯境，周亚夫奉命戍守细柳。汉文帝亲自到前线劳军，沿途经过霸上、荆门，受到了将士们热烈的欢迎。来到细柳时，发现军营里所有的将士都披坚执锐、全副武装，时刻出于备战状态。他准备骑马直入军营，被都尉拦住了。

都尉见了天子面不改色，振振有词地说："周将军规定，众将士只听他号令，可以不听皇帝的诏令，所以陛下您不能闯入军营。"汉文帝只得派人拿着符节通报，周亚夫这才下令开门放行。营门的守卫说："军营重地，车马不能急速行使。"汉文帝只好驱车缓行。进入军营后，汉文帝终于见到了周亚夫。周亚夫兵刃不离手，拱手施礼道："将士重甲在身，不便行君臣跪拜之礼，请陛下允许臣下用军

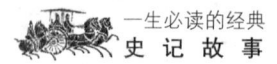

礼参拜您。"

汉文帝见周亚夫治军有道,纪律严明,对任何人都一视同仁,颇为赞赏。走出军营后,大臣们困惑不解,不明白皇帝为何能容忍周亚夫的无礼和大不敬。汉文帝说:"周亚夫才是一个真正的将军啊。霸上、荆门的军营军纪松弛,防御不严,很容易遭到袭击,那里的将士将来可能被敌人所虏。周亚夫的军营防守森严、壁垒固若金汤,谁能攻克呢?"

汉文帝去世前再三嘱咐太子,危难时刻一定要重用周亚夫。这位太子就是汉景帝。汉景帝即位后,发生了七国之乱,周亚夫领兵平叛,出征前对汉景帝说:"楚国将士骁勇善战,彪悍威猛,正面作战恐难取胜。以臣之见,智取胜于强攻。我们先放任他们攻打梁国,趁其不备切断他们的粮道,然后再后发制人克敌制胜。"汉景帝表示认同。

不久,吴国叛军围攻梁国,梁国上书朝廷求援,汉景帝督促周亚夫发兵救援,周亚夫按兵不动,不肯出战。与此同时,派人暗中断了吴国和楚国叛军的粮草。叛军人饥马乏,想要速战速决,多次上阵宣战,周亚夫不理不睬,继续消耗对方的耐力。汉军觉得他畏战不出,有损军人的尊严,大为不满,差点儿哗变。有的人差点儿闯入周亚夫的军帐。周亚夫淡定自若,骚乱很快平息了。没过多久,叛军土崩瓦解,周亚夫立了头功,更受朝廷倚重了。

智慧贴士

正所谓虎父无犬子,周勃曾经手握雄兵、叱咤一时,其子周亚夫在治军方面丝毫不比父亲逊色。作为边将,他时刻以保家卫国为己任,丝毫不敢懈怠,天子亲自来巡视,仍然保持着备战状态,结果赢得了汉文帝的赞赏。显然,周亚夫是一个本色的军人,不同于讲求繁文缛节的腐儒,在他看来,尊奉军人的天职比向天子屈膝下跪行礼更重要,这样的男儿才能驰骋疆场、纵横天下。

列传记载的是君王、诸侯以外的人物，它是《史记》的主体部分，内容庞杂，人物众多，包括诸子百家先贤、游走天下凭借三寸不烂之舌左右时局的说客、叱咤风云的战将、运筹帷幄的谋士、炙手可热的权奸佞臣、被削夺了封国爵位后继无人的王侯、纵横江湖的刺客游侠、生财有道的大商人、诙谐滑稽的怪才、心狠手辣的酷吏、遗世独立的占卜者，等等。

列传包括三种形式，分别是单传、合传和类传。单传即一人一传，记录的通常是影响力较大的人物，如《苏秦列传》《张仪列传》等；合传收录了两个人以上的历史人物事迹，如《老子韩非列传》《孙子吴起列传》；类传是把同一类的历史人物合并到一个传记中，如《游侠列传》《酷吏列传》《滑稽列传》等，匈奴和大宛等西域国家被列入了类传中。

管晏列传

交友当交鲍叔牙

管仲，名夷吾，是颍上人。管仲家贫，年纪轻轻便展露出非凡的才华，可惜时运不济，生活一直很困顿。管仲和鲍叔牙交好。鲍叔牙家资殷实，管仲经常占他便宜，鲍叔牙从不计较，没有开口腹诽过管仲一句。后来两人分道扬镳，鲍叔牙投奔了齐国公子小白，管仲则成了公子纠的幕僚，他们各为其主。公子小白继位，成为雄霸天下的齐桓公，逼迫鲁国杀掉了公子纠，管仲成了俘虏。鲍叔牙竭力向齐桓公推荐昔日的好友管仲。

齐桓公原本想杀死管仲报一箭之仇，在鲍叔牙苦口婆心地劝说下，放弃了复仇的打算，起用了管仲。管仲得到重用后，鲍叔牙甘心置身于其下，丝毫不嫉妒对方。管仲感慨地说："早年我穷困潦倒时，和鲍叔牙一块经商，分配财利时总要多侵占一些，他没有把我看成见利忘义的贪婪之辈，知道我是因为家贫才那样做的；我替鲍叔牙出谋划策，不仅没把事情办成，反而使他陷入困境，他从未认为我愚蠢，知道世事无常，人有时时运好，一切顺风顺水，有时运气遭，诸事不顺；我做官屡次被免职遭驱逐，鲍叔牙并不认为我无能，他知道我只是暂时没有赶上好时机而已；在战场上我多次临阵脱逃，鲍叔牙并没有把我看成贪生怕死之辈，他知道我家中有年迈的母亲要奉养；公子纠失败被杀，曾经辅佐他的召忽殉主自刎，我却苟活下来做了阶下囚，鲍叔牙不认为我不忠不义、寡廉鲜耻，他知道我不会因为小的过失而羞惭，却会为了不能名扬四海成就功业而感到耻辱。生我养我的是父母，真正知我懂我的却是鲍叔牙呀！"

管仲辅佐齐桓公成了天下霸主，成就了不朽的功业，得以扬名于后世。鲍叔牙虽然屈居于管仲之下，却也十分显耀，他的后代子孙世代享有俸禄，一连十几代都有封地，鲍家出了无数大夫。人们在赞美管仲的治国能力的时候，也在赞颂鲍叔牙，因为若不是鲍叔牙慧眼识英才，管仲不可能从阶下囚转为座上宾，进而成为齐桓公的左膀右臂，得以流芳百世。

智慧贴士

管鲍之交成为千古美谈，关键在于鲍叔牙。鲍叔牙是隐藏在管仲光环下的人物，长期以来人们只看到了管仲的丰功伟业和光芒万丈，却忽略了鲍叔牙的存在。如果没有鲍叔牙这位朋友，管仲是没有机会从幕后走到台前，成为宿敌齐桓公的相国的。鲍叔牙不仅慧眼识才，而且为人慷慨仗义，能容人之过，悦纳朋友的缺点，设身处地地为朋友着想，管仲贪小便宜、当逃兵、屡次被外界否定，为世人所不齿的时候，鲍叔牙仍然能用欣赏的眼光看待管仲，体恤他的难处，无条件地支持他帮助他，这是多么难得啊！

老子韩非列传

宁静淡泊，高蹈出世的智者

老子姓李，名耳，是春秋时期一位伟大的思想家，开创了道家学说。他曾经在周朝做史官，阅读了大量经典史籍，年长日久，变成了一个十分博学的人。儒家学派创始人孔子素闻老子学富五车，特地带着弟子前来请教有关礼的问题。

老子回答说："提倡礼的人早已作古，尸骨已经腐烂了，但他们的言论和思想犹在。君子如能遇上明主，找到合适的时机，必然会驾着轩车衣冠楚楚地去做官。时运不济，遇不上明主，就如同飞蓬一般，最好随遇而安。善经商者不会把珍贵的货物摆在外面，德行高的君子外表都很驽钝。放下你的傲气和多余的欲望，抛却过于宏大的志向，抛去孤高做作的姿态，舍弃所有没有实际益处的东西，你的困惑就解开了。"

孔子听了老子的忠告，觉得受益匪浅，事后对弟子说："鸟飞长空，鱼游潭底，走兽能在森林里纵横驰骋穿行。但它们都不是最厉害的，人都有办法对付它们，比如用箭矢射杀飞鸟，用鱼钩钓上游鱼，设网捕捉走兽。但龙就不同了，我不知道怎么对付它，它腾云驾雾，遨游于天际，永远都是那么遥不可及。我今天见到老子，觉得他就是一条飞龙。"

老子潜心向学，一生淡泊名利，不求闻达于诸侯。为官期间，在周朝居住了很久。后来看到周室衰微，颇为难过，便骑着一头青牛离开了都城。他西出函谷关时碰到了关令尹喜。尹喜一向敬重老子，建议他在隐居前把平生所学所悟集结成一本书，供后世参考。老子答应了，于是提笔写下了《道德经》。《道德经》成书后，老子便杳无踪迹，没有人再见过他。

200年后，宋国的庄子横空出世，继承和发展了老子的哲学思想。庄子跟老子一样满腹经纶且清心寡欲，把无用看成至用，厌恶官场，与儒生学而优则仕的志向完全相反。楚威王曾派人送去厚礼请他出山，要拜他为国相。庄子微笑着对使者说："千两黄金相赠，确实算是一份大大的厚礼了，在大国当国相，也确实很显赫。可是这些都不是我想要的。你见过用来祭祀的牛吗？人精心地喂养它，给它披上锦绣绸缎，然后把它杀掉做太庙里的祭品，走向死地的时候，它想做一头猪，又怎能如愿呢？我宁愿在烂泥里摇尾巴，自由自在一辈子，也不愿做官，受人管束。"使者见庄子态度决绝，只好失望地离开了。

智慧贴士

老子是道家的创始人，庄子是道家学说的继承者，他们都主张清静无为，给人以清心寡欲、不食人间烟火的印象。其实无论老子还是庄子，都不是不染凡尘的神，他们是有血有肉有志趣有追求的真实人物，拥有常人的喜怒哀乐，所不同的是，他们活得比较出世，性情洒脱，所以不像世俗之人那样市侩、庸俗和唯利是图，给人以智慧高洁的感觉。长期以来，人们对道家思想有所误解，误以为老子和庄子都是消极避世的，事实并非如此，他们只是洞悉了世界的真相和人类社会的本质，故而脱离了低级趣味，活得比常人超脱而已。

一生只为帝王谋的冷酷思想家

韩非是法家人物的代表，出身于韩国贵族家庭。他自幼口吃，不擅言辞，但思辨能力很强，精通刑名法术，是荀子的得意门生。韩非和李斯师出同门，深受荀子影响，但二人都没有继承儒家学说的思想，成为了法学的倡导者。韩非主张采取强有力的措施实现富国强兵的政治理想，多次上书劝谏韩王，韩王不为所动。韩非郁郁不得志，写下了《孤愤》《说难》《五蠹》等文章，阐述自己的治国方略和从政之道。

《说难》主张采用投其所好的方法说服君主，要根据对方的心理顺势劝说。他的分析鞭辟入里："对方渴望博得好名声，你张口闭口谈利益，他会认为你俗不可耐，品质低下，将迅速疏远你；对方贪利，你抛出名声做诱饵说服他，他会认为你不切实际，必然不会重用你；对方是沽名钓誉之徒，看重利益却不讲出口，你用名声游说他，他表面上欣赏你，但却永远不会重用你；你若投其所好，用重利劝说他，他表面上轻视你，却会暗中采纳你提出的建议。"

韩非子认为劝说国君的诀窍在于顺从和逢迎，凡是国君推崇的，就大加赞扬，不遗余力地美化；国君厌恶的，就想方设法掩盖；国君自命不凡，就不要提及他犯过的错误；国君自以为无所不能，就不要用棘手的事难倒他。若有人做了国君做过的事，就将那人无限度美化，有人犯了和国君同样的错误，就帮助他掩盖过失。等到自己不再被君主排斥时，便可以进献良言了，如此一来，即便和君主争论也不会被治罪了。

为了阐明向君主进言必须小心谨慎的观点，韩非子在书中讲述了这样一个故事：有个叫弥子瑕的臣子，深受卫灵公宠信。弥子瑕听说母亲病了，竟驾着卫灵公的御驾前去探望。按照当时的法律，这样做是要被砍断双脚的。卫灵公知道后，不但没责罚他，还夸他孝顺。又有一次，弥子瑕把吃剩的桃子献给卫灵公，卫灵公不但不生气，反倒高兴地说："他事事都想着我，才会把没吃完的桃子给我吃。"弥子瑕老了以后失宠了。卫灵公开始清算旧账："他逾越君臣之礼，偷偷驾着我的马车探望母亲，还把吃不完的桃子给我吃，真是岂有此理！"韩非子由此指出，国君的爱憎是不断变化的，同样的事情同样的人，时过境迁，看法会不一样。说服国君时，必须充分考虑他内心的情感变化，千万不能触碰他的逆鳞。

秦王嬴政读了韩非子的书之后，对其赞不绝口。不久便发兵攻打韩国。韩王惊恐万状，赶忙派韩非出使秦国。嬴政如愿见到了韩非。两人一见如故，甚为投机。李斯和姚贾嫉妒韩非，便向嬴政进谗言说："大王要兼并六国一统天下，必然要灭亡韩国，韩非忠于韩国，必然会帮助韩国对付秦国。放他回国无异于纵虎归山，日后必贻害无穷，不如干脆把他杀了，永绝后患。"嬴政同意了。李斯逼着韩非服毒自杀了。不久嬴政后悔了，想要赦免韩非，不过为时已晚，韩非已经毒发身亡了。

智慧贴士

韩非是春秋战国时期少有的务实主义者，为了迎合现实的需要，满足君王的要求，他几乎摒弃了所有带有人文主义色彩的理想和追求，把冷酷的法制变成了最有效的政治武器。他的所有思想主张都是为君王一个人服务的，对君王的敬畏远远超过了愚忠的腐儒。与儒家代表不同的是，韩非对人性劣根性的洞察更加深刻，对帝王政治研究得更加深入，他深知帝王喜怒无常、冷酷、自私而又暴虐，所以主张避其锋芒、投其所好，态度恭顺与之对话。

诸子百家的思想主张，除了儒家以外，唯有法家思想被统治者采纳。统治者推广儒学，是为了披上文明的外衣，推行愚民政策，采纳法家思想，是因为它最符合君王的个人利益。从某种意义上说，法家思想就是专门为帝王炮制和打造的文化工具和政治工具，它的威慑力和影响力超乎人们的想象，中国经历了漫长的专制和暴政，与法家思想的推行密切相关。

孙子吴起列传

鬼谷子高徒同门相残的恩恩怨怨

孙膑是孙武的后代，师从世外高人鬼谷子，和庞涓是同门师兄弟。庞涓学会了兵法以后，只身来到了魏国，魏王认为他腹有甲兵，是个奇才，就任命他为大将军。庞涓虽然功成名就，但心里不踏实，自认为才能远远比不上孙膑，担心孙膑后来居上取代自己的位置，就派人把孙膑骗来，准备对孙膑下毒手。孙膑虽然精通兵法，但不懂阴谋诡计，没想到师兄会加害自己，高高兴兴地去拜见庞涓，结果莫名其妙地被定罪。庞涓派人挖去了他的膝盖骨，又在他脸上刺了字，以为他成了废人和罪人，就会永远被埋没，不为世人所知。

不久，齐国的使臣来到了魏国的都城大梁，孙膑找到机会秘密地约见了他。使者见孙膑言谈举止不凡，就悄悄地将其带到了齐国。齐国将军田忌客气地招待了孙膑，两人一见如故。后来魏国发兵讨伐赵国。庞涓率军攻打赵国国都邯郸，赵国慌忙向齐国求援。齐威王想要让孙膑做主将，出兵为赵国解围。孙膑辞谢说："我是受过刑的刑徒，不能担任将帅。"齐威王于是封田忌为主将，让孙膑做了军师。孙膑由于受过膑刑，不能走路，只能坐在设有篷帐的车子里，为田忌谋划。田忌想要率军直抵赵国，孙膑说："魏国和赵国正在激战，魏国的精兵都派到了外国，已是疲累不堪，国内兵力空虚，守军都是些老弱残兵，将军不如直捣黄龙，攻打魏国国都大梁，魏国为了回兵自救，肯定会从邯郸撤军。"田忌采纳了他的意见，魏军果然火速回师，结果被齐国打败。

13年后，魏赵两国联合起来讨伐韩国。韩国惊惧，马上向齐国求援。田忌率军直扑魏国首都大梁，将围魏救赵的戏码改成了围魏救韩。魏国大将庞涓闻讯，立即从韩国撤兵，火急火燎地往大梁赶。当时齐国的军队已经越过了边界，两军即将在魏国交战。孙膑说："魏军骁勇，向来不把齐兵看在眼里，认为齐军怯战，我们可以利用这个心理迷惑他们。进入魏国后，先设10万个军灶，一天后军灶减半，设5万个，再过一日后，军灶减至3万个。"庞涓果然上当，高兴地说："齐国的士兵都是懦夫，进入魏国刚刚三天，便逃亡了大半。"于是令步兵驻守原地，率领轻骑兵马不停蹄地追赶齐军。孙膑在马陵设下了埋伏。马陵地势险峻，山道狭窄，林木茂盛，非常适合埋伏军队。孙膑在道路两旁布下了上万名弓弩手，约定夜里以火光为号，到时万箭齐发，打一场漂亮的伏击战。他又叫人把路边的一棵大树剥去树皮，在上面写上"庞涓死于此树下"。

庞涓当晚就闯入了埋伏圈，发现路旁有棵树被剥了树皮，上面有字，看不清写的是什么，于是就点燃火把凑过去查看。字还没来得及读完，埋伏在树丛里的齐兵便开始射箭，一时间万弩齐发、箭如雨下，魏军纷纷应声倒地，顿时军心大乱，兵败如山倒。庞涓知道败局已定，自己无力回天，绝望之下羞愤自杀。临死前，感叹道："我兵败身死，倒成全了孙膑这小子的名声。"齐军击溃了魏军，活捉了魏国太子申。经此一役，孙膑名扬天下。

智慧贴士

孙膑和庞涓都是鬼谷子的得意门生，若能互相扶持，必能传为千古佳话。可惜两人反目为仇，把所有高超的计谋和恶毒的手段施用在了对方身上，演绎出了一部同门相残的悲剧。有的人认为二人水火不容，主要是因为庞涓嫉妒孙膑比自己更有才能，其实事情并没有那么简单。庞涓残害孙膑，正应了那句"一山不容二虎"的古话，春风得意、手握雄兵的庞涓绝不会让任何人威胁到自己现有的地位，他对孙膑下毒手，本质上是为了维护既得利益，由此可以看出，一个人若是过分贪恋权势和物质利益，就有可能不择手段，做出非常疯狂和可怕的事情。

"杀妻求将""丧母不归"的冷血战神

吴起是卫国人，精通兵法，曾经拜师于曾子，在鲁国当过官。后来齐国大军进攻鲁国，鲁国国君打算封吴起做将军，领兵迎战。由于吴起的妻子是齐国人，鲁国国君担心吴起不能心无旁骛地作战，暗中亲赴敌国。吴起做梦都想当统率千军万马的将军，得知鲁国国君有意重用自己，却因为妻子的缘故有所顾忌，于是便毫不留情地把妻子杀了，并提着人头谒见鲁国国君，以此表明心迹。

鲁国国君很高兴，马上任命吴起为将军，吴起率军迎战齐军，大胜而归。鲁国有人嫉妒吴起，于是便历数吴起过去的斑斑劣迹，试图毁坏他的名誉。他逢人便说："吴起好猜忌，心肠歹毒。年轻时阔绰过，据说家有千金，倾家荡产求官，没谋得一官半职。乡人都取笑他。他很愤怒,拔剑杀死了30多个嘲笑过自己的人。杀过人之后他就畏罪潜逃,从卫国的东门跑了,完全不管老母的死活。和年迈的老母亲诀别时,他信誓旦旦地说:'我要是当不上卿相,永远都不回国。'后来他拜师于曾子门下,钻研儒术。不久,他听说母亲去世了,为了做官竟然执意不肯回国奔丧。曾子得知自己的弟子如此不孝,非常生气,马上和吴起断绝了师徒关系,从此他们各走各路。吴起被赶出师门后,去了鲁国,刻苦研习兵法,得到了鲁国国君的赏识,终于有了官职。鲁国齐国交战的时候,鲁国国君怀疑他,不敢委以重任,他为了当将军,几乎鬼迷心窍了,居然杀了妻子表明心迹。鲁国是个小国,却能战胜强大的齐国,国内有吴起这样能征善战的大将,其他诸侯国必然会暗中算计鲁国。更何况鲁国和卫国关系很好,是兄弟国家,鲁国重用吴起,必将得罪卫国。"

鲁国国君听到流言,不再信任吴起,君臣关系渐渐疏远。吴起失去了用武之地,只得投奔他国。他听说魏文侯是个贤德的明主,便去了魏国。魏文侯知道吴起是一个杰出的军事将领,只是不清楚对方的为人,于是问大臣李克:"吴起是个怎样的人啊?"李克回答说:"吴起贪财好色,品行不端,但确实有将帅之才,连齐国的司马穰苴都比不上他。"魏文侯听了,立刻起用吴起,拜其为大将军,令他和秦军作战。吴起不负所托,击溃了秦国的虎狼之师,连战连捷,接连夺取了秦国五座城池。

魏文侯去世后,魏武侯即位,公叔担任国相。公叔畏忌吴起,于是便采用了家仆的计策,故意在魏武侯面前挑拨离间,劝说魏武侯将公主下嫁给吴起,以此探测吴起的忠心,又私下里教唆公主当众鄙视自己,激起吴起的恶感。吴起见公主不尊敬当朝国相,刁蛮无理,便婉言拒绝了这门婚事。魏武侯认为吴起不想长期为魏国效力,另有图谋,便不再信任吴起了。吴起怕招来祸患,便逃离魏国,只身去了楚国。

楚悼王非常器重吴起，封其为国相。吴起在楚国大展拳脚，南平百越，北吞陈国、蔡国，西征强秦，并接连击退了韩、赵、魏的军队，为楚国的崛起立下了汗马功劳。诸侯国都畏惧楚国，对吴起恨之入骨。楚国内部的贵族因为吴起变法改革损害了自身利益，也都记恨吴起。楚悼王一死，他们便发兵围攻吴起。吴起跑到楚悼王停尸的地方。眼看追兵将至，便索性趴在楚悼王的尸体上。那群人拔箭便射，将吴起射死了，楚悼王的尸体也中了许多箭。太子继位后，将射中父王尸体的士兵全部杀死，因为这件事遭遇灭族大祸的有70余家。

智慧贴士

吴起是我国古代军事史上非常有名的一位战将，他军功赫赫，战果累累，成就斐然，但就是这么一位光辉耀目的人物，却有着"杀妻求将""丧母不归"的污点，可谓是不仁不孝、薄情寡义。吴起之所以从人生的巅峰跌入谷底，是因为做人失败。司马迁认为他是因为刻薄、暴戾、少恩才走向末路的，他主持变法固然有进步意义，但在执政期间过于刻薄寡恩，以致成为公敌，最终葬送了自己的性命。

古代士大夫均以"修身齐家治国平天下"作为自己的人生理想，吴起不能修身齐家，便梦想着治国平天下，是非常不现实的。一个能对妻子磨刀霍霍的男人，一个不在乎母亲死活的不孝子，怎么可能施恩于天下百姓，把国家治理好呢？吴起的失败具有一定必然性，说明心术不正、野心勃勃的人早晚会陷入"失道者寡助"的境地，终有一天会为天下人所弃。

仲尼弟子列传

孔子门下最贤最勇的弟子

在诸多弟子中，孔子最喜欢颜回。孔子曾经赞叹说，颜回是一个有品格有境界的人，身居陋巷，吃的是粗茶淡饭，生活异常困苦，却从不抱怨，一箪食一瓢饮度日即心满意足。表面看似乎很愚钝，私下里观察他的言行，发现他很有自己的见解，这种虚己的精神多么难得啊。可惜颜回英年早逝，不到30岁就死了。孔子难过地大哭了一场。

事后鲁哀公问孔子："你一生桃李满天下，最好的弟子是哪一个呢？"孔子不假思索地答道："是颜回。他不仅才智过人，而且品性善良，可惜他年纪轻轻就去世了。他过世后，我再也没见过像他这样出众的弟子了。"

与孔子感情较深的弟子，除了颜回，还有子路。子路本名叫仲由，年轻时性情暴烈耿直，崇尚武力，经常带着雄鸡冠状的帽子招摇过市，每次出门都挎着猪皮装饰的佩剑，一幅雄赳赳气昂昂的样子。孔子耐心地教化他，授之以礼，潜移默化地影响了他的言行和穿戴。后来，子路换上了儒雅的儒服，捧着礼物恭恭敬敬地拜见孔子，请求拜师于其门下。孔子高兴地收下了这个徒弟。

子路虚心向孔子学习君子之道，有一天突然问："君子也崇尚勇敢吗？"孔子告诉他君子最崇尚仁义，迷信武力不讲道义，容易误入歧途。一向尊崇尚武精神的子路茅塞顿开，可惜他仍然没能纠正自己性格方面的缺陷，考虑问题不周全，性格比较偏激，脾气太过暴躁，孔子断言他必定难以善终。春秋时期是大动荡大分裂的时代，只有懂得韬光养晦的人才能保全自身，像子路这种刚直暴烈的人，一旦被卷入是非漩涡之中，极有可能成为政治的牺牲品。

后来子路在卫国大夫孔悝门下做宰邑。当时卫灵公的宠妃南子与太子蒉聩交恶，太子蒉聩逃到了国外，卫灵公死后，南子欲立儿子郢为卫国国君，郢坚持让蒉聩的儿子辄做国君。辄成了卫国国君，史称出公。出公即位12年以后，他的父亲蒉聩伙同孔悝密谋造反，企图夺回王位。子路听说以后，马上从郊区的采邑赶了回去，在路上碰到了出逃的子羔。子羔奉劝他说："出公已经逃跑了，你不要回去了，免得惹来杀身之祸。"子路说："我既然接受朝廷的俸禄，国君有难，就不能坐视不理。"说罢，毅然决然地进了城。

子路赶到时，蒉聩已经自立为国君，正和孔悝在一起。子路说："明君不该和孔悝这样的佞臣为伍，让我替您动手杀了他吧。"蒉聩不予理会，子路欲放火燔台，蒉聩大惊，赶忙派人阻止。在格斗过程中，子路的帽缨被斩断了。子路认为自己应该衣冠整齐地死去，于是停止打斗，从容系好帽缨，刚把帽子扶正，就被乱刀砍死了。孔子听说卫国发生了内乱，料定子路难以免祸，不由得慨叹道："仲由要死了！"不久即传来了子路的死讯。

智慧贴士

颜回和子路都是孔子比较喜爱的弟子，两人个性迥异，颜回敏而好学，安贫乐道，性格随和内敛，品性善良，颇有儒士风范。子路豪爽直率，性情刚烈，疾恶如仇，富有侠士风范。颜回给人以如沐春风之感，多数接触到他的人会不由自主地喜欢他。在孔子的诸多弟子中，他堪称是儒生的最高典范，比较符合君子的形象。子路与传统的君子形象有所不同，他尚武好斗，做事比较冲动，是一个热血沸腾的豪侠，生逢乱世，他注定要为自己的理想殉难。对于他

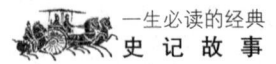

的悲剧性结局,孔子早有预料,却无法改变什么,只能眼睁睁看着执拗的子路如飞蛾扑火般扑向死地,生命如樱花般陨落,这是一件莫大的憾事。

商鞅列传

四见秦孝公

商鞅本名公孙鞅,出身显赫,祖上是卫国国君。由于封地在於、商,时人称其为商鞅。商鞅年轻时,喜欢钻研刑名法术之学,深受魏国国相公叔座赏识。公叔座病重时,魏惠王前去探望,有些忧虑地说:"你要是出了意外,谁能代替你为寡人分忧呢?"公孙座说:"我门下有一个叫公孙鞅的年轻人,他是一个不可多得的奇才,希望大王能相信他重用他,把国家大事全权交付给他。"

魏惠王听罢,一言不发,没做任何表态便打算回国。公孙座猜度魏惠王不想起用商鞅,便屏退了左右,向魏惠王献策说:"大王若无意重用商鞅,就马上派人杀了他,断不能让他前往其他国家。"魏惠王答应了。魏惠王一走,公孙座便急忙召来了商鞅,把事情的前因后果毫无隐瞒地告诉了商鞅:"我刚才向大王举荐了你,他不打算任用你。我就劝他杀掉你。作为人臣必须要忠于君主,我不得不这样做。但作为个人,我与你有私交,不忍心看到你落难,所以把这个消息悄悄透漏给了你,你现在马上离开魏国吧,继续留在这里很危险。"

商鞅听后,平静地说:"大王既然不肯听信你的话,任用我当国相,又怎么可能听从你的话对我赶尽杀绝呢?"最终他没有离开。魏惠王果然没对他下手。魏惠王事后说："公叔痤病重，已经神志不清了，居然让我把国家大事全托付给商鞅？"不久公孙痤病逝。商鞅听说秦孝公渴望成就霸业，在到处招募贤能，便来到秦国觐见秦孝公。

第一次见面，商鞅滔滔不绝地对秦孝公讲述了治国之道。秦孝公听得兴味索然，几乎一直在打瞌睡。事后，秦孝公埋怨引荐商鞅的大臣景监："你向我推荐的人不过是个夸夸其谈的狂妄之徒，我怎么能重用这样的人呢！"景监质问商鞅时，商鞅说："我向大王讲述的是尧舜之道，大王听不进去。"五日后，商鞅再次求见秦孝公，秦孝公仍然听不进那些治国的大道理，于是又一次责备了景监，景监问商鞅究竟讲了些什么，商鞅回答说："夏禹、商汤、周文王、周武王等贤王的治国之道。"

又过了几天，商鞅在景监极力引荐下，又一次见到了秦孝公。这次秦孝公听得很认真，对待商鞅很客气很友好。事后向景监夸奖了商鞅，商鞅告诉景监这次他讲述的是齐桓公、晋文公等春秋五霸的霸王之道。秦孝公第四次见商鞅时，两人谈得十分投机。景监十分诧异，私下里问商鞅是如何讨得君王欢心的。商鞅叹息道："以前我苦口婆心地劝说君王仿效尧舜禹汤、周文王、周武王那样的民君安邦治国，大王说那样治理国家时间太长了，他没法等，他不能等到数十年甚至数百年以后，再成就一番大业。所以我转换了策略，交给他短期内富国强兵的霸王之道，他这才有了兴致。可是短期内实现的目标，是不可能奠定商、周那样不朽的千秋功业的。"不久，商鞅出任左庶长，开始着手变法。

智慧贴士

商鞅的入仕之路非常曲折，尽管有魏国国相的极力推荐，他仍然得不到君王的重视，魏惠王认为他微不足道，任由他来去自如地为别国效力，根本不相信这个无足重轻的年轻人能掀起什么风浪。

在秦国的遭遇同样一波三折。第一次见面他向秦孝公讲述上古时期的王道，第二次见面讲述夏商时期的帝道，均没有引起秦孝公的兴趣，直到推销春秋时期的霸道，才受到对方的重视。

可惜这种治国之道是退而求其次的选择，与知识分子推崇的政治理想大相径庭，这就意味着商鞅能找到施展才干的平台，却永远实现不了自己的政治理想，只能一味迎合国君的需求，这是春秋战国时期知识分子面临的普遍困境，在那个急功近利的时代，少有人能摆脱短期利益的诱惑，秦孝公不能，商鞅亦不能。

作法自毙的大秦帝国奠基人

商鞅主持变法五年后，秦国实现了富国强兵的政治理想，一跃成为了一流的强国。由于公子贵族在新的法令中受到了打压，商鞅成为了众矢之的，很多人怨恨他。商鞅曾想和赵良交朋友，却被对方严词拒绝了。

赵良毫不客气地数落商鞅的种种不是："你之所以能见到秦王并受到重用，是依靠景监的引荐，这不是贤士的成名之道。你贵为国相，却不知道为天下百姓考虑，只知道大兴土木修建富丽的宫殿来炫耀。太子犯法，你对太子的师傅处以黥刑，为了法令的严峻，不惜做出伤害百姓的事来，自然要招致怨恨。你不教化臣民，热衷于严刑峻法，总是颁布新的法令压迫贵族公子，导致公子虔八年闭户不出，祝被杀，公孙贾脸上被刺字，这么做必然会失去人心啊。你每次出门，必有数十辆马车随行，车上有很多全副武装的侍卫保护你，防卫不到位，你几乎寸步难行。我奉劝你献出自己的封地，早点告老还乡颐养天年，让君王选择更加有才干的人治理国家。不要舍不得封地的财富，等到国君去世，那些贵族公子必然要报复你，到时你就大祸临头了。"商鞅没有理会他的劝诫。

五个月后，秦孝公过世了，公子虔等贵族联合起来诬陷商鞅谋反，刚刚即位的太子不分青红皂白，当即下令通缉商鞅。商鞅一路逃到了关下，来到一家旅舍投宿。旅舍主人不认识商鞅，说按照商国相推行的新法，客人投宿必须出示文书。商鞅没有文书，再三恳求对方通融。旅舍主人面有难色地说，按照商鞅制定的法律，假如客人有问题，他要同罪论处。商鞅无可奈何地叹了口气，只好只身逃亡魏国，魏国人因为他曾经欺骗过公子卬，无论如何不同意他在自己的国家避难。商鞅准备去别的国家。魏国人说："你是秦国通缉的犯人，我们忌惮秦国强大，不把你送回去不行。"于是就把商鞅押送回了秦国。商鞅刚回到秦国，就潜逃到了自己的封地，纠集部下发兵攻打郑国，想要杀出一条血路。秦国派兵打败了商鞅的军队，商鞅兵败身死，尸体被五马分尸，全家被诛灭。

智慧贴士

商鞅不拘泥于古法勇于变革的精神是值得肯定的，在主持变法的过程中，他不畏权贵，敢于向贵族阶层发出挑战，高高在上的太子犯法同样受到了惩戒，足见执法之严。所以许多人认为，商鞅死于太子及贵族公子的报复，然而事实并非如此。关于商鞅之死，赵良道出了部分真相。商鞅走向穷途末路根本原因在于，他一味崇尚严刑峻法，不得人心，不仅损害了贵族利益，还伤害了广大平民百姓，不知不觉即成为了千夫所指的罪人。他出逃后的经历恰恰说明了这点。旅店主人因为怕受牵连，拒绝让他入住，迫使他继续逃亡，间接地导致了他的死亡。因此从某种意义上说，商鞅是作法自毙、自食其果，施加在别人身上的残酷刑罚最终贻害了自己，这也算是报应吧。

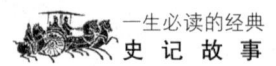

苏秦列传

纵横捭阖,叱咤风云的大谋士

苏秦是洛阳人,曾经拜师于世外高人鬼谷子门下,学到了一身本领。然而游学多年,却始终找不到崭露头角的机会,最终两手空空地回到了家里。兄嫂妻子全都取笑他,认为他不务正业,不肯像周人那样老老实实经商,一心想靠三寸不烂之舌赚钱吃饭,以致穷困潦倒,落得这般下场完全是咎由自取。苏秦听后,十分汗颜,从此闭门不出,发奋苦读,立志要成就一番事业,让全天下的人对自己刮目相看。

后来,苏秦从周书《阴符》中找到了灵感,开始周游列国。他第一个到达的国家是秦国。当时秦孝公已死,秦惠王刚处死商鞅不久,这位新上任的国君对高谈阔论的说客素无好感,没有理会苏秦。苏秦便离开了秦国,转而游说其他国家的君主。凭借卓越的口才和无可匹敌的雄辩能力,苏秦说服六国君主组织成了合纵联盟,共同抵御强秦。他佩戴六国相印,成了纵横捭阖的风云人物。衣锦还乡时,后面随行的车辆足有数百辆,车上装满了金银财帛,随行的使者不计其数。

苏秦在众人的簇拥下,慢腾腾地走下轩车,昂首阔步进了家门。他的兄弟、嫂子、妻子全都趴在地上跪迎他大驾光临,个个低眉敛目,表现得十分恭敬。等到吃饭的时候,亲人们像下人一样在旁边侍候着。苏秦笑着问嫂子:"以前你待我那么刻薄,为何今日这般恭顺呢?"嫂子听了,吓得"扑通"一声跪倒在地,匍匐在他脚下,脸朝地面，连忙讨好道："小叔你今日显贵腾达了，是个富可敌国的贵人了。"苏秦不由得感慨道："我富甲一方，亲朋都敬畏我；我贫困潦倒，他们就轻贱我。亲近的人尚且如此，更何况那些不相干的人呢？如果当初我置办两顷良田，小富即安，怎么可能成为六国的国相，受到如此的礼遇呢？"

苏秦促成六国合纵联盟后，把六国缔结的合约拿给秦国看。秦国国君很害怕，十五年不敢出兵函谷关。六国有效制约了秦国。后来秦国以利益相诱，拉拢六国中的一些国家，破坏了合纵联盟，这种局面才被打破。

苏秦与燕易王的母亲暗通款曲，奸情败露后，燕王没有责备他，反而给予他更优厚的待遇。苏秦心里很不安，于是主动请缨到齐国当间谍，为燕国暗中谋利。到了齐国以后，苏秦鼓动新即位的齐湣王厚葬死去的齐宣王，以此聊表孝心，还建议营造华美的宫室大兴土木彰显齐国的国力。齐国的大臣都比较痛恨苏秦，有的在齐湣王面前参奏他，有的甚至派出刺客刺杀他。苏秦被刺客刺伤，险些丢了性命。齐湣王大怒，马上派人追查凶手。由于伤得太重，苏秦逃回去没多久就奄奄一息了，临死前对齐湣王说："我死后，请大王将我当众五马分尸，昭告天下说我是燕国派来的间谍，这样凶手为了邀功，就会自动现身了。"齐湣王依言行事，抓到并处死了凶手，为苏秦报了仇。

智慧贴士

苏秦是战国时期鼎鼎大名的说客，凭借三寸不烂之舌周旋于列国诸侯之间，纵横捭阖、睥睨天下，以一己之力创建了规模空前庞大的国际军事联盟，把强秦困在函谷关内，成功左右了当时的政治格局。然而这样一位经天纬地的传奇人物，一样要接受世态炎凉的残酷考验，最终也没能摆脱悲剧式的结局，被亲人唾弃又追捧，失

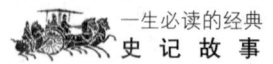

去了本真的亲情,在政治博弈中死于刺杀,死了还落得个五马分尸的下场。他之所以不得善终,很大程度上是因为他过于追求个人成功,把权势和富贵看得太重,欣然踏足纷争不断的危险之地,不可避免地招来了祸患。

张仪列传

巧舌如簧,一口倾国的"阴谋家"

张仪是与苏秦齐名的谋略家。年轻时,他和苏秦一起拜师于奇人谷鬼子门下,才智与苏秦不相伯仲,苏秦一度认为自己比不上他。张仪出山后,开始了漫长的游说之路。他第一个游说的目标是楚国国君。作为一个落魄的书生,没有大臣的引荐,是很难见到国君的。为了求见国君,张仪只好先到楚国国相那里当门客。在那段寄人篱下的日子里,他一直得不到国相的信任,被对方引荐的机会十分渺茫。

有一天,国相在宴席上丢了玉璧,门客不约而同地把矛头指向了贫困的张仪。国相不经细查,就责罚了张仪,打了他几百杖。张仪即使被打得半死,依然不肯承认自己偷窃,国相找不到证据,只好把他放了。张仪带着满身伤狼狈地回到了家里。妻子难过地说:"你要是不去游说诸侯,怎么会遭受这样的冤屈和耻辱呢?"张仪没有答话,戏谑地问:"帮我看看,我的舌头还在吗?"妻子回答道:"在呀。"张仪笑道:"那就够了。"

当时苏秦在赵国当了国相,许下承诺会说服其他诸侯国国君订立盟约,最为担心的是秦国发兵攻打各国,采用武力手段破坏合纵盟约，于是就暗中派人给张仪捎话，让他来赵国求见自己，试图叫张仪说服秦国放弃对各国动武的想法。张仪求见时，苏秦吩咐下人多加刁难，自己迟迟不肯相见，数日后才肯露面，两人一见面，便没好气地说："没想到你现在竟如此潦倒，不是我不肯帮你，是你自己不争气没本事，不值得我浪费时间。"说完就命人把张仪打发走了。

张仪满怀期待地求见同门旧友，以为苏秦能帮助自己在赵国谋得一官半职，没想到居然受到如此羞辱，因此心怀怨恨，发誓一定要报仇雪耻。他含恨来到了当时最强大的国家秦国，打算借助秦国之力对付在赵国混得风生水起的苏秦。张仪走后，苏秦对下人说："张仪是个人才，我自叹弗如。只有他能说服秦王不去攻打六国。他出身贫寒，很难见到秦王。我担心他急功近利，成不了大事。所以故意羞辱他，希望他知耻而后勇，成就一番事业。"说完吩咐下人暗中照顾张仪。在那位下人的帮助下，张仪见到了秦王，受到了重用，这才知道是苏秦暗中帮忙，不由得感激万分，为了报答对方，努力说服秦王不对各国用兵，苏秦去世前，秦国一直没有大规模征伐六国。

张仪在秦国担任要职以后，致力于推行连横政策，帮助秦国寻找盟友，以扭转不利地位。秦国曾想讨伐齐国，由于齐楚之间有盟约不敢贸然行动，于是派张仪离间两国的关系。大王游说楚怀王与齐国断绝往来，许诺秦国将献出商於一带600里土地，与楚国建立友好外交关系。楚怀王答应了。大臣陈轸听说了以后，放声痛哭，他对楚怀王说："秦国之所以拉拢楚国，是因为忌惮强大的齐楚同盟，楚国若与齐国断交，便成了孤立的弱国，不但得不到许诺的土地，还将引来秦国的攻击。"

楚怀王不听，把相印给了张仪，让他全权处理接受土地事宜，然后宣布与齐国断交。张仪回到秦国，假装失足从车上跌落，以此为由一连三月不肯上朝。楚怀王听说后，误以为和齐国断交不够彻底，导致张仪不肯提割地事宜，于是派人拿着宋国的符节放肆地辱骂齐国君王。齐王大怒，为了报复楚国，转而和秦国联合。秦楚正式联盟以后，张仪才肯上朝，事后对楚国使者说愿意把六里封地赐给楚国。许诺的六百里土地变成了区区六里弹丸之地，楚怀王听后大怒，马上发兵攻打秦国。秦国和楚国联合起来迎战，楚国大败，失去了丹阳、汉中等大片土地。楚怀王不服，又出兵讨伐秦国，再次落败，被迫献出两处城池求和。

张仪凭借一副铁齿铜牙和各种计谋，成功离间了六国，取得了空前的成功，然而他兴冲冲地返回秦国时，赏识他的秦惠王死了，秦武王认为他反复无常、不讲信义、不堪大用，君臣关系越来越疏远。各国诸侯听说张仪失势，纷纷放弃了连横政策，又琢磨着合众。张仪被迫离开了秦国，后来病死在了魏国。

智慧贴士

张仪有胆有识、能言善辩，仅仅凭借一番言辞就成功欺骗了楚怀王，为处在被动状态中的秦国争取到了连横的盟友齐国，拆散了齐楚同盟。他以相似的方式游走六国，破解了强大的合众联盟，为秦国扫除六国一统天下奠定了基础。从功利角度讲，张仪无疑是成功的，但他的成功是建立在阴谋诡计的基础上的，为达目的不择手段，无所不用其极，给人以阴险狡诈的感觉，故而被秦武王猜忌，最终在辉煌的顶点跌落了下来。由此可见能力非凡、人品极差、毫无信义可言的人，早晚会受到质疑和唾弃，成功只是暂时的，失败则是必然的结局。

白起王翦列传

活埋四十万俘虏的"人屠"

　　白起是郿地人，熟谙兵法，在秦国做将军，侍奉秦昭王。他攻城略地，南征北战，战绩斐然，为秦国立下不少大功。公元前260年，秦国左庶长王龁率军进攻韩国，攻占了上党，当地的百姓为躲避战乱，蜂拥逃亡赵国。赵国接纳了流亡的百姓。同年四月，王龁以此为由，发兵进犯赵国。赵国派老将廉颇迎战。两国不时短兵相接，赵军袭击秦国侦察兵，秦国侦察兵杀死了赵国副将。六月，秦军占领了赵军的阵地，夺取了两座城堡，活捉了四名尉官。

　　七月，赵军修筑了坚固的防御工事，执行坚壁清野的政策，不肯出战。秦军多次发起挑战，赵军全无回应，一味固守营垒。赵王以为廉颇畏战，屡次出言指责。秦国丞相应侯利用赵国内部矛盾，派人实施反间计，散布流言说："秦军只害怕赵括，廉颇不足为虑，很容易对付，他坚持不了多久，就会缴械投降。"之前廉颇领兵多有败绩，如今又迟迟不肯出战，赵王早就心怀不满，听到谣言，更觉得廉颇不堪大用，于是便让赵括取代了廉颇。

　　秦国秘密安排武安君白起担任上将军，王龁出任尉官副将，并下令说谁若泄露上将军的身份，一律处死。赵括上任伊始，便改变了廉颇的防守策略，开始反守为攻，主动进攻秦军。秦军佯装败走，同时布下两支精锐部队逼近赵军。赵军追击溃逃的秦军，一直追到了秦军的营垒。秦军修筑的营垒固若金汤，赵军无法攻入。与此同时，赵军的后路被秦军的一支精锐部队切断，粮道也被截断了。秦

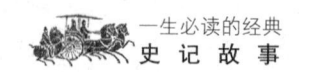

军的骑兵侵入了赵军的营垒，断绝了守军和追兵之间的联系。赵军被分割成两部分，陷入孤军作战的不利境地。

秦王听到捷报，十分高兴，立即征发国内15岁以上的青年男子开赴长平作战，试图围城打援，让赵军困死在营垒中。到了九月，赵军粮草断绝的情况已经持续46天了，士兵饥饿难忍，开始互相残杀，靠吃人肉充饥。活下来的士兵前赴后继地突围，轮番进攻了好几次，仍然不能冲出重围。赵括亲自上阵与亲兵搏杀，当场战死沙场，被亲兵射死。他麾下的40万人全部缴械投降。白起认为赵国士兵反复无常，不好控制，要是不把他们全部消灭掉，早晚要出乱子，于是就用诱骗的手段把那些手无寸铁的降兵降将全都活埋了，只放走了240个年龄较小的士兵返回赵国报信。这次战争，共有45万赵国士兵埋骨沙场，赵国听说后，举国哗然。

公元前259年，秦国再次攻占上党。韩赵两国诚惶诚恐，马上派苏代出使秦国，游说秦国丞相应侯。苏代说："白起杀了赵括，现在又要领兵围攻邯郸，赵国离灭亡不远了。赵国灭亡后，秦王就要一统天下了，到时白起必定位列三公，您愿意屈居他之下吗？假如同意韩赵两国割地乞和，那白起就建立不了战功了。"应侯听从了他的建议，劝说秦王休兵。秦王采纳了他的意见，收取了韩赵献上的城池，双方暂时停战。白起知道真相后，心里开始怨恨应侯。

同年九月，秦国派王陵攻打赵国国都邯郸。当时白起生了病，不能亲临战场。次年正月，王陵久攻不下，秦国发兵来援，结果被邯郸守军打败。白起病愈后，秦王准备让白起接替王陵继续攻打邯郸。白起说："邯郸不易攻取，诸侯国经常派援兵救援。秦国在长平大败赵军，赵国痛恨秦国，其他各国也恨秦国，他们里应外合，夹击秦军，秦军必败。"坚决不肯领命，托病不肯赴任。

秦王只好让王龁领兵攻打邯郸，结果秦军伤亡惨重。白起有些幸灾乐祸地说："君王不听我的劝告，现在打败仗了吧。"秦王大怒，强迫白起率军围攻邯郸。白起拒绝。秦王削夺了他的爵位，把他贬为普通士卒，勒令他离开国都咸阳。白起因为身体不适，不能马上动身。三个月后，秦军屡战屡败，每天都有战败的消息传到宫廷，秦王怨恨白起，不允许他继续留在咸阳。白起临行前面色难堪，颇多怨言，秦王更加不满，于是赐给他一把剑，命令他自杀。白起接到命令时已经走到了杜邮，他从使者手里接过御赐的长剑，仰天长叹道："我有何罪，为何落得这般下场？"沉吟了一会儿，自说自话道："我确实该死，长平之战，我用诡诈之术活埋了40万投降的赵国士兵，这已经构成死罪了，我死不足惜。"说完便拔剑自刎了。

智慧贴士

白起有叱咤万夫的锐气锋芒和吞吐天下的气概，在战场上建立过不世功勋，却因为在长平之战坑杀40万赵军而沦为历史的罪人，得了个"人屠"的绰号。不可否认的是白起的成功之路是由累累白骨和尸山血海铺就成的，功彪史册的名将大抵如此。在战事频仍的乱世之中，屠一人被定性为杀人犯，而屠杀成千上万，甚至数十万，则能封官加爵，成为世人仰慕的英雄，故李白才会长叹："流血涂野草，豺狼尽冠缨。"白起何尝不是犯下累累血案、衣冠楚楚的豺狼呢？但悲剧并不是他一个人酿成的，战争是残酷的，两国交战本来就是你死我活的较量，战场本身就是吞噬血肉生命的绞肉机，多愁善感、慈悲为怀的人是不适合领兵的，归根结底是战争把人异化成了恶魔，从这个角度讲，白起同样是个悲剧人物。

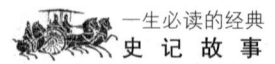

范雎蔡泽列传

从茅厕里爬出来的布衣卿相

范雎是魏国人,字叔,想要侍奉魏王,怎奈家贫,作为平民百姓见不到君王,只好投奔于魏国中大夫须贾门下。须贾奉命出使齐国,范雎随行。两人在齐国滞留了数月。齐襄王听说范雎口才绝佳,是个雄辩之士,十分欣赏,赐给他十斤黄金和上好的酒肉。范雎坚辞不受。须贾误以为范雎私下里把国家机密泄露给了齐国,所以才得到了酬答,十分恼怒,勒令范雎退回黄金,收下酒肉。

回国后,须贾把事情禀报给了魏国国相魏齐。魏齐让人狠狠地鞭笞范雎。范雎被打断了肋骨,牙齿也掉了好几颗,气息奄奄,躺在地上装死。魏齐的手下便用席子包裹着范雎,将他丢到了茅厕里。醉酒的宾客轮番对着地上的范雎撒尿。人们三三两两散去后,范雎悄悄地对一个看守说:"你若能救我出去,日后定会重谢。"看守于是向魏齐请示,丢掉范雎的尸体。魏齐同意了。范雎得以逃出生天。魏齐后知后觉,料定范雎没死,忙派人到处搜寻。魏国人郑安平帮助范雎摆脱了追捕。范雎隐姓埋名,更名为张禄。

多年以后,范雎时来运转,在秦国做了国相。秦国准备攻打韩、魏两国,须贾奉魏王之名游说秦国,希望秦国不要动兵。范雎听说后,乔装改扮来到了客馆,穿着破衣烂衫拜见须贾。须贾大惊失色:"你没死啊?"范雎笑笑说:"是啊。"须贾问:"你到秦国是来游说的吧?"范雎说:"我得罪了魏国国相,流亡到这里,怎敢游说呢?"须贾问他现在在做什么。范雎回答说:"给人家当差役。"须贾觉得他很可怜，就留他一块用餐，饱含同情地感叹道："你怎么落魄到了这种地步啊！"说完又赠给了他一件粗劣的丝袍。随后用试探的口气问道："听说秦国国相张君很受秦王宠信，秦王对他言听计从，你有没有认识张君的朋友啊。"

范雎说："我的主人和他很熟，我可以帮忙把你引荐给张君。"须贾说马病了，车坏了，不能出门见人了。范雎表示愿意替他借辆驷马车。他很快找来了一辆四匹马驱驾的豪华马车送给须贾，并亲自为对方驾车，直奔相府。人们看到范雎的车驾，纷纷回避。须贾感到很诧异。到了门口，范雎对须贾说："我先进去通报一声。"须贾在门外等了很长时间，也不见范雎出来，于是便问侍卫："范叔怎么还不出来啊？"侍卫感到莫名其妙："这里没有范叔。"须贾说："范叔就是和我同乘一辆车的那个人。"侍卫说："他就是国相张君呀。"

须贾吓得浑身瘫软，赶紧脱掉衣服跪地请罪。见到范雎时，连连伏地叩首。范雎："你犯下了三宗罪：你怀疑我有异心，在国相魏齐面前说我坏话，这是第一宗罪；我被人扔到茅厕肆意凌辱时，你不加劝阻，是第二宗罪；你醉酒之后，竟然往我身上撒尿，如此践踏和侮辱我，是何等的忍心！这是第三宗罪。你虽有罪，但我不会处死你，因为今日你好心赠我衣袍，说明还念及故人之情。"于是辞别了须贾，把事情的原委告知了秦昭王，建议不要再接见魏国的使者，并驱逐须贾回国。

不久，须贾郑重辞行，范雎设下酒宴为他践行，饭菜非常丰盛，各国的使臣应邀赴会，齐刷刷坐在堂上，须贾被安排在了堂下，面前摆放了掺拌着草豆的饲料，两个脸上刺过字的犯人奉命像喂牲口一样喂他。范雎冷冷地说："你回国后，告诉魏王，马上献出魏齐的项上人头，如若不然，秦兵就会踏平大梁。"

141

须贾狼狈地回到了魏国，把范雎的原话禀报给了魏齐，魏齐非常害怕，仓皇逃到了赵国，请求平原君庇护。平原君收留了他。秦昭王想要为范雎报仇，多次逼迫平原君交出魏齐，平原君不肯。秦昭王便写信威胁赵王，赵王担心秦军借故攻打赵国，派人包围了平原君的府宅，欲捉拿魏齐。魏齐趁夜逃出，得到了魏国宰相虞卿的相助，两人一块投奔信陵君。信陵君担心惹祸上身，迟迟不肯接见。后来被侯嬴说服，派人驱车到郊外迎接魏齐和虞卿。手下人赶到时，魏齐已经含恨自杀了。赵王得知后，将魏齐的首级运送到了秦国。范雎大仇得报。

智慧贴士

范雎是辩士出身，凭借卓越的口才和高超的谋略，当上了秦国的国相，成为了纵横捭阖、执掌天下沉浮的非凡人物。在功成名就前，他命途坎坷，险些被魏国的国相魏齐屈打至死，受尽了凌辱和折磨，然而他没有因为含冤受辱，遭人唾弃和践踏而沮丧、沉沦，而是凭借顽强的毅力和超常的韧性，完成了华丽的逆袭，而后伺机而动，为自己报了仇。范雎的故事告诉我们，忍别人所不能忍，方能为别人所不能为，取得别人难以企及的成就。

远交近攻的战略谋划者

范雎的人生经历非常传奇，在封侯拜相之前，他几经辗转，由郑安平引荐给秦国使者王稽，又由王稽推荐给了秦昭王。拜见秦昭王时，范雎冒冒失失往宫殿里闯，佯装误入内宫通道。恰好秦昭王出来了，宦官觉得范雎太过造次莽撞，便生气地驱逐他，并提醒道："大王来了。"范雎故意大吵大嚷："秦国哪有大王，只有太后和穰侯罢了。"秦昭王听到争吵声，忙上前致歉说："寡人早该向先生请教了，因为义渠的事情耽搁了，如今问题都解决了。寡人不才，请允许我以宾主之礼招待先生。"范雎敛容还礼。

秦昭王屏退了左右，问范雎："先生有什么可指教的吗?"范雎"嗯嗯"了两声。一会儿，秦昭王又重复了同样的问题，再次请范雎赐教，范雎又"嗯嗯"了两声，并不作答。秦昭王感到奇怪，又问了第三遍，范雎只用"嗯嗯"声敷衍，不出一言。秦昭王叹息着说："先生不肯指点寡人吗?"

范雎说："不敢。吕尚在辅佐周文王之前，不过是渭水边的一个渔夫，他们的关系很疏远。通过深谈，周文王在他的身上发现了才能，把他奉为上宾，在他的倾力辅佐下得以称王于天下。假如周文王因为交情生疏而不与臣子谈论国家大事，那么就没有人能辅佐他成就大业了。臣是一个流亡异国他乡的寒士，与大王比较生疏，想谈论的都是匡扶国家的大事，关系到大王的骨肉之情，希望尽忠却不清楚大王的真实想法，这就是大王三次提问，臣都不敢贸然回答的原因。臣不是因为畏惧而不敢直言，就算进言之后明日就伏罪而死，臣也不会回避。臣担心的是，自己因言获罪，死了之后，没人敢来秦国献策了。"

秦昭王说："先生这是什么话!敝国地处偏远，寡人驽钝不肖，承蒙先生屈尊前来，寡人能聆听先生的教诲，是上天庇佑先王，眷顾先王的后代呀。大小事情，上至太后，下至外廷大臣，先生尽管直言，不要有所顾虑。"范雎大喜，赶忙恭敬地下拜，秦昭王连忙回礼。

范雎说："秦国关隘险要，依山面水，乃形胜之地，进可攻、退可守，是个可以建立霸业的好地方啊。百姓不敢因为私事进行械斗却能为国征战，他们就是建立王业的民众啊。大王有了这两方面的条件，以秦兵之勇、战车之多，完全可以实现霸业。可惜秦国十五年都没敢向崤山以东出兵，这都是穰侯为大王谋划时，没有竭尽全力的缘故。"秦昭王表示愿闻其详。

范雎指出穰侯越国韩国攻打齐国，属于军事上的失误，接着提出了远交近攻的外交政策，不疾不徐地说："大王不如结交远邦，攻打距离秦国本土近的国家，这样攻占的尺寸之地都会纳入秦国的版图。攻城略地舍近求远，不是太荒谬了吗？以前中山国国土面积有500里，赵国吞并了它，功业建成，无人敢犯。如今韩国和魏国处于中心地带，大王要雄霸天下，必须掌控这一地区，以震慑和威胁楚国和赵国。楚国强大就亲近赵国，赵国强大就亲近楚国。楚、赵两国全都亲赴秦国，齐国必然十分恐慌。齐国害怕，就会低三下四地送来厚礼侍奉秦国。结交了远方的秦国，大王可趁势收服近在咫尺的韩国和魏国了。"秦昭王说："寡人想亲近魏国，不过魏国反复无常，寡人不知道该怎么做，还望先生指点一二？"

范雎回答说："先用厚礼和好话拉拢它，不奏效的话，割让土地收买，再不行，就发兵攻打它。"秦昭王听从了范雎的建议，派五大夫绾率军攻打魏国，不久攻下了怀邑，两年后又拿下了邢丘。

智慧贴士

远交近攻是范雎提出的最著名的军事外交策略，秦国正是遵照这个战略规划，实现了吞并六国、一统天下的政治理想。它的高明之处在于，巧妙运用大棒和橄榄枝，向远邦抛出橄榄枝，使之保持中立，这样挥舞大棒讨伐近邻时就没有了后顾之忧，还可以利用与远邦的同盟关系，威慑近邻。待消灭和兼并近邻以后，远交的部分国家就成了近邻，这就意味着新一轮的征伐开始了，需要利用更远的盟友威慑和消灭新的邻国。然后步步为营地兼并所有国家的土地，直到将整个天下收为己有。

廉颇蔺相如列传

郁郁不得志的沙场老将

长平之战后，赵国元气大伤，秦国不给赵国喘息的机会，大战后第二年，又发兵围攻赵国都城邯郸，一年后才肯撤离。赵国经过这两次大战，实力大大削弱。邻国燕国乘虚而入。大举攻打赵国。赵王派老将廉颇迎战。

廉颇久经沙场，作战经验丰富，亲自率军迎头痛击来犯的敌军，力挫燕军主力，斩杀了对方的统帅，紧接着长驱直入，包围了燕国的都城。燕国乞和，承诺献上五座城池。赵国打了一场漂亮的翻身仗，终于扬眉吐气了，赵王非常高兴，重重犒赏了廉颇，封其为新平君，又将尉文之地赐给他做封地。长平之战前，廉颇被罢免了，门客纷纷弃他而去。现在他又受到了重用，再次成为手握雄兵的高级将领，门客们纷纷跑过来投奔他。

廉颇看不惯那些人趋炎附势、见风使舵，想要把他们打发走。门客们理直气壮地说："大人你何苦如此呢？人和人之间交往本来就是建立在利益基础上的，你有权有势，风光无限，我们自然愿意追随你，你失了权柄，我们自然要离开你呀。这是再简单不过的道理，大人你为何不明白呢？"廉颇很生气，却无言以对。

六年后，廉颇奉命讨伐魏国，他一路凯歌，顺利攻下了繁阳。公元前244年，起用廉颇的赵孝成王过世，悼襄王继承了大统，他刚即位不久就莫名其妙地罢免了廉颇，让乐乘取代了廉颇的位置。廉颇无罪被免职，十分恼火，迟迟不肯交出兵权，一气之下居然出

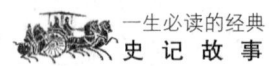

兵攻打乐乘，乐乘抵挡不住，一路败逃。廉颇担心悼襄王兴师问罪，慌忙逃到了魏国的大梁。廉颇在魏国滞留了很长时间，很想有一番作为，怎奈得不到魏王的信任，只能默默等待机会。

后来，秦赵交战，赵国屡屡败北，为了扭转局势，悼襄王决定重新起用廉颇。廉颇也想为赵国效力。悼襄王担心廉颇年事已高，不能继续征战沙场，于是派人探望其身体状况。有个叫郭开的人和廉颇有仇，他用重金贿赂了赵王派遣的使臣，让使臣混淆视听，向赵王进献谗言。

使臣前往魏国见了廉颇，廉颇宝刀未老，尽管已经年纪很大了，依旧精神矍铄、意气风发，胃口非常好，一餐吃了一斗米、十斤肉，饭后穿上了沉重的铠甲，操起兵戈，跨上战马，像模像样地比画了两下，以显示自己老当益壮。然而使者回去复命时却撒谎说："廉颇老了，食量还可以，可惜身体不行了，一会儿工夫就去了三趟厕所。"悼襄王信以为真，便打消了起用廉颇的念头。廉颇回国赴任的希望落后了，心情无比失落。

楚国听说赵国抛弃了廉颇，魏国也没有重用廉颇，便打算重用这个失意的老英雄。廉颇到了楚国，可惜没有立下战功就去世了，临死前带着无尽的遗憾说："我想指挥的是赵国的军队呀。"

◆ 智慧贴士 ◆

廉颇，身为战国四大名将之一（另三位分别是秦国的白起、王翦，赵国的李牧），是少有的杰出将领。自从西汉以来，廉颇的地位逐渐被抬高，汉文帝称他为"忠勇明智之大将"，东汉光武帝称他为"兵家之至德至忠者"，刘宋武帝刘裕曾以他为兵圣，唐太宗则建议以他为德圣，可见后人对他的敬仰之情。

他一生身经百战，少有败绩，是战国后期赵国军事上的顶梁柱，更是赵国的守护神。可惜再厉害的将军也有年老体衰被人怀疑不中用的时候。最终,他却因他人假传消息而被弃用,最终只能是壮志未酬、郁郁而终,给后人留下无尽的感慨和惋惜之情。

鲁仲连邹阳列传

不谋财不邀功的极品说客

鲁仲连是齐国人,足智多谋,擅长辩论,具有盖世才华,却始终两袖清风,不肯入朝为官。鲁仲连在赵国游历时,赵国都城邯郸被秦国的虎狼之师包围,情况十分危急,然而却没有一个国家肯出兵援助。魏王派新垣衍传话给赵国公子平原君:"秦国讨伐赵国,目的在于称帝,赵国若能满足秦国的欲望,尊奉秦昭王为帝,秦昭王就会退兵休战。"平原君举棋不定,迟迟拿不定主意,鲁仲连听说后,主动去拜见平原君。

平原君唉声叹气地说:"秦军在长平活埋了我国40万大军,现在又出兵围困邯郸,魏王派新垣衍游说我,希望我们国君尊秦昭王为帝,我一时不知道怎么办才好?"鲁仲连失望地说:"我一直把你看成天底下最聪明贤德的公子,如今才知道我错看你了。让我和新垣衍谈吧,我会把他打发到魏国去。"在平原君的再三恳求下,新垣衍接见了鲁仲连。熟料两人会面时,鲁仲连竟一言不发。

新垣衍十分诧异,便主动搭话说:"如今邯郸岌岌可危,人们都去逃难了,先生为何还留在此地呢?"鲁仲连直通通地说:"秦国是个尚武之国,喜欢用权术对待士卒,对待百姓如同对待奴隶,秦王称霸中原,将置天下苍生于何地?我宁可纵身跳进滚滚东海,也不愿给残暴的秦当良民顺民。实话告诉你吧,我今天来见你,是为

了帮助赵国。"

新垣衍问:"敢问先生要怎么做呢?"鲁仲连说:"让魏国、燕国、齐国、楚国做赵国的可靠盟友,帮助赵国度过难关。"新垣衍不以为然地说:"或许你能说服燕国助赵国一臂之力,但你如何能说服魏国呢?"鲁仲连说:"魏国希望赵国尊秦王为帝,是因为没有看到秦国称帝给自己国家带来的危害,如果认清了其中的利害,就会转为帮助赵国。"新垣衍表示愿闻其详。

鲁仲连没有直言,而是讲了一个故事:"周室衰微,诸侯不肯朝拜,唯有齐威王尊奉周天子,带领诸侯前去朝拜。后来周烈王过世了,齐威王赶去吊丧来迟了,新继任的周显王毫不留情地责备齐威王,齐威王不堪受辱,反唇相讥,骂周显王的母亲是卑下的婢女。"新垣衍接过话茬说:"十个奴仆恭恭敬敬地侍奉一个主人,不是因为体能智力不如主人,而是因为心里害怕主子。"鲁仲连问:"你的意思是魏王是秦王的奴仆?"新垣衍毫不掩饰地说:"是。"

鲁仲连用威胁的口吻说:"我能说服秦王烹杀魏王,然后把他剁成肉酱?"新垣衍怒道:"先生这话说得太过分了。"鲁仲连讲起了商纣王的三位贤臣的悲惨遭遇,九侯因进献的女儿不美被剁成了肉酱,鄂侯因指出国君的错误被做成了肉干,文王因哀叹时势被打入大牢,说完,他提出了一个问题:"为什么三位王侯会落得如此下场呢?"紧接着以自问自答的方式讲述了齐王出使各国的遭遇。齐王的车夫夷维子要求鲁国、邹国按照天子之礼接待齐王,遭到了两国的断然拒绝。最后把话题引向了当前的形势:"秦魏两国都是实力雄厚的万乘之国,秦国刚打了一场胜仗,魏国就害怕了,甘愿做奴仆,尊奉其为帝,不是连鲁国、邹国这样的小国都比不上吗?秦王称帝后,为了统御天下,将更换诸侯的臣子,让各路诸侯迎娶秦国女子,到时魏国宫廷里是秦国人,朝中大臣又听命于秦王,魏王还有安全感吗？将军您还能获得魏王的宠信吗？"

新垣衍听懂了，魏王和秦王本是平起平坐的诸侯王，若尊奉秦王为帝，自己降格为臣仆，不仅显得没骨气，而且安全也得不到保障，很有可能像九侯、鄂侯那样被做成肉酱或肉干，即使不被迫害死，也会被囚禁监视。鲁仲连的一席话让新垣衍惊出一身冷汗，新垣衍心悦诚服地叹道："原以为先生就是一个平凡无奇的普通人，如今看来，我真是小看先生了。我马上动身回国，说服魏王不要再要求赵王尊奉秦王为帝了。"秦军听说魏国改变了策略，军队撤退了五十里。不久信陵君发兵驰援邯郸，秦军被迫撤军。

事后平原君设宴款待了鲁仲连表示感谢，席间拿出1000镒黄金相赠，鲁仲连谢绝了："杰出者受世人敬仰，是因为他们乐于为人排忧解难，且从不要回报。我若收受了你的金钱，就和唯利是图的生意人没什么两样了。"说完辞别了平原君，此后两人再也没有见过面。

智慧贴士

鲁仲连具备说客的基本特点，机智聪敏，口才绝佳，分析问题鞭辟入里，讲话一针见血，说服力极强，但他与普通的说客截然不同。绝大多数的说客，包括苏秦、张仪在内，以身犯险，游说权势人物，所求的无非是功名利禄、荣华富贵，鲁仲连却不是这样，他临场上阵，不是为了展示唇枪舌剑，证明自己多么了不起，也不是为了金钱和利益，而是出于公义，事后不求任何回报，这种精神是非常难能可贵的。

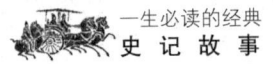

屈原贾生列传

屈死长沙的青年才俊

贾谊是洛阳人，年少成名，诗文斐然，诗词歌赋信手拈来，文采风流无人能及，名声传遍了整个吴郡。吴郡廷尉听说贾谊有才华，就把他召到了自己门下。因为这是廷尉的推荐，汉文帝召见了贾谊，让他入宫做博士。

出任博士时，贾谊二十出头，正是血气方刚、风华正茂的年纪。他才思敏捷、智慧超群，每次遇到棘手的事情，他都能应付自如。汉文帝十分赏识他，仅仅过了一年，就擢升他为太中大夫。贾谊不仅有文采，还富有政治才华，对时政尤为关心。他认为太平时期，应该修缮礼法提倡礼乐。汉文帝采纳了他的意见，提拔其为公卿。绛侯、灌侯、东阳侯、冯敬的属下见贾谊如此年轻却这么被皇帝看重，心里很不高兴，时常在文帝面前抨击贾谊，甚至无事生非地说："贾谊不过是个初出茅庐的年轻书生，有点儿才学就想掌控国政大权，试图扰乱视听，影响陛下的决断。"汉文帝开始猜忌贾谊，不再听从贾谊的建议，把他打发到了长沙王那儿做太傅，使其远离了政治权力中心。

贾谊听说长沙处在低洼地带，气候潮湿，担心自己适应不了，突然遭到贬谪，心情无比低落。途径湘水的时候，想起了投身汨罗江的屈原，百感交集，伤感不已，挥笔写下了悼念屈原的辞赋。贾谊在长沙居住了三年后，有一只鸮鸟闯入了他的房间，他认为这是不祥的征兆，怀疑自己命不久长，于是创作了《鵩鸟赋》自我慰藉。又过了一年，汉文帝召贾谊入京询问鬼神之事，贾谊对答如流、侃侃而谈，讲解得非常生动。汉文帝听得如醉如痴，一再把座席往贾谊的方向移动，整个过程都在洗耳恭听。之后感慨良深地说："朕很久没有见贾谊了，自以为才学已超过了他，如今看来，与他相比，还是相距甚远啊。"

不久，汉文帝让贾谊给自己的小儿子梁怀王做太傅。汉文帝非常宠爱梁怀王，对其寄予厚望，希望他能被培养成栋梁之材，因为觉得贾谊腹有珠玑、才学过人，才把这个重任交给了贾谊。后来汉文帝想要册封淮南王的儿子们为列侯，贾谊认为这样可能导致政局不稳、天下大乱，马上上疏阻止，劝说汉文帝削减诸侯封地，遏制诸侯权势，汉文帝不听。

几年后梁怀王坠马而死，死时膝下无子。贾谊认为自己没有看护好梁怀王，一直很自责，终日以泪洗面，一年后抑郁而终，享年33岁。

◆ 智慧贴士 ◆

贾谊的一生短暂而璀璨，他就像一颗夺目的流星猝然划破天际，闪过刹那的光华，留给后世永恒的回味。他少年得志、天资英纵、才华横溢，是不可多得的青年才俊，死时正值风华正茂，不曾有过迟暮之年。可惜的是一代才子报国无门，至死都没有实现自己的政治理想和抱负，毕生怀才不遇，最终带着满腔遗憾离开人世。

刺客列传

一条烤鱼暗藏的玄机

专诸是战国时期名震江湖的刺客，他是吴国堂邑人，生得人高马大，健硕如牛，显得英武不凡。虽然相貌粗犷，人却非常细心体贴，对母亲分外孝顺。因为武艺高超，又是个孝子，专诸很受推崇，后来被伍子胥推荐给了公子光。

公子光是吴王诸樊的长子。诸樊有三个弟弟，分别是余祭、夷眛、季札。在诸多弟弟中，诸樊最喜欢三弟季札，于是故意不立储君，让王位遵照兄终弟及的原则，在兄弟之间传递，以此保证季札继位，这样做等于变相地剥夺了公子光的王位继承权。诸樊去世后，余祭继位。余祭死后，夷眛继位。夷眛过世后，该轮到季札当国君了。季札推辞了，吴国人便让夷眛的儿子僚做了国君。公子光非常愤怒，不解地说："如果按照兄终弟及的次序传位，季札应该当国君，要是按照父死子继的顺序传位，那么我的父王诸樊去世后，作为嫡长子的我才应该被立为国君。"不久，公子光结交了一批死士，准备刺杀吴王僚夺回王位。

公元前506年，楚平王逝世，吴王僚趁楚国大丧之机，派两个弟弟公子盖余、烛庸领兵围攻潜城，与此同时，叫季札前往晋国观察各路诸侯的反应。孰料公子盖余和烛庸出师不利，受到了楚军的英勇反抗，后路被切断，进退两难。公子光听到消息后，高兴地对专诸说："这可是千载难逢的好机会。我才是王位合法的继承人，一定要夺回君位。等到季札回来，木已成舟，他是不可能废黜我的。"专诸主动请求刺杀吴王僚。公子光很感动，连忙对专诸叩首称谢。

公子光和专诸、伍子胥密谋刺杀计划，商定邀请吴王僚到府上品尝烤鱼，四面埋伏刀斧手，外面安排数百人接应。一切准备就绪后，公子光求见吴王僚说："大王，我家有个来自太湖的厨子，烹制的烤鱼味道特别鲜美，请大王到府上尝一尝。"吴王僚答应了。在赴宴前，吴王僚派人仔细查看了公子光的府宅，在门口和台阶旁都安排了侍卫，沿路布满了护驾卫队，然后才放心前去。公子光把武士藏到了地下室，避免打草惊蛇。

席间公子光佯装脚痛，借故躲藏了起来。专诸假扮成太湖来的厨师，端着一盘香喷喷的烤鱼步伐有力地走了过来。来到吴王僚面前之后，专诸佯装献鱼，忽然出其不意地从鱼肚子里抽出一把小巧锋利的鱼肠剑，径直刺向吴王僚。吴王僚避之不及，当场中剑而死。侍卫们围攻上来，杀死了刺客专诸。随后公子光率领勇士赶到，杀光了吴王僚的卫士。不久，公子光登上了王位，他就是阖闾。即位后，他将专诸的儿子封为上卿，以表彰拥立有功的功臣。

◎ 智慧贴士 ◎

春秋时期，涌现出了大批不贪生不畏死的刺客，他们身怀绝技、武艺非凡、果敢勇武，或仗剑江湖，锄强扶弱、打抱不平，或与权贵倾心相交，为报知遇之恩而慷慨赴死。专诸属于后者，他为了帮助公子光夺回王位，用烤鱼腹内的鱼肠剑刺杀了吴王僚，随后悲壮地死去，为义殉身的同时改变了吴国的历史，成就了一段佳话。但抛开狭隘的个人情感，专诸刺杀吴王僚的行动没有正义性可言，吴王僚并非十恶不赦的暴君，专诸与他素无恩怨，专诸杀死吴王僚，仅仅是为了成全公子光，成就自身的节义，这种侠义精神本身具有一定的局限性。

漆身吞炭的复仇者

豫让是晋国人，曾投靠过范氏、中行氏两家世家大族，均没有受到重视，始终默默无闻，后来他投身于智伯门下，被奉为座上宾。可惜好景不长，智伯自不量力攻打赵襄子，赵襄子联合韩氏、魏氏消灭了智伯，并瓜分了智氏家族的封地。智伯死后，头盖骨被做成了酒器。豫让非常痛心，发誓要给智伯报酬，以报其知遇之恩。

豫让隐姓埋名，假扮成刑徒，潜入赵襄子府上打扫厕所，身上藏着一枚匕首，随时准备取赵襄子的性命。有一天赵襄子如厕，忽然感觉到周围有一股逼人的杀气，于是命人拘捕清扫厕所的杂役，一问才知是智伯的家臣豫让。豫让面不改色地说："我要杀了你，替智伯报仇。"侍卫请求处死豫让。赵襄子说："他冒死为主人报仇雪恨，堪称义士，这样的人杀不得，我以后小心些便是了。"说完便释放了豫让。

刺杀失败，豫让不甘心，为了不被认出，再次接近赵襄子，他毁掉了自己的容貌，往身上泼上了漆，致使皮肤溃烂，乍一看去仿佛长满了可怖的癞疮。紧接着他吞下了烧红的火炭，使声音变得嘶哑难辨。这样一来，就算最熟悉他音容笑貌的人也认不出他了。他的妻子也把他当成了陌生人。

豫让扮成叫花子，天天沿街讨饭，时刻关注着赵襄子的行踪。有一天有位朋友上街，居然认出了面目全非的豫让，难过地流下了眼泪，困惑不解地说："以你的才能，倘若肯投身于赵襄子，必然受到重用。到时你再刺杀他，为智伯报仇，不是更容易吗？何苦这样摧残自己呢？"豫让坦然地说："我要是投靠了赵襄子，借机暗中行刺他，就成了怀有二心侍奉主子的奸人了。我不能那样做，我付出那么大代价，就是为了让心怀鬼胎的人感到羞耻。"说完，他便毅然决然地离开了。

不久，豫让打探到了赵襄子的出行路线，事先躲到了桥下，准备伺机而动。赵襄子策马过桥，马儿忽然毫无征兆地惊了。赵襄子说："豫让一定在附近。"于是派人四处搜查，在桥下发现了豫让。赵襄子不明白豫让为何要这么执着地刺杀自己，于是便问："你以前先后侍奉过范氏和中行氏，他们都被智伯杀了，你为何不替他们报仇？现在为何要为智伯报仇呢？"豫让回答说："我侍奉范氏和中行氏，他们待我如常人，我也把他们当成一般人对待。而智伯以国士之礼待我,我就得像国士那样以死相报。"

赵襄子流泪叹道:"你真是一个忠勇之士啊,我已经放过你好几次了,这次不能再放虎归山了。"豫让临死前说出了最后一个请求:"请您把衣服交给我,让我刺几下,这样我就死而无憾了。"赵襄子解衣相赠,豫让拔剑猛刺数下,高声道:"我总算报答了智伯的恩情了。"言毕挥剑自刎。人们皆唏嘘不已。

◆ 智慧贴士 ◆

豫让是一个重义轻生、视死如归的复仇者,他身上具有传统侠士的精神,是慷慨悲歌之士的典型。他比一般的刺客要极端,为了给死去的智伯报仇不惜一切代价,毁容、自残,抛弃家庭妻子和亲朋,舍弃了生命中所有宝贵和美好的东西,活着只有一个目标,那就是杀死赵襄子。有人认为豫让知恩图报、忠义节烈,具有国士风范,有人却认为豫让只知道报恩不辨是非黑白,在智伯骄纵荒暴之时,不能劝谏其改邪归正,在智伯自己灭亡以后,只知道寻仇,格外愚忠,所作所为与拯救国家于水火的有志之士相距甚远,配不上国士的美名。总之豫让是一个有争议的人物,有人赞赏,有人非议,但他属于那个刺客辈出的时代,用自己的方式诠释了何为"士为知己者死"。

聂氏姐弟——义士与烈女

聂政是轵地深井里人。他在家乡惹上了人命官司,为了避祸,带着姐姐、母亲潜逃到了齐国,安顿下来以后,藏身于市井,做了屠夫,靠杀狗宰猪为生。不久有个叫严仲子的卿相屈尊拜访,主动和聂政交朋友。

一天,严仲子把好酒好肉送到了聂家,客客气气地给聂政的母亲敬酒，又慷慨地赠送了 100 镒黄金。聂政不肯收下厚礼，断然拒绝道："我虽家贫，但勉强能养家糊口，不能无缘无故受此大礼。"严仲子见状，便找机会单独对聂政说："实不相瞒，我在韩国结下了仇怨，被迫出逃在外。流亡到齐国时，听说你很讲义气，就想和你交个朋友。"聂政说："我只是一个普普通通的屠夫，一心想着好好侍奉母亲，母亲健在，我是不会对任何人许诺的。"严仲子听罢，只好悻悻离去。

母亲去世后，聂政说："我不过是个不名一文的平头百姓，严仲子贵为卿相，却乐于屈尊与我结交，还送来百镒黄金。他如此看重我，我怎能不报答呢？以前母亲在世，我没有答应为他效力，现在母亲不在了，是时候报答他这份恩情了。"于是就找到严仲子表达了自己报恩的诚意。严仲子告诉他自己的仇人是韩国国相侠累，又说侠累居所防守严密，自己多次派人行刺都没成功，打算多派几个人协助聂政执行刺杀计划。聂政说："人多了，容易走漏风声。"毅然独自前往韩国。

聂政闯进了侠累的府上。侠累恰好在家，身边侍卫林立，个个身穿铠甲手持兵戈。聂政以迅雷不及掩耳之势，拔剑冲了过去，杀死了侠累，随后又斩杀数十人。眼见护卫人多势众，自己插翅难逃，就用剑划破了自己的脸，剜出眼睛，剖腹自尽了。侠累的侄子韩哀侯将聂政暴尸于市，悬赏打听凶手的底细，赏金多达千两。由于聂政容貌尽毁，没人能认出他，所以很久没有下文。

聂政的姐姐聂荣听说后，痛哭着说："这个来历不明的刺客大概就是我弟弟吧。"前往韩国一看，果然是自己的亲弟弟。她当即伏在尸首上放声大哭，边哭边说："他是我弟弟聂政。"旁边的人说："他杀死了韩国国相，韩哀侯正悬赏千金打探他的身世姓名，你竟然敢跑来认尸？"聂荣说："严仲子屈尊与我弟弟结交，对我弟弟有恩，我弟弟除了以死相报还能怎么办呢？正所谓'士为知己者死'，我弟弟为严仲子而死，算是报答他的恩情了。他死前毁容是不想牵连我，我怎能为了苟活于世而埋没他的英名呢？"说完大喊了三声，忧伤过度而死。人们叹息道："聂政是个义士，他姐姐聂荣也是个烈女啊，严仲子果然慧眼识人啊。"

智慧贴士

聂政是古人心目中的英雄，被列为春秋战国时期四大刺客之一。作为一个索人性命的刺客，他奉行的是"轻生死，重然诺，衔环报恩"的刺客信条，相比豫让，他有更温情的一面。虽然他不吝惜自己的生命，却非常爱自己的家人。临死前，还在为姐姐考虑，为了不拖累姐姐而划破面容，而姐姐为了成就他的一世英名，不惜以生命交换，姐弟俩双双殉难，成为千古绝唱。比起险象环生的刺杀行动，兄妹之间感人肺腑的手足之情，更加令人唏嘘。聂氏姐弟能名垂青史，或许正源于此。

易水边慷慨悲歌的剑客

荆轲是战国史上最负盛名的刺客，他走上刺秦之路，是因为燕国的太子丹。太子丹曾在赵国当人质，与出生在赵国的嬴政关系很好。年少时，两人谈天说地，一块玩耍，如同兄弟一般。后来嬴政当上了秦王，倒霉的太子丹被送往秦国做人质，两人久别重逢，嬴政对太子丹很不友好，摆出君王的姿态欺侮从前的好友，如同对待阶下囚。太子丹对嬴政恨之入骨，偷偷潜逃回了燕国，一心想要报仇雪恨。

燕国弱小，武力讨伐秦国是不现实的。太子丹不敢动兵。过了一段时间，秦国不断攻伐各国，很快就要打到燕国了，太子丹惶惑

不安，产生了刺杀嬴政的念头。太子丹的老师鞠武向他推荐了田光，田光自知年老力衰，无法完成刺秦大计，于是推荐了年轻的荆轲替代自己。辞行前，太子丹要求田光保守秘密。田光认为对方不信任自己，不久拔剑自刎，以死明志。荆轲转达了田光临死前的话，太子丹懊悔不已。

太子丹对荆轲礼贤下士，奉其为上卿，把他安置在了上等的馆舍，天天屈尊探望，主动献上珍奇异宝和香车美人，尽可能讨好对方。可荆轲迟迟不肯行动。眼看秦国大将王翦杀到燕国边境了，太子丹慌了，催促荆轲动身。荆轲说不能空手面见秦王，要求献上樊於期的人头和燕国地图讨好秦王，然后找机会下手。太子丹不忍心："樊将军走投无路时投奔我，我怎能置他于死地呢？还是想想其他办法吧。"

荆轲自行会见了樊於期，意味深长地问："嬴政已经杀光了将军的全家，现在又重金悬赏捉拿您，不知将军有何打算？"樊於期流泪道："每每想起这些，我就痛不欲生，恨不能杀了嬴政，食其肉寝其皮。现在真不知道该怎么办好。"荆轲说："我有一计，需借将军的首级一用。我捧着您的人头献给秦王，他必定会召见我，到时我趁机把他杀死，为将军报灭门之仇，同时帮燕国洗刷耻辱，不知将军意下如何？"樊於期不等他把话说完，便凄然道："我樊家的血海深仇，就靠先生来报了！"边说边脱掉衣袖，露出胳膊，然后挥剑自杀了。

太子丹痛哭之后，把樊於期的脑袋装进了锦盒里，将一把淬过毒削铁如泥的宝剑给了荆轲，并派秦舞阳协助执行刺杀计划。荆轲打算等一个朋友一同去秦国。等了几日，那位朋友没来。太子丹着急了，担心荆轲反悔，不断催促其上路。荆轲非常生气，负气出发了。当日太子丹和所有宾客全都是一幅白衣白帽的打扮，素装为荆轲送行。荆轲的朋友高渐离在易水边击筑，荆轲动情地唱道："风萧萧兮易水寒，壮志一去兮不复还。"歌声沉郁悲壮，苍凉豪放，听者横眉立目，热血澎湃，全都被这荡气回肠的悲歌感染了。荆轲在众人的目送下头也不回地离开了。

嬴政听说燕国使者带了樊於期的人头和地图求见，十分欣喜，高高兴兴地召见了远道而来的荆轲。荆轲带着樊於期首级走上大殿，秦舞阳捧着地图亦步亦趋地跟在后面。秦舞阳吓得脸色惨白，身体瑟瑟发抖，秦朝大臣分外诧异。荆轲从容解释道："他是个粗人，从未见过天子圣颜，所以才会如此紧张。"嬴政打量了一眼樊於期的人头，要求把燕国地图呈上来。荆轲从秦舞阳手里接过地图，将地图徐徐展开。地图完全打开后，露出一支匕首。

事发突然，嬴政呆若木鸡，反应不过来，荆轲一把拉住嬴政的衣袖，猛地朝对方的要害部位刺去。嬴政一惊，挣断了衣袖，试图拔出佩剑反击。怎奈佩剑太长，一时拔不出来，情急之下只好绕着柱子跑。荆轲在后面紧追不舍，秦国大臣又惊又怕，同时感到无可奈何，不知如何是好。按照秦律，除帝王外，谁也不能携带兵器上殿，披坚执锐的武士都列队于殿外，没有命令不能入内。危急时刻，医官夏无且把药袋投向了荆轲，侍从不约而同地大喊："大王，从后面拔剑。"嬴政会意，把长剑从背后猛地抽出，挥舞着劈向荆轲，砍伤了荆轲的大腿。荆轲行走不便，无法继续追击目标，索性孤注一掷，将匕首投向了嬴政，没有击中，匕首投掷到了柱子上。

嬴政接连砍了荆轲好几剑，荆轲无力反抗，倚着柱子狂笑，笑过之后破口大骂。刚骂完，就被蜂拥而至的侍卫杀死了。不久，嬴政发兵讨伐燕国，迅速占领了蓟城，燕王喜和太子丹被迫撤退到辽东。代王嘉写信对燕王喜说大祸都是太子丹闯下的，杀掉太子丹向秦王谢罪，秦国就能退兵。燕王喜为了保全国家，忍痛杀掉了太子

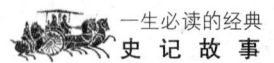

丹,把儿子的人头献给了嬴政,但嬴政仍然不肯放过燕国,五年后出兵消灭了燕国,俘虏了燕王喜,为自己报了仇。

智慧贴士

从个人角度看,荆轲是最富审美性的悲情英雄,他不畏强暴,敢于以一己之力对抗当时的头号强国秦国,毅然决然地刺杀天下最富权势的男人秦始皇,明知此去有去无回、有死无生,却无怨无悔,易水畔纵情高歌"风萧萧兮易水寒,壮士一去兮不复还",是何等豪情万丈,这等侠风傲骨岂是一般凡夫俗子可比。从历史角度看,荆轲刺秦是一种孤注一掷的挣扎,天下统一已成必然趋势,历史潮流不可阻挡,荆轲并不能阻止秦国吞并六国,他的努力完全是徒劳。

有人把荆轲视为重情重义的壮士和立志匡扶天下的侠之大者,有人把荆轲看成逆历史潮流而动的负面人物,其实历史上真正的荆轲并非是救国救民、渴望力挽狂澜的豪侠,也不是阻碍历史发展的反动人物,他只是个尚侠重义的刺客,被太子丹拉拢利用,因受其恩惠和礼遇,卷进了波云诡谲的历史大事件,以致悲壮惨死。

李斯列传

从老鼠身上悟出生存法则

李斯是楚国上蔡人,曾经在郡里做官,官衔很小,因此人言微轻,长期不得志。有一天他如厕时,在茅厕里发现有老鼠在吃脏物,听到人语响动或狗吠声,吓得马上落荒而逃,样子十分狼狈。后来他在粮仓里又看见了老鼠,这些老鼠吃的是上好的粟米,住的舒舒服服,从来就不用提心吊胆。两相对比,李斯不由得感慨道:"人的境遇和老鼠是一样的,是否能出人头地与自己所处的环境有关。"

为了求得功名,李斯拜赫赫有名的荀子为老师,认真学习从政之道。学有所成之后,他准备到外面谋求机会,遂辞别了老师,临行前感叹说:"有了机会一定要抓住,否则就会痛失良机。如今天下大乱,战事频仍,说客凭借口舌之功就能左右天下大势,赢得生前身后名。七国之中最强大的是秦国,秦国意在并吞六国一统天下,我想为秦国效力,实现自己的抱负。我觉得人出身卑微、失意潦倒并不可怕,可怕的是甘于贫困,不去求取功名富贵。那种人如同禽兽,只想坐享其成,永远都不会有出息。贫穷是悲哀的,卑贱是可耻的。所以我打算到秦国一展所学,改变自身的处境。"

李斯义无反顾地去了秦国,当时秦庄襄王已经去世,秦王嬴政当政,吕不韦辅佐朝政,在朝中混得如鱼得水。李斯便投身于吕不韦门下,做了舍人。吕不韦很欣赏李斯,让他做了郎官。有了官职以后,李斯顺理成章地见到了嬴政。嬴政封其为客卿。不久,韩国水工郑国(人名)来到秦国修建渠道,被查出是奸细。秦国大臣建议大范围地驱逐在朝为官的外国人,将游说秦国的说客首当其冲,李斯也在黑名单里。

李斯不想离开,于是上疏说:"大臣要求驱逐别国客卿,我认为这种做法是不可取的。想当年秦穆公招纳贤士,聚揽了各国人才,西戎的由余、楚国的百里奚、宋国的蹇叔、晋国的丕豹和公孙友,全都不是秦国人,然而都得到了重用。秦穆公正是因为有海纳百川的度量,荟萃了各国的精英,才得以称霸西戎;秦孝公仟用卫国的商鞅主持变法,实现了富国强兵的目标,从此威震天下;秦惠王采用了魏国人张仪的奇谋,几乎所向无敌,取三川、吞巴蜀、克上郡、夺汉中,势力范围囊括九夷、鄢、郢、成皋,不仅把大片的土地并入了秦帝国的版图,还进一步瓦解了合众联盟。秦昭王采纳魏国人

161

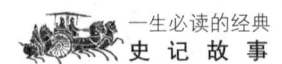

范雎的意见，剥夺了穰侯的爵位，将华阳侯驱逐出境，打击权贵，逐步兼并其他国家，奠定了一统天下的基础。四位圣明的国君，都是因为重用了外国的客卿，才让秦国变得强大起来的。假如四位君主不肯起用外国客卿，秦国怎会像今日这样强盛呢？"

嬴政看了李斯的上疏，被彻底说服了，他马上纠正了自己的错误，下诏废除了逐客令。李斯留在了秦国，很快官复原职，受到了嬴政的赏识和重用，成为了权倾天下的社稷之臣。

◆ 智慧贴士 ◆

李斯从两只境遇不同的老鼠身上悟出了残酷的社会生存法则，即贫贱者卑微苟且，惶惶不可终日，被厌弃受践踏，连最基本的生活都得不到保障，而有权势有地位的人可以住在舒适的豪宅里饱食终日，享尽荣华富贵。为了做一只"仓中鼠"，过上体面光鲜的生活，成为凌驾于众人之上的强者，李斯想要为秦国效力，却因为外国人的身份，差点被驱逐出境。但他凭借无可辩驳的说辞说服了秦王嬴政，得以继续留在秦国。李斯能说动嬴政，凭借的不是夸夸其谈的辩词，而是务实的老鼠哲学，即强者为尊，一个国家想要从弱肉强食的社会丛林中崛起，必须广纳人才，国家竞争的本质是人才竞争。

老鼠哲学与达尔文优胜劣汰、适者生存的进化论有诸多相似之处，它有一定的合理之处，但是过于强调竞争的残酷性，就有可能引起恶性竞争，使人误入歧途，秦始皇成为千古暴君，李斯最终成为权奸，都是因为过于笃信功利色彩浓郁的老鼠哲学。

一代权臣的穷途末路

公元前210年十月，秦始皇出巡，小儿子胡亥、丞相李斯、中车府赵高随行。行至沙丘时，秦始皇病重，不久崩逝。遗诏和印玺都在宠臣赵高手里。皇帝驾崩的事情，只有李斯、赵高两位权臣、皇子胡亥和少数几个宦官知道。李斯认为始皇帝在巡游途中意外去世，生前没立太子，唯有封锁消息，才能稳住局面，于是秘不发丧，把秦始皇的尸体保存在了通风良好的车子里，令巡游队伍继续前进，以此制造皇帝在世的假象。

赵高起了歹念，劝说胡亥除掉皇兄扶苏自立，又对李斯说："正所谓'识时务者为俊杰'，现在天下权柄都掌握在胡亥手里，你若不肯拥戴他，他当了皇帝，以后能放过你吗？你要是顺应时势，就能永葆富贵，要是不识好歹，必会祸及子孙，你自己看着办吧。"李斯没有经受住威逼利诱的考验，答应和赵高合谋。

胡亥、李斯、赵高合伙伪造了秦始皇的遗诏，扶立胡亥为皇太子，责备公子扶苏和大将蒙恬戍守不利，赐其自杀谢罪。扶苏看到诏书，立即拔剑自刎了，蒙恬不肯自杀被拘。没过多久，蒙恬和蒙毅两兄弟被处死。风波过后，李斯仍然担任丞相，但影响力远不如赵高了。赵高为了进一步揽权，欺骗胡亥说："陛下您太过年轻，经验不足，若奖罚不当，便暴露了自己的短处，这样就不能向臣民显示您的圣明了，何不把公文交给老臣和精通政务刑律的人处理？"胡亥认为他说得很有道理，此后朝中大小事情都由赵高全权处理，胡亥只管吃喝玩乐。

李斯作为丞相，见君主整天不务正业，深为不满。赵高猜度出了李斯的心思，于是就对他说："函谷关东部叛贼四起，皇上却不闻不问，只知道享乐，我很想劝谏皇上，怎奈身份卑贱、人言微轻，你是一朝的丞相，怎么能袖手旁观呢？"李斯叹了口气说："我早就想向陛下进言了，可是总是见不到陛下呀。"赵高说："我会替你安排。"

赵高故意趁胡亥玩得兴起的时候，把李斯叫来奏事。胡亥正在兴头上，没有心思接见李斯，李斯求见了三次，都被断然拒绝了。胡亥不高兴地说："我闲暇时丞相不来禀报国事，每次我休息放松的时候，丞相就要求见。他为什么要这样做？是看不起我吗？"赵高说："李斯参与了沙丘密谋，扶立有功，地位却没改变，心里不甘心，想要陛下封他为王啊！"胡亥甚为吃惊。赵高又说李斯的儿子李由勾结叛贼陈胜，在三川势力极大，所以李斯在朝堂外的影响力已经超过了皇帝。胡亥信以为真，打算严加查办李斯。

李斯知道自己被赵高诬陷，十分生气，上书揭发赵高的谎言以及累累罪行，胡亥不理，一味偏听偏信，宠信赵高。赵高趁机反咬一口，诬告李斯谋反。胡亥下令缉拿李斯。在大狱里，李斯受尽了折磨，最终屈打成招。在最后的关头，李斯不甘心含冤伏法，于是上疏胡亥，以写罪状的方式历数自己的种种功绩以及对大秦帝国做出的巨大贡献，不遗余力地为自己辩白。怎奈赵高没把这封奏疏交给胡亥，继续对李斯严刑拷打。李斯受不了皮肉之苦，被迫认罪。

公元前208年，李斯被腰斩。临刑前，他悲伤地对儿子说："我多想和你牵着猎狗到外面打野兔啊，可惜再也没有机会了。"言毕，父子俩抱头痛哭。李斯伏法后，李家三族尽灭。

智慧贴士

经过数年的奋斗，李斯终于成为了炙手可热的权臣，事业如日中天，人生迈入了巅峰，可惜好景不长，他遇上了更阴毒更狠辣的政治对手，以致在残酷的政治斗争中落败，惨死在刑场。李斯这样出类拔萃、绝世聪明的人都落得如此悲惨的下场，而扳倒他的赵高更狡猾更卑鄙，最后结局也很悲惨，这足以说明，权力的角斗场没有真正的赢家。

魏豹彭越列传

战功赫赫的游击大师

彭越，字仲，昌邑人。由于受不了腐败官僚的欺压，他没有像其他平民那样老老实实务农，而是选择了在巨野捕鱼狩猎，有时伙同强盗一块打家劫舍。年轻时的彭越，兼具渔民、猎人、盗寇三重身份。

陈胜、项羽聚众起事时，有人对彭越说："如今天下大乱，豪杰并起，你也可以趁乱揭竿而起，建立一番功业。"彭越说："现在正是两虎相争的时候，没有我的一席之地，还是再等等看吧。"一年后，有上百人自发地聚拢到彭越身边，推选他当首领。起初彭越不答应，在众人的一再恳求和坚持下，他同意了，马上定下了第一条规矩：明日早晨集合时不准迟到，违规者斩。第二天，有10多个人姗姗来迟，最后一个到场的临近中午才赶来。彭越非常气愤，严肃地说："国有国法，家有家规。没有严明的纪律，我们的队伍就会成为乌合之众。我昨天下了第一道诏令，迟到者杀头。来得最晚的那个要按军规处置，以明军纪。"

众人以为彭越在开玩笑，都没有把他的话当回事，彭越亲自把来的最晚的那个人从队伍里揪出来，当即砍头示众。众人惊惧，不敢造次，从此老老实实听从彭越号令。不久，彭越率军攻打城邑，收编了一些诸侯军中的逃兵，队伍不断发展壮大，兵力超过了1000人。刘邦攻打昌邑时，彭越率军来援，未能取胜。随后刘邦挥师西进，彭越在巨野驻军，又收编了一些散兵，扩充了军力。

公元前205年，刘邦和魏王豹及其他诸侯国一同讨伐楚国。彭越被任命为魏国的相国，率众进攻梁地。彭城败北后，刘邦一路西撤，彭越丢失了很多城池，把大军驻扎在黄河沿岸。公元前204年，彭越神出鬼没地出现在各地，采用游击战术出其不意地袭击楚军，切断了楚军的粮草。公元前203年，刘邦和项羽在荥阳会战，彭越趁项羽不备，攻取了睢阳和外黄等多地。项羽闻讯大惊，让曹咎成守成皋，自己领兵收复失地。彭越抵挡不住项羽，退守谷城。

公元202年，项羽退守阳夏，彭越趁昌邑兵力空虚，连续攻占了20多座城池，缴获了大量粮食，为刘邦带来了大批军粮。刘邦屡战屡败，自知凭一己之力无法与项羽抗衡，便想联合彭越一起围攻楚军。彭越说："魏地刚平定没多久，楚军随时都会发起袭击，我不能带兵离开。"刘邦只好自己率兵和楚军交战，结果又被打败了。固陵之战失利后，刘邦向张良问计。张良说："齐王韩信劳苦功高，却没得到多少土地，心里不痛快。彭越平定了梁地，立下大功，大王只给了他魏国相国的官职，他一定不甘心。如今魏王已经过世了，又没留下子嗣，彭越必定想趁此机会称王。"刘邦于是派人捎话给彭越，只要消灭项羽，就给他封王。彭越大喜，立刻领兵赶往垓下与刘邦会师，一起围攻项羽。项羽兵败自刎不久，彭越被封为梁王。

智慧贴士

彭越是刘邦麾下的得力大将，在楚汉战争中屡立战功，擅长机动灵活的游击战术，被后世视为游击战的鼻祖，因为战功赫赫被封王。彭越身世比较传奇，早年聚众为盗，后来在乱世中找到了用武之地，赤手空拳打出了一片天下。也许在士大夫和翩翩君子眼里，他的人生履历并不光彩，强盗出身是一个永远也抹不去的污点，但从另一个角度讲，如能安居乐业，谁也不喜欢当强盗，落草为寇实乃迫不得已，每逢民不聊生的乱世，必然盗贼并起，这都是统治者施政不力造成的，过错不在百姓。彭越成了江洋大盗是被社会所逼，他不甘于自甘堕落，勇于改变自身命运的勇气，仍是值得我们学习的。

黥布列传

"刑而王"的汉初名将

  黥布本名英布，小时候算命先生预言他长大之后会受刑，受了刑就能称王。当时黥布只是一个懵懂无知的孩童，听了这话，天真地笑道："等我被封了王，就册封你做我的丞相。"孰料长大成人以后，他果真因为触犯刑律被处以黥面之刑，想起算命先生的那番话，他欣喜万分，认为儿时的预言灵验了，逢人便说自己将来要封王。人们都嘲笑他异想天开，他满不在乎，无论走到哪里都得意扬扬，仿佛自己已经成了王侯一般。

  黥布被发配到了骊山，整天和一些作奸犯科的刑徒厮混，不久就成为了强盗头目，领着一伙人逃到了长江一带，干起了打家劫舍的勾当。后来天下大乱，各路英雄纷纷起兵反秦，黥布经过审时度势，投靠了实力强大的项梁，项梁战死后，追随项羽南征北战。因作战有功，被封为九江王。不久，项羽立楚怀王为义帝，表面上尊奉楚怀王，暗地里却唆使英布加害对方。英布听从吩咐，派人杀死了楚怀王。

  公元前205年，齐王田荣反水，项羽领兵讨伐，命令黥布征兵支援。黥布佯装生病，不去理会，只派了几千士卒助战。刘邦攻打彭城，黥布继续装病，迟迟不肯发兵援助项羽。项羽因此记恨他，多次派人严厉地责备他，要求与他面谈。黥布不敢见项羽，这时刘邦向他抛出了橄榄枝，派随何拉拢他。随何帮助迷茫中的黥布分析了楚汉实力的强弱，说项羽表面强大凶悍，实则虚弱不堪，且不得人心，如今遭到各路诸侯反对，日后能夺取天下的，必定是汉王刘邦，反楚投汉将来还能得到大片封地，总比看项羽脸色行事要强。

黥布被说动了，答应偷偷为刘邦效力。不久，楚军使者前来再一次责备了英布，并催促他马上攻打汉军。随何随口道："九江王已经另投明主，归附我们汉王了，还发什么兵？"使者听罢，慌忙逃走。随何说："事情败露了，不能留他。"黥布只好斩杀了使者，逃到了汉营。刘邦召见黥布时，正在洗脚，显得十分随意和无理。黥布受到羞辱，后悔叛楚投汉，欲自杀明志。刘邦敛容，改变了玩世不恭的态度，立刻赐给他与自己同规格的器具、饭食，展现出礼贤下士的风度。黥布欣然接受，安顿妥当后，打算把妻儿和部下全部接到汉营。孰料他的步卒已被项羽收编，妻子、儿女全被项羽杀了。

公元前203年，黥布被册封为淮南王。两年后，他和刘邦合力围攻项羽，项羽被逼得乌江自刎。天下平定后，吕后和刘邦除掉了韩信和彭越。黥布感觉兔死狐悲，丧失了安全感。彭越死后被剁成了肉酱，分给各位诸侯品尝。人肉酱被快马加鞭运送至淮南国时，黥布正在打猎。看到一起打天下的功臣变成了一坛血肉模糊的食物，他内心格外恐惧，赶忙部署兵力，加强了防务工作，以免遭遇不测。

黥布的爱妾身娇体弱，常到医生家里看病。那名医生与黥布的属僚贲赫是邻居。贲赫想讨好黥布，便不断给这位爱妾送礼，常留她在医生家里喝酒畅谈。爱妾收了礼物，没完没了地在黥布面前夸赞贲赫。黥布认为两人有私情，欲兴师问罪。贲赫很害怕，秘密逃到了长安。黥布派人追赶，没有追上。见到汉高祖刘邦之后，贲赫一口咬定黥布谋反。萧何认为这是诬告，奉劝刘邦明察。黥布知道自己被诬告了，十分不安，决定先下手为强，趁刘邦兵马未动起兵作乱，于是杀掉了贲赫全家，公然谋反。

刘邦召集文臣武将商量对策。滕公把薛公推荐给了刘邦。薛公从黥布的角度提出了上中下三种用兵策略：上策是东取吴地，西取楚地，吞并齐地，占领鲁地，发布檄文，号令燕赵，守住攻占的疆土，这样山东一带就不再是汉家天下了。中策是东取吴地，西取楚地，吞并韩地，攻占魏地，占领敖仓，卡住成皋要塞，这样一来胜负就难料了；下策是东取吴地，西取蔡地，把兵力集中到越地，坚守长沙。若采取这种策略，就不会对大汉构成威胁。

刘邦问黥布会选择哪种策略。薛公不假思索地回答说："下策。黥布原是骊山刑徒，征战四方是为了封侯拜相，不是为了解救百姓，也不是为了夺取天下，以他的度量，只能选用下策。"刘邦放下心来，亲自率兵平叛。在此之前，黥布曾对麾下将士说道："皇帝年老体衰，早已厌倦了打打杀杀，不可能御驾亲征，只能派将领平叛，韩信和彭越都死了，其他人我都不放在眼里。"由于他的用兵策略被薛公猜中，刘邦占据了主动地位。两军对峙时，刘邦见黥布排兵布阵的方式与项羽一模一样，十分气愤，质问黥布为何要造反。黥布大喊："想当皇帝。"刘邦破口大骂，随即两军展开了厮杀。黥布大败，率残部逃到了江南。长沙哀王派人将黥布诱骗到了南越。黥布逃至番阳时被杀。

智慧贴士

黥布是一员叱咤万夫的勇将，可惜有勇无谋，在做重大决策时考虑不周、意气用事，以致害死了家人又赔上了自己的性命。追随酷爱屠城的楚霸王多年，反楚投汉时，居然没有安顿好家小就贸然行动，可见做事不够谨慎。遭到属僚诬告，表现得极为不冷静，仓促起兵谋反；汉军交战时采用的是保守的下策，处处陷于被动，走

向灭亡几乎是一个毫无悬念的结局。黥布失败在于他个性上的缺憾，他既有冲动和急功近利的一面，又有小富即安、不思进取的特质，缺少大将风范，注定成不了大事。

淮阴侯列传

兵仙的成长之路

韩信是淮阴人，出身贫苦之家，他身无长物，既不懂经商，又不肯务农，整天混吃混喝度日，乡人都非常讨厌他。有段时间，他赖在南昌亭亭长家里不走，亭长的妻子非常不高兴，想让他离开，又不好直言，于是故意早早把饭做好，让一家人在床上把早餐吃得干干净净。韩信起床后，发现没有东西可吃了，这才意识到自己有多么讨人嫌，只好悻悻离去。

有一天，韩信到海边钓鱼，旁边有许多妇女在漂洗丝絮。有个好心的老妪见韩信饿得面黄肌瘦，很可怜他，于是便把自己的饭食拿给他吃。韩信在老妪的接济下，度过了数十日，心里十分感激，遂郑重许诺说："将来我飞黄腾达了，必会重谢你。"老妪笑道："男子汉大丈夫不能自食其力，还说什么大话。我是可怜你才帮你的，不指望你有所回报。"

淮阴屠户中有个年轻的泼皮，当众取笑韩信，挑衅说："你生得人高马大，爱带刀剑出行，看起来很英武，其实是个懦夫。你要是有胆量就用剑刺我，不敢动手就从我的胯下钻过去。"韩信与他对视了良久，按捺住了满腔怒火，低头从泼皮的胯下走了过去。事后人们皆嘲笑韩信，认为他是个胆小鬼。

后来，韩信先后投靠过项梁和项羽，都没受到重用，他转而投靠刘邦，起初并不被看好。由于在汉营里犯了法，被判处了死刑，险些命丧刑场。和他一同被押解的13人全都被砍头了，轮到他引颈就戮时，滕公出现了。韩信大喊大叫道："汉王不想夺取天下了吗？为何要斩杀壮士？"滕公见他长得一表人才，自有一番气度，便把他放了。两人交谈了几句之后，滕公发现韩信有见地有才学，非等闲之辈，就向刘邦推荐了韩信。刘邦让韩信做了治粟都尉（掌管粮饷的官职）。

韩信很失望，认为自己英雄无用武之地，整日无精打采。萧何十分欣赏韩信，认可他的才能，可惜刘邦仍然把韩信看作无足轻重的无名小卒，不肯委以重任。一次，汉军出战，士兵没有信心取胜，半路当了逃兵，韩信也趁夜逃跑了。当时风清月朗，韩信借着大好的月色沿小路逃遁而去。萧何听说韩信不见了，来不及禀报刘邦，立刻火急火燎地追赶。刘邦见萧何也弃自己而去了，非常伤心。

两天后，萧何回到汉营复命，说自己去追韩信了。刘邦气得大骂："逃跑的将士有数十个，个个比韩信有价值，你为什么偏偏要追韩信？"萧何回答说："将士比比皆是，韩信却只有一个。大王若想偏安一隅，做汉中王，韩信可有可无，大王若想夺取天下，不能没有韩信。"刘邦说："我要一统天下。"萧何说："那就请起用韩信吧，您不重用他，是不可能留住这个人才的，他早晚要跑掉的。"刘邦答应让韩信当将领。萧何说："让他做普通将领，怕是不行。"刘邦改口说，让韩信做统领千军万马的大将军。在萧何的建议下，刘邦选择了一个黄道吉日，举办了册封仪式，正式任命韩信为大将军。众将领惊呆了，不明白刘邦为何提拔无名小卒当将帅。

智慧贴士

韩信是一个用兵如神的将才，他战必胜、攻必取，鲜有败绩，

指点江山、纵横沙场,豪情恣肆,令人瞠目。可是出山之前,默默无闻,连普通人都不如,堂堂七尺男儿居然靠寄食为生,被人看不起。他甚至在众目睽睽下忍受过胯下之辱,放弃了尊严。几经周折投靠了刘邦,仍然未引起注意,幸亏萧何慧眼识珠,才被提拔为将帅。韩信的成才之路并不平坦,这说明初出茅庐的年轻人要想崭露头角,既需要有鹤立鸡群的资本,又需要有赏识自己的伯乐和绝佳的机遇,三者缺一不可。

成也萧何,败也萧何

项羽兵败垓下后,刘邦趁韩信不备,削夺了他的军权,从此韩信不再掌兵。公元前202年,韩信被封为楚王。回到封地后,韩信赠给曾施舍过自己饭食的老妪1000两黄金,以报答其当年的恩德,给了南昌亭亭长100钱责备他做善事有始无终,把逼迫自己承受胯下之辱的泼皮封为中尉,并对将士们说:"他当众羞辱我时,难道我没有能力杀掉他吗?我不杀他,是因为杀掉他就不会出大名,所以选择了含垢忍污,我能有今天,就是因为能忍。"

楚国有个逃亡将领叫钟离眛,与韩信有私交,项羽死后,投靠了韩信。刘邦在战场上曾被钟离眛力挫,对其恨之入骨,听说他在楚地,便下令擒拿,韩信不肯把人交出。公元前201年,有人诬告韩信谋反。刘邦采用陈平的计策,设计逮捕韩信。韩信束手就擒前非常纠结,知道自己此去凶多吉少,不去又怕加深刘邦的猜忌。两难之际,有人给他出了一个馊主意,叫他杀掉钟离眛讨好刘邦。韩信向钟离眛坦白了,打算把他的人头献给刘邦。

钟离眛悲愤地说:"高祖皇帝不攻打楚国,是因为有我钟离眛在。我死了，下一个被杀的人就是你。"韩信默默地低下了头，不敢直视朋友的眼睛。钟离眛怨恨地骂道："你不是一个忠厚的人。"说完就拔刀自杀了。韩信带着钟离眛的首级见刘邦，刘邦不仅不领情，反而叫人把他捆绑起来，押到车上。韩信悲凉地叹道："人都说'狡兔死，走狗烹；飞鸟尽，良弓藏；敌国破，谋臣亡。'看来果真不错。"刘邦理直气壮地说："有人告你谋反。"说完便命人给韩信戴上枷具。

韩信被押送到洛阳后，刘邦并没有杀他，只是把他降格为淮阴侯。韩信知道刘邦多疑，知道自己的处境不妙，就称病不朝，心情格外抑郁。有一天他去拜访樊哙，樊哙跪着迎接，他离开时，樊哙以诸侯之礼相送。可是出了门之后，他竟后悔与樊哙这样的人为伍，摇头苦笑道："想不到我竟沦落到和樊哙平起平坐的地步！"

陈豨要到巨鹿当郡守，出发前特地向韩信辞行。韩信屏退了下人，然后对陈豨说："你管辖的地方，精兵良将云集，你又是皇上特别器重的臣子。假如有人诬告你谋反，皇上必然不信；再有人揭发你谋反，皇上会将信将疑；第三次有人说你谋反，皇上就会信以为真，发兵讨伐。与其被动地受制于人，不如先发制人。你好好准备一下吧，我会给你做内应，你我二人必定成就大业。"

公元前197年，陈豨发动叛乱，刘邦率兵征讨，韩信装病不肯随军出征，暗中派人联络陈豨，然后和家臣密谋，决定矫诏释放囚犯和奴隶，带着这批人袭击吕后和太子。这时有个家臣和韩信结怨，被关押了起来。韩信准备杀之而后快。家臣的弟弟丁足把韩信暗中谋叛的事情告诉了吕后。吕后立刻找来萧何商量对策。

萧何提议谎称陈豨被杀，叛乱平息，召集群臣入宫庆贺，等着韩信自投罗网。吕后同意了，把诱杀韩信的计划全权交给了萧何。萧何来到韩信住处，奉劝韩信参加庆功活动。韩信以身体不适为由

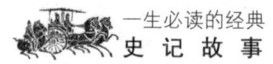

拒绝。萧何诓骗他说："叛将陈豨已经伏法受诛了，叛乱总算平息了，这对大汉王朝来说可是一件大喜事呀，你即便身体欠佳，也得支撑着去庆贺呀。"韩信推脱不掉，只好答应了。他刚进宫，吕后就下令擒拿他。韩信没有防备，立即束手就擒，被卫士结结实实捆绑起来，最后死在了长乐宫钟室。临死前仰天长叹道："我悔不听蒯通之言，为妇人小子欺骗，这难道是天意吗？"韩信死后，韩氏家族被灭了三族。

智慧贴士

在兔死狗烹的案例中，韩信之死最为耐人寻味。楚汉相争期间，他完全有实力自立为王，与刘邦、项羽形成鼎足之势，但由于感念刘邦的知遇之恩，他没有那么做。机遇最好的时候，他毫无反心，死心塌地地为刘邦效忠。天下平定后，他参与了陈豨的叛乱，结果被萧何设计害死。有人认为韩信看不清形势，该反时不反，情形不利时偏偏谋划造反，简直是自招其祸。

事实并非如此。楚汉对峙时期不反，是因为他知恩图报，不愿背叛刘邦，汉朝建立之后谋反，乃是被刘邦逼反。饮水思源、感恩报德是韩信的优点，也是他的弱点，在波云诡谲、变化莫测的复杂环境和现实世界中，他的这一优点竟成了致命弱点，最终被曾经提携和成就他的刘邦、萧何所利用，落得兔死狗烹的悲惨下场。

田儋列传

气节高尚的田横与五百壮士

田儋出身齐国王族，身份显赫，他的堂弟田荣以及田荣的弟弟田横都是为人敬仰的人杰。田氏家族在齐国非常具有影响力。陈胜、吴广起义之后,田家人反秦自立,田横平定了齐国。三年后,郦食其游说相国田横归顺刘邦。田横愿意归附,于是放松了警惕。之前韩信率军攻打齐国,齐国奋起抵抗。郦食其一到,带来了和平的讯息,田横便打算和刘邦讲和,于是放任士兵喝酒享乐,对汉军不加防备。孰料韩信听信了蒯通计策,袭击了历下和临淄。齐王田广和田横认为郦食其使诈,一怒之下就把他杀了。

随后,齐王田广、相国田横和代理相国田广、大将田既纷纷出逃。田广兵败被杀。田光也成了阶下囚。田横听说后,自立为齐王,率军反击汉将灌婴,败逃到梁地,投靠了彭越。后来刘邦夺取了天下做了皇帝,彭越成了梁王。田横担心被杀,就带着500名门客逃到了东海的孤岛上。刘邦认为田横在齐国深得民心,门下有不少贤能之人,倘若聚众起事,必成祸患。于是派使者前去招安。田横说:"我杀了皇帝派来的使臣郦食其,郦食其的弟弟郦商如今是朝中的大将,与我有血海深仇,必不容我,我不能入朝为官,只想做个平凡的老百姓,在岛上了此残生。"

使者把原话禀报给了刘邦,刘邦威胁郦商说谁要敢动齐王田横一根汗毛,就诛灭三族,然后让使者继续游说田横。田横答应朝见刘邦。距离洛阳30里的路上,田横忽然提出要沐浴更衣,再朝见天子,以示恭敬。他屏退了所有人,只留了两个可靠的门客,然后对门客说:"以前我和汉王都是诸侯王,现在他成了大汉天子,我却成了亡国奴,要对他俯首称臣,这是奇耻大辱,为我所不能忍。再说假如接受招安,我就得和郦商一起侍奉汉王,即使郦商害怕汉王,不敢对我下手,我自己心里难道不惭愧吗?汉王想召见我,不过是想看看我的模样,把我的头颅砍下来,用马车运送到洛阳,样貌是不会改变的。"说完便横刀自杀了。

使者把田横的头颅带到了洛阳。刘邦见了,感慨万端地说:"田氏家族能成为名门望族,不是没有道理的。这个家族的人本是布衣平民,兄弟三人却能陆续称王,说明他们个个都是人中之龙,比其他人贤能出众。"说完,竟难过得流下泪来。随后,刘邦封田横的两位门客为都尉,依照王侯的规格为田横举办了葬礼。田横入土后,那两位忠实的门客便在他的坟冢旁挥刀自杀了。岛上的500名门客收到田横的死讯,也纷纷自杀殉主了,他们至死也不愿背叛主人归顺汉朝。刘邦听说田横的门客全都到九泉之下陪伴主人了,不由得大吃一惊,非常佩服那些果敢忠勇的死士,更加佩服田横的为人。

智慧贴士

司马迁曾经说过:"人固有一死,或重于泰山,或轻于鸿毛。"田横不屈而死,500名壮士壮烈殉难,是为气节而死,可谓死得其所,因此他们的死比泰山还要沉重。古人有重节义轻生死的传统,慷慨悲歌之士宁可轰轰烈烈地站着死,也不愿摇尾乞怜、低头折节,跪着苟活,这是非常令人震撼的。这些"富贵不能淫,威武不能屈"的义士是中华民族的脊梁,正是因为他们的存在,华夏民族历经沧桑和苦难,依旧没有被外力征服,得以骄傲地屹立于世界民族之林。

樊郦滕灌列传

豪放不羁的猛将

樊哙是沛县人,和刘邦是同乡,以屠狗为业。刘邦聚众起义时,樊哙放下了杀狗的屠刀,拿起了兵戈,追随刘邦攻占了老家沛县。刘邦当了沛公后,他就当了刘邦的陪乘。在战场上,樊哙勇冠三军,威猛无敌，和刘邦打天下的时候，屡立奇功，先后被封为国大夫、公大夫和贤成君。

刘邦抢先入了函谷关，封锁了关隘。项羽认为刘邦想在关中称王，十分恼怒，遂把大军驻扎在了戏下，欲和刘邦决一死战。刘邦不敢和项羽交锋，于是就让项伯向项羽说情。项羽摆下鸿门宴，席间项庄舞剑助兴，欲刺杀刘邦。项伯与之对舞，帮刘邦挡住了锋芒。营外的樊哙听说刘邦有性命之忧，便要直闯大营，卫士阻拦，他硬是不管不顾地闯了进去。项羽怒目圆睁，喝问道："你是何许人？"张良说："他是沛公的陪乘樊哙。"项羽称赞他是个壮士。于是赐给樊哙烈酒和生肉。樊哙端起酒杯一饮而尽，然后拔剑切肉，大快朵颐地吃起来，随后责备项羽听信谗言，为难功臣刘邦。项羽哑然。刘邦借故如厕逃之夭夭。次日，项羽在咸阳大开杀戒，刘邦被封为了汉王。樊哙因护主有功，被刘邦封为临武侯，后来又被擢升为郎中。

楚汉相争期间，樊哙追随刘邦南征北战，战果累累，成为了刘邦麾下备受器重的得力干将。刘邦做了大汉皇帝以后，樊哙经常随军出征，曾经跟着刘邦讨伐燕王臧荼，平定了燕地，又参与了擒获韩信的行动，平定了楚地。为了表彰他的功绩，刘邦把舞阳赏赐给了他，封他为舞阳侯。

黥布起兵作乱时，刘邦病得卧床不起，整日昏睡，不见任何人，平时和他过从甚密的周勃、灌婴都不敢前去奏事。樊哙忧心如焚，不顾卫士阻拦，直接闯进了刘邦的寝宫。大臣们跟着一块进去了。一行人进入内宫，只见刘邦神情萎靡，正枕着一个宦官闭目养神，一幅昏昏欲睡的样子。见此情形，樊哙潸然泣下，动情地说："遥想当年，皇上和众位臣子在丰、沛起兵，经过多年征战才平定天下，打江山不易呀。如今大局已定，皇上累了，想歇歇也无妨，更何况龙体欠安、重病在身。可皇上不能不理朝政啊，您不接见大臣，不准奏事，难道是要和贴身官宦商量国家大事、谋求天下大计吗？皇上难道忘了，大秦王朝是怎样被赵高祸害得亡国的吗？"刘邦听罢，感到万分惭愧，马上起身接见大臣，商议国事。

不久，燕王卢绾谋叛，樊哙奉命远征燕国。刘邦病情加重，小人趁其神志不清、头脑混沌的时候进献谗言，说樊哙伙同吕后，密谋诛杀戚夫人母子。刘邦信以为真，遂命陈平、周勃夺取樊哙兵权，将其斩杀于帐内。陈平、周勃认为樊哙刚直忠诚，不可能谋叛，更何况樊哙是吕后的妹夫，杀了樊哙就等于得罪了吕后。斟酌再三，他们没杀樊哙，把樊哙押送到了长安。赶到长安时，刘邦已经驾崩了，吕后掌握了大权，她马上下令释放樊哙。樊哙侥幸逃过了一劫，不久便恢复了爵位。

智慧贴士

樊哙是秦末汉初时期的猛将，有万夫不当之勇。刘邦受困鸿门宴，他单枪匹马直闯大营，面对看不见的刀光剑影和威风八面的楚霸王，毫无惧色，饮酒啖肉泰然自若，连项羽都被他一身的豪气所打动，恭敬地称其为壮士。樊哙的勇武是毋庸置疑的，但他并非是个有勇无谋、粗粝不堪的莽夫，而是一个粗中有细、有胆有识的人才，在刘邦萎靡颓废的时候，他动之以情晓之以理，简简单单一席话，给人以醍醐灌顶之感，使神态恍惚的刘邦立刻振作了精神，足见其不同凡响之处。

郦生陆贾列传

卖友求荣的高阳酒徒

郦食其是陈留县高阳乡人,自幼喜读诗书,非常有学问。怎奈家里太穷,年纪渐渐大了,却依旧生活无着,迫于谋生的压力,只好当了看门小吏。郦食其个性狂放、桀骜不驯,县里的权贵都不敢对他呼来喝去,视其为狂生。他最大的爱好就是喝酒,闲来无事便和朋友狂歌豪饮,因此得了个"酒徒"的绰号。

陈胜、项梁起兵后,数十位反秦将领带着兵马路过高阳。郦食其想在乱世建功立业,但听说这些造反的将领大多刚愎自用、好大喜功,不肯虚心听取别人的意见,感到非常失落,于是闭门不出。后来刘邦在陈留驻军,其麾下的一个骑兵恰好是郦食其的同乡,他奉命替主公招揽贤士豪杰。郦食其对这位老乡说:"我听说沛公志向远大,深谋远虑,很想为他效力。你见到沛公告诉他家乡有个人叫郦食其,60多岁,身高8尺,人称狂生,他自认为不狂妄。"骑兵说:"沛公平素最讨厌儒生,总是摘掉他们的帽冠戏弄调笑,有时还破口大骂。你拜见沛公时千万别说自己是儒生。"郦食其说他自有主张,请求骑兵依言禀报。骑兵照做了。

刘邦在高阳驿馆接见了郦食其。当时刘邦懒洋洋地坐在床榻上,有两个婢女正在服侍他洗脚。郦食其走过去拱手作揖,没有下拜,朗声问道:"不知沛公是想帮秦朝攻打各路诸侯呢,还是想联合诸侯推翻秦朝?"刘邦听了,叱骂道:"你真是个迂腐不堪的书呆子!天下百姓不堪秦朝暴政,诸侯才联合起来反秦,我怎么可能助纣为虐,帮秦朝攻打诸侯呢？"郦食其："既然如此，你必须拥有一支正义之师讨伐秦朝，聚义号令天下，怎么能用这种无礼的态度接待客人呢？"刘邦闻言，连忙道歉，恭敬地请郦食其上座，与之商讨天下大事。

郦食其侃侃而谈，分析了战国时期合纵连横的军事外交策略，说得头头是道。刘邦听得津津有味。吃饭时，刘邦问："依先生之见，我现在该如何制定大计呢？"郦食其说："你现在有了一定的兵力，可惜士兵多为散兵，不足万人。依靠他们攻打强秦，简直就是羊入虎口。陈留县交通发达，又很富庶，且存粮充沛，你要是能占据这个地方，就能成就一番霸业。我和陈留县的县令是好朋友，我愿意前去劝降，他若拒绝，你再发兵攻打。"刘邦同意了。

郦食其连夜赶到了县令家里，费尽唇舌劝说好友归顺沛公。县令不听。郦食其使出浑身解数没能达成目的，便起了恶念。半夜三更趁县令熟睡，将其杀死。随后将实情禀报给刘邦。刘邦立即发兵攻打陈留县，攻城时将县令的头颅高挂起来展示，扬言道若不投降，就会身首异处，和死去的县令一个下场。陈留县的官民胆怯了，纷纷不战而降。刘邦大摇大摆地入驻京城，把军队驻扎在了南城，收缴了库存的武器，把城内贮备的粮食充作军粮，供将士们食用。刘邦在当地逗留了三个月，纠集起来的军队多达数万人。为了奖励郦食其，刘邦封其为广野君。不久，郦食其把弟弟郦商带到刘邦身边，为汉军效力。他自己常以说客的身份出使各国，周旋于列侯之间，为刘邦效犬马之劳。

智慧贴士

郦食其本是一个落魄的文人，性情狂放不羁，表面看来似乎清高自守，像传统的知识分子那样有傲骨有气节，事实上他非常贪恋荣华富贵、功名利禄，为了出人头地早早放下了读书人的矜持，请求老乡把自己引荐给刘邦，冒着被折辱的风险高高兴兴地前往拜见，为了邀功，竟然在半夜三更趁朋友毫无防备，果断地下黑手。种种做法，皆为士人所不齿。其卖友求荣的行径和暗箭伤人的卑鄙做法，实在是有负于知识分子的身份。郦食其是万千个禄蠹的缩影，满口的仁义道德、子曰诗云，内心却无比肮脏龌龊，为求功名不择手段，为达目的不惜一切代价，抛弃了最基本的良心和道德，这种人枉读圣贤书，其实连目不识丁的文盲都不如。

刘敬叔孙通列传

料事如神的奇人

刘敬是齐国人，本名叫娄敬，刘姓是汉高祖刘邦赐给他的。公元前202年，娄敬前往陇西履行公务，途径洛阳，恰好刘邦也在洛阳城。娄敬想入宫觐见，于是纵身跳下车，来到虞将军面前说："请引荐我见皇帝陛下，我有要事禀报。"虞将军见来者穿着一身破旧的羊皮袄，打扮寒酸，十分不耐烦，挥手赶他走。娄敬不卑不亢，坚持要见皇上。虞将军见他知书达理，不像歹人，于是找来一件华美的衣裳叫他换上，答应把他引荐给汉高祖。

娄敬坚辞不受，振振有词地说："我向来崇尚简朴，平时就是这身打扮，不能欺骗皇上。平时我穿粗布衣服出门，面见皇上也当如此。"虞将军见他如此执拗，不好强求，不由得叹道："你这人好生奇怪啊。"

在虞将军的引荐下，娄敬终于见到了刘邦，他穿着旧皮袄神情自若地和刘邦讨论定都的问题，成功说服刘邦把都城定在关中。事后刘邦长叹道："最先提议把大汉国都定在关中的是娄敬呀。"于是便赐娄敬姓刘，封其为郎中。

公元前200年，韩王信起兵造反。刘邦御驾亲征，讨伐叛军。大军抵达晋阳后，刘邦听闻韩王信要勾结匈奴反汉，异常恼怒，马上派人到匈奴那里探听虚实。使者在匈奴军营里看到了一些老弱残兵和瘦马，没发现魁梧健壮的精兵强将，营地里连一匹像样的战马都没有，回去复命时，便对刘邦说匈奴不足为惧，只剩下赢兵弱马，毫无战斗力可言，必一击即溃。刘邦将信将疑，又派刘敬到匈奴那里考察情况。刘敬所见与之前的使者一模一样。回到汉营后，他对刘邦说："两国交兵通常要展示自己的长处，来震慑对方。匈奴人把弱马赢兵摆在显而易见的地方，将精兵强将藏了起来，这是在故意示弱。他们已经用强兵设下了埋伏，我们不能贸然行动。"

刘邦不以为然，没好气地大骂道："你真是个畏首畏尾、胆小如鼠的奴才，凭借花言巧语谋得了官职，现在又鼓动唇舌阻止我出兵，居心何在！"说完，便下令将刘敬押入大牢听候发落。汉军开赴平城时，果然中了匈奴人诱敌深入之计，遭到了围攻，刘邦被围在白登山上，冲脱不出，绝望之中不由得喃喃自语："我要肯听从刘敬的良言，何至于落得这般田地。"七日后，刘邦才得以脱困。他马上释放了刘敬，道歉说："我后悔没听你劝谏，整整七天被匈奴人围困在山上。那些说匈奴不堪一击的人，都被斩首了。"随后册封刘敬为建信侯。

智慧贴士

刘敬是一个非常本色的人，不喜欢伪装和矫饰，庙堂之上，居然穿着一身粗衣朝见天子。表面上看，他似乎是个不拘小节、不顾个人形象的人，行事特立独行，细细琢磨，便会发现，这是一种诚实的体现，刘敬不追求浮表的光鲜，在任何场合任何地点，都始终如一，不介意别人看到自己寒酸落魄的一面，这是何其坦荡啊！他没有华美的衣冠，没有花言巧语，只是从务实的角度晓以利害，便成功说服刘邦定都关中，为大汉王朝政治的稳定和国力的昌盛奠定了基础。

刘敬不仅有韬略有眼光，具备料事如神的智慧，而且直言敢谏，即使遇到责难仍然坚持自己的主张，这是非常难得的。假如匈奴故意示弱，将老弱残兵列于阵前的时候，刘邦能采纳刘敬的意见，那么就不会有"白登之围"，大汉的历史必将改写。由此可见，作为幕僚，刘敬对历史的走向具有非同一般的影响力。

朝礼倡导者的功与过

叔孙通是薛县人，才气纵横，在秦朝做待诏博士。秦二世胡亥听说陈胜吴广起兵反秦，心里十分害怕，于是召集儒生博士商量对策。有的儒生建议出兵平叛。秦二世听到"叛乱"二字，满面惶恐，显得格外不安。叔孙通上前说："一派胡言！如今天下一统，各郡县堡垒已全线拆除，兵器均销毁殆尽，朝廷不会再动用武力了。皇上如此圣明，法令也很完备，大小官员克己奉公，四方诸侯都归附我大秦，哪有人兴兵作乱？陈胜等人不过是一群流寇强盗罢了，何足为惧？现在郡守都在四处缉拿他们，何劳皇上费心！"

秦二世听了，心绪稍解，但仍不放心，反复追问陈胜领导的农民军究竟是蛆盗还是叛军。儒生众说纷纭、莫衷一是。秦二世大怒，严厉惩治了说叛军的儒生，重重嘉奖了叔孙通，提拔他做了博士。退朝时，儒生们纷纷责备叔孙通曲意逢迎、颠倒是非。叔孙通苦笑道："我这样做是迫不得已，我现在已是自身难保。如今天下大乱，诸位赶紧逃命吧。"随后，他便潜逃到了薛郡，先后追随过项梁、楚怀王、项羽，后来投奔了刘邦。因为刘邦厌恶书生，他便脱下了儒士的衣冠，改换了装束。起初追随他投奔汉营的有100多儒生，他没把这些同伴推荐给刘邦，反而举荐了不少强盗。儒生因此牢骚满腹。

叔孙通解释说："汉王争夺天下，需要横刀跃马、舞枪弄棒的壮士，你们手无缚鸡之力，能到战场上打仗吗？你们不要着急，现在我推荐能搴旗斩将的人，等到时机成熟了，再举荐各位。"儒生们不再抱怨了。公元前202年，刘邦击败了项羽，平定了天下，在宫内摆下庆功宴，与群臣同乐。武将喝得酩酊大醉、东倒西歪，时而大喊大叫、胡言乱语，时而拔剑击柱，场面一片混乱。刘邦见他们如此没规矩，大为不快。叔孙通于是进言道："这些武将都是一些不学无术的莽夫强盗，只能帮助陛下守江山，却不能与之共议天下大计，微臣想要招募一些儒生，一起制定朝仪，规范君臣之礼。"刘邦同意了，不过再三强调不要设计任何繁文缛节，一切当从简。

叔孙通到鲁国召集了30多名儒生，有两名儒生向叔孙通提出了质疑："您数次易主，辅佐的君主大概有十个了吧。靠溜须拍马求取荣华富贵，才有了今日的地位。如今天下初定，民生尚未恢复，你就费尽周章制定朝仪。先积一百年德再做这件事情吧。你不讲道义，我们是不会帮你制定朝仪的。"叔孙通笑笑说："识时务者为俊杰，你们不懂时势变化。"那两名儒生不肯效力，叔孙通于是便带着其余儒生和以往追随他的儒家弟子研究朝仪，练习朝拜之礼。他们日日在郊外演习，刘邦巡视后很满意，决定在十月举办朝会。

公元前200年，长乐宫竣工。诸侯和文武大臣入宫朝会。仪式格外隆重，场面无比盛大，大殿之下站满了朝拜的官员，文臣武将按照尊卑次序排列、下拜、敬酒，秩序井然，而后一起退场。刘邦见那群跟自己称兄道弟的莽汉们忽然变得如此循规蹈矩，不禁得意地说:"我今日才知道皇帝有多么尊贵啊。"

叔孙通因制定朝仪有功,被封为太常,得到了500斤黄金的赏赐。他趁机推荐追随过自己的百余儒生,要求刘邦封官。刘邦答应了,将他举荐过的儒生全封为了郎中。儒生弟子弹冠相庆,夸赞叔孙通是大圣人,说他是古今最识时务的圣人。

◈ 智慧贴士 ◈

在叔孙通的大力倡导下,汉朝制定出了划分尊卑等级次序的朝礼,使得天子更加尊贵,臣子更加谦恭,忠君理念更加深入地渗透到儒士的血液和思想中,对后世2000多年的封建社会产生了无可估量的影响。站在统治者的立场来看,叔孙通是大功臣,可是从历史发展的角度看,叔孙通却是阻碍文明进步、维护腐朽秩序的帮凶,正是因为他把尊卑等级的观念和贵贱有序的思想规范化、程序化、具体化了,使之上升为一种仪式,奴性的劣根性才会那么顽固地深入到国民的民族性格中。

季布栾布列传

楚国虎将一波三折的多舛人生

季布是楚国人,古道热肠,为人很仗义,曾经追随项羽打天下,多次围困刘邦。刘邦平定天下后,悬赏千金捉拿季布,并通令全国,胆敢藏匿季布者诛灭三族。季布走投无路,跑到濮阳周氏家里避难。周氏说:"皇上出重金通缉将军,近来风声很紧,过不了多久就会追查到我这里。如此下去不是办法,将军可愿听我安排?"

季布无路可退,只好听取周氏的意见。在周氏的建议下,季布剃光了头发，脖子上套上了颈箍，换上了粗布衣裳，装扮成家仆，和周家的十几个家童一块被运送到了鲁国的朱家。朱家知道季布混在家仆队伍里，就把一行人全部买了下来。为了掩人耳目，朱家打发季布下田劳动，然而却并不把他当仆人看待，私下里还告诫儿子们田里的事要听从季布的安排，家里人饭桌上有什么，就给季布吃什么，绝不能对他有所怠慢。

随后，朱家来到洛阳，拜会了滕公。滕公设宴款待，酒酣耳热之际，朱家忽然问："季布究竟犯了什么弥天大罪，皇上为何要抓捕他？"滕公回答说："皇上和项王争霸天下时，季布多次击败汉军，围困皇上，皇上至今耿耿于怀，抓他是为了报当年之仇。"朱家问："阁下认为，季布为人如何？"滕公说："他是一个贤士。"朱家又说："作为臣下，为主公效力天经地义。当年他帮助项王围攻皇上，是尽自己的职责，没做错什么。项羽的旧部难道个个该杀吗？皇上刚得了天下，就为了私人恩怨兴师动众地逮人，不是显得很没有度量吗？如此下去，类似于季布这样的人要么北上逃往匈奴，要么南下投奔南越，被逼得为敌国效力，这必将对大汉不利呀。你一定要劝劝皇上。"

滕公和朱家是旧交，听了这席话，料定季布藏在朱家家里，于是便答应了。他把原话传达给了刘邦。刘邦认为朱家所言有礼，便赦免了季布，还封季布为郎中。季布由威震八方的楚国大将，沦为东躲西藏的逃犯，接着降格为卑下的家奴，如今咸鱼翻身，不仅得到了赦免，还做了大官。人们都觉得他的人生经历很传奇，佩服他能屈能伸，把他奉为宠辱不惊的伟丈夫，朱家也因为出手帮助过季布而流芳百世。

汉惠帝即位后，大汉仍然没有摆脱匈奴的威胁。匈奴铁骑所向无敌，根本没把兵力虚弱的汉朝放在眼里。匈奴单于写信羞辱寡居的吕后，吕后火冒三丈，立即召集将领商议如何讨伐匈奴。樊哙激动地说："拨给我10万兵马，我就能扫净胡尘、荡平匈奴。"其他将领为了奉承吕后，纷纷附和。

季布上前道："樊哙当斩！当年高祖皇帝亲率40万大军攻打匈奴，被困在了平城，现在樊哙欲率10万兵马击溃匈奴，这不是胡说八道、欺君罔上吗？当年秦朝大举攻打匈奴，陈胜等人趁机聚众起事，如今天下满目疮痍，创伤尚未恢复，樊哙便阿谀奉承，想要动兵，是想动摇天下吗？"听完季布的言论，人们都深感不安。吕后宣布退朝，从此决口不提出兵匈奴的事。

汉文帝执政时期，季布在河东做郡守。汉文帝听说季布贤德有才干，便打算封他为御史大夫，对其委以重任。不久又听说季布虽然智勇双全，但嗜酒如命，个性刚烈，难以接近，不堪大用。汉文帝很为难，不知该不该重用季布，迟迟不肯召见。季布奉诏入京，足足等了一个月才见到皇帝。汉文帝态度冷淡，二话不说就让他打道回府。季布生气地说："臣未立寸功，承蒙圣恩，当了河东太守。陛下忽然要召见微臣，想必有人在陛下面前说了我的好话，我奉旨来到京城，什么事情都没做，就被打发回去，想必有人在陛下面前说了我的坏话。陛下因为听取一人美言就召见臣，又因为听取另外一人的污蔑之词，就把臣赶走。这种做法要是被天下有识之士知道了，怕是要以此来衡量陛下的深浅了。"

汉文帝羞愧难当，一时无语，良久才说："你过虑了。河东郡是非常重要的郡县，你是郡守，我召见你是为了询问政务。"季布什么也没说，默默地离开了京城，回到河东郡，继续当郡守。

智慧贴士

季布命途多舛，人生比戏剧还要曲折和精彩，显贵过，也贫贱过、得意过，也失意过，曾经叱咤风云、纵横驰骋，如骄阳般灿烂耀眼、也曾经灰头土脸，东躲西藏，不惜剃发乔装，降格为奴仆。换作别人，可能会一蹶不振，甚至绝望。然而季布安之若素、处之泰然，终于熬过了最黑暗最艰难的岁月，迎来了人生中的第二个春天，重新步入了政途。后来汉文帝因为小人的一句谗言，就对他弃之不用，他依然能保持平常心，毅然回到原郡继续做郡守，更体现出宠辱不惊的品格。

敢于叫板皇帝禁令的大夫

栾布是梁国人，梁王彭越尚未功成名就，还是一介草民时，两人关系就非常亲密。栾布家境贫寒，为了谋生，被迫背井离乡，到齐国当了酒保。几年后，彭越在巨野当了强盗，栾布被卖到燕国为奴。后来栾布时来运转，得到燕国将领臧荼的赏识，被举荐为都尉。臧荼当了燕王后，栾布继续为其效力，成了其麾下的将领。不久，臧荼拥兵自重，犯上作乱，刘邦发兵讨伐，俘虏了栾布。梁王彭越听说好朋友栾布被俘，恳请刘邦允许自己赎回栾布，然后让他到自己的封国做大夫。刘邦答应了。

栾布经常以大夫身份出使各诸侯国。他去齐国时，惊闻刘邦以谋反罪名处决了彭越，将其人头高悬在洛阳城城门示众，并夷灭了彭家三族。官府曾放言谁要敢给叛贼彭越收敛尸骨，就严重治罪。栾布不顾生命危险，冒死来到城门外，望着彭越的人头哀哭。人们见他哭得伤心，也很难过。官吏不由分说地把栾布抓了起来，事后向刘邦禀报了当时的情形。刘邦见了栾布，严厉斥责道："彭越是乱臣贼子，因作乱伏法受诛，你在大庭广众之下哭他，是不是也想谋反？来人呐，把他拖出去烹了。"

栾布被拖到热汤滚沸的汤锅前，即将被烹杀。他回头大喊："临死前请容我再说一句话。"刘邦问:"你还有什么话要说?"栾布说:"当年皇上被困彭城以及在荥阳、成皋连吃败仗的时候,项羽之所以没有挥师西进,是因为彭越戍守在梁地,与汉军同仇敌忾一块抗击楚军,楚军孤军作战,陷入不利境地。战争的输赢取决于彭越,彭越联楚,汉军必败,彭越联汉,楚军必败。垓下一役,若没有彭越出兵相援,对楚军形成合围之势,项羽就不会兵败自杀。如今天下初定,彭越被封了王,他很想世代享有俸禄、封妻荫子,不可能怀有二心。他生病不能来朝拜,皇上便疑心他要谋反,因为一点儿小事就把他杀了。照此下去,功臣人人自危,臣子们还怎么为陛下效力呀?彭越死了,我生不如死,也不想活了,甘愿受刑。"刘邦没有杀他,不仅赦免了他的罪,还封他做都尉。

智慧贴士

栾布违背汉高祖刘邦的禁令,公然在大庭广众之下为朋友彭越哭丧鸣冤,其勇气和胆识非常人所能及。在皇权至高无上的时代,任何敢于和帝王叫板的人,都会受到最严酷最惨无人道的惩罚。栾布的行为等同于自杀。刘邦最终没有烹杀栾布,固然是被他的重情重义、视死如归的精神所感染和打动,但更深层次的原因是,汉朝刚建立政权不久,政局未稳,刘邦想要安定社稷,必须继续依仗诸位功臣,栾布的直言戳中了刘邦的软肋,使他认识到见好就收才是明智的,赦免栾布也就在情理之中了。

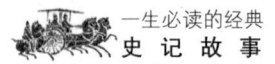

袁盎晁错列传

令刺客退而却步的谦谦君子

袁盎是楚国人。父亲早年与群盗为伍,后来迁居到了安陵。吕后称制时期,袁盎投身于吕禄门下,做了吕禄的家臣。汉文帝当政时期,在哥哥袁哙的保举下,袁盎当上了中郎。

当时丞相周勃每天都先别人一步退朝。汉文帝毫不介意,对他恭敬有加,时常亲自出门相送。袁盎于是进言说:"陛下认为周勃是什么人?"汉文帝不假思索地说:"当然是社稷之臣。"袁盎不以为然地说:"周勃是功臣,却算不得社稷之臣,能与君子共存亡的臣子才配叫社稷之臣。吕后掌权时,刘氏家族子嗣凋零,虽血脉未完全断绝,但势力衰微,周勃作为执掌军政大权的太尉,不肯扶住刘汉宗室。大臣要讨伐诸吕时,周勃才趁势而为,立下大功。所以说,他是功臣而非社稷之臣。如今他当上了丞相,就变得狂妄自大、骄矜无礼,皇上却一味礼让,这不成体统。"

此后上朝,汉文帝摆出了君主的威仪,周勃心生畏惧,不敢再造次。不久,他探知了内情,指责袁盎说:"我和令兄私交甚笃,你却在皇帝面前诋毁我,为何要这么做?"袁盎没有回答。后来周勃被免官,失意地回到了封国,小人趁机诬告他谋反。汉文帝信以为真,把周勃打入大牢。朝中大臣都不敢为周勃鸣冤辩白。只有袁盎敢于挺身而出,他毫不犹豫地上疏给汉文帝,宣称周勃无罪。汉文帝相信了,于是释放了周勃。周勃转危为安,非常感激袁盎,两人成了无话不谈的好朋友。

袁盎是个直臣,以刚正不阿、直言敢谏著称,在朝野无法长久。后来到陇西做了都尉。他爱兵如子,深受士卒爱戴,麾下的士兵全都愿意誓死效忠。不久,他被擢升为齐国丞相,过了一段时间,又做了吴国的丞相。因为吴王的缘故,惹上了大麻烦。吴国和楚国作乱时,袁盎受到了牵连。晁错对丞史说:"袁盎接受了吴王的贿赂,所以才会替其隐瞒,口口声声说吴王不会造反。现在吴王反叛作乱,朝廷不知情,一点防备都没有,这都怪袁盎。必须重重惩治他!"丞史说:"吴王阴谋尚未完全败露,贸然惩治袁盎,必会打草惊蛇。现在叛军已经挥师西进了,惩办袁盎有什么用?再说袁盎也不像你说得那么阴毒吧。"

袁盎和晁错素来不合,两人不能共处一室,袁盎在场,晁错马上离开,晁错在场,袁盎立即拂袖而去。汉景帝即位后,晁错受到重用,被任命为御史大夫。上任后,便派人追查袁盎收受吴王贿赂之事,想给袁盎定罪。汉景帝网开一面,把袁盎贬为庶民,没有给他定罪。吴王叛乱的消息传到京城,晁错旧事重提,再次指责袁盎收了吴王的钱财,并把袁盎说成是七国之乱的罪魁祸首。袁盎知道后,非常害怕,连夜赶往窦婴的住处,道出了吴王谋反的真实原因,希望能亲口向皇上澄清误会。

窦婴禀报了汉景帝。汉景帝召袁盎入宫说明实情。袁盎要求单独与皇上交谈。当时晁错也在场,被屏退后心里非常恼火。等人全部退下后,袁盎详细地陈述了吴王谋反的经过,指出吴王造反是因晁错削藩而起,只有杀掉晁错,吴王才能罢兵。汉景帝封袁盎为太常,任命窦婴为大将军,让他们协助汉军平叛,不久晁错被杀。袁盎出使吴国,吴王想让他为自己效力,袁盎拒绝了,于是把他围困在了军营里,欲杀之而后快。危急之时,袁盎门下的从史及时出手,帮助他逃脱了。

多年前，袁盎在吴国做丞相，那名从史和袁盎家里的婢女私通，袁盎佯装不知。有人对从史说袁盎知道了他和婢女的事，让他赶快逃跑。从史畏罪潜逃。袁盎驾车追回了逃跑的从史，把婢女赐给了他，一切既往不咎。如今从史恰好在吴王手下做校尉司马，看到恩人落难，不忍心坐视不理，于是变卖了财物买了两担好酒请守卫畅饮。当时天寒地冻，守卫都想借酒驱寒，于是竞相争抢着喝，不多时全都醉倒了。从史欲救袁盎脱困。袁盎说："你高堂健在，我不能拖累你。"从史着急地说："你快走，我也逃走，我把父母藏好，你不必担心。"随即割开了帐幕，带着袁盎从小路逃走了。

叛乱平息后，楚怀王的儿子刘礼当了楚王，袁盎当了楚国的宰相，上书进言不被采纳。他十分郁闷，加之身体多病，于是便辞官回乡了。闲居期间，汉景帝经常派人向他询问天下大计。汉景帝想立梁王为嗣君，袁盎认为梁王不是皇位继承人的最佳人选，出言劝谏。梁王因此怀恨在心，派刺客刺杀袁盎。刺客素闻袁盎有清誉，便对袁盎说："我奉梁王之命来杀你，听说你很仁厚，我不忍心害你性命，以后还会有很多人来杀你，你自己多加小心吧。"袁盎极为焦虑，便到棓先生那里占卜，返回的路上被梁国刺客杀死了。

智慧贴士

袁盎和晁错是同僚，两人关系不睦，袁盎的进言，直接促成了晁错的死亡，可见他们之间的矛盾并不是君子和而不同那么简单。喜欢和认同晁错的人往往会把袁盎想象成笑里藏刀、口蜜腹剑的小人。但真实的袁盎并不是那样，他为人宽厚，有长者之风，既能仗义执言，又通情达理，能够设身处地为他人着想，为人耿直清正却又并非不近人情，故而能得到丞相周勃的敬重，落难时受过他恩惠的人愿意冒险出手相救，连收了别人钱财前来取他性命的刺客，都不忍心加害于他。可见袁盎是个正人君子，他之所以要求诛杀晁错，是因为晁错曾经试图置他于死地，只有扳倒自己的政治死敌，他才能保全自身，从袁盎的个性来看，如果不是被逼到退无可退的地步，他是不可能同任何人鱼死网破的。

削藩幕后策划者

晁错是颍川人，师从轵县张恢先生，研习过申不害和商鞅的刑名学说，和洛阳的宋孟、刘礼是同窗。因为文采绝佳当上了太常掌故。晁错为人刚直，对人对己都很苛刻严酷。汉文帝时期，国内找不到研究《尚书》的读书人，唯有前朝博士伏生通晓《尚书》，他已是个90多岁的高龄老人，无法召入宫，汉文帝便让太常派人前去学习。晁错成了不二人选。学成归来后，晁错援引《尚书》，劝皇帝实行仁政，得到了汉文帝的赏识，被任命为太子舍人、门大夫和太子家令。太子欣赏晁错的思辨能力，称其为"智囊"。

汉文帝在位时，晁错屡次建议削藩，修改政令，提出了许多建议。汉文帝没有听取他的意见，但觉得他有大才，提拔他做了中大夫。汉景帝即位后，非常宠信晁错，经常和他密谈国事，对他的荣宠超过了九卿。晁错得以修改国家法令。丞相申屠嘉看不惯晁错，总想对付晁错。当时晁错是内史，内史府建在太上庙（皇帝供奉祖先的庙宇）外面，门朝东开，出入不便。晁错为内史府开了南门，凿开了太上庙的围墙。申屠嘉欲上书请求皇帝诛杀晁错。晁错知道后，连夜求见汉景帝，主动交代了太上庙的事。

次日，申屠嘉上书弹劾晁错擅自毁坏太上庙围墙，要求交予廷尉查办。汉景帝替晁错申辩说："他开的不是庙墙，而是外墙。"此事便不了了之。申屠嘉郁闷地对长史说："早知如此，我应该先斩后奏，先杀了晁错再奏请也不迟，现在反倒让他先下手为强了。"因为扳不倒晁错，申屠嘉最终抑郁而死。不久晁错当上了御史大夫，建议汉景帝依据诸侯的罪过削减其土地，收回周边的郡城。汉景帝召公卿、列侯和皇室成员讨论削藩事宜，无人非议，只有窦婴不赞同，激烈地跟晁错争辩，两人从此有了隔阂。晁错修改的三十条法令触犯了诸侯的利益，为诸侯所忌恨。

晁错的老父听说后，马上赶到京城奉劝晁错罢手，他对晁错说："皇帝刚即位，你刚主持政务就打压削弱诸侯，离间宗室亲情，人们议论纷纷，都非常憎恨你，你为何要这样做？"晁错说："若不如此，天子不受尊崇，天下永难安宁。"晁错的父亲说："刘家安宁了，我们晁家却要遭殃了，我先回去了。"不久便服毒自杀，临死前叹道："我不忍心眼睁睁地看着祸患殃及自家子孙。"十余日后，吴楚七国以"诛晁错，清君侧"的名义起兵叛乱。窦婴、袁昂向汉景帝进言杀晁错平公愤。汉景帝下令将晁错斩杀于东市。

校尉邓公回京禀报平叛情况，汉景帝问："晁错已死，吴国和楚国退兵了吗？"邓公说："吴王造反谋划了几十年了，他以诛杀晁错的名义起兵，本意并不在晁错。陛下杀了晁错，微臣担心天下有识之士以后再也不敢进言了。"汉景帝忙问："此话怎讲？"邓公回答说："晁错担心诸侯势大失去控制，威胁到皇权，所以才想削减他们的土地，这是功在当代利在千秋的好事。计划刚执行就惨遭杀害。陛下这样做，对内阻塞了言路，对外替诸侯报了仇，实乃令亲者痛仇者快呀。微臣以为，陛下这么做不可取。"汉景帝默然良久，半晌才说："你说得对，我也为这件事感到痛悔。"

智慧贴士

晁错是一个敢作敢为、有主见有魄力的国之重臣，为了维护大汉王朝的千秋基业，毅然在藩王头上动土，最后沦为了政治斗争的牺牲品。以儒家的观点看，晁错是一个忠心耿耿的好臣子，死得冤枉。从政治和社会学的角度看，晁错的死具有一定的必然性，他生性严肃刻薄，树敌太多，在复杂的官场斗争中，过于孤立，很难得以善终。更糟糕的是，他只关心刘汉江山的稳固，却不懂帝王之术，以致被汉景帝所弃。他把自己看成了"挽狂澜于既倒，扶大厦之将倾"的关键人物，以崇高的责任感和使命感主持削藩大计，不惜赌上全族的性命，不曾有过明哲保身的想法，却不知在帝王眼里，他不过是召之即来挥之即去的工具，本身微不足道，随时可用来当戴罪羔羊和替死鬼，正是因为缺乏这种认识，才白白枉死。

张释之冯唐列传

执法如山的好法官

张释之是堵阳县人，早年和哥哥张仲生活在一起。哥哥家资殷实，资助他做了骑郎。张释之为官十年不得升迁，在朝中籍籍无名，他感到非常失望，认为浪费了哥哥的家财，却始终没有作为，还不如早日辞职还家。中郎将袁昂欣赏张释之的人品和才学，不忍看着他黯然离开，便向汉文帝推荐他做谒者。汉文帝亲自召见了张释之，让他当了谒者仆射。不久君臣一同乘车外出，汉文帝询问秦朝弊政，张释之对答如流，汉文帝很高兴，擢升他为公车令。

有一天，太子和梁王乘车入朝，行至司马门没有按照规矩下车，张释之前去阻拦，不肯放行，事后把此事禀报给了汉文帝。薄太后谈起这件事时，汉文帝赔罪说："都怪我教子无方。"薄太后让使臣带着赦免诏书去见张释之，太子和梁王才得以进宫。通过这件事，汉文帝知道张释之刚正不阿、执法严明，与一般官员不同，甚为欣

赏，遂擢升其为御史大夫，后来又让他做了廷尉。

有一天，汉文帝出宫巡行，行至中渭桥时，忽然有个人冒冒失失地从桥下窜出，汉文帝御驾的马儿受了惊。随从把那人交给了张释之，希望治其惊驾之罪。张释之亲自审讯，那人说："我是个乡下人，听说道路戒严了，匆忙躲到了桥下。等了好久，以为皇帝的车马已经过桥了，谁想刚从桥下出来，就看到了皇上的车马和仪仗队，吓得我拔腿就跑。"张释之想要以触犯清道戒严令论处，从轻发落，让那人缴纳罚金了事。汉文帝大怒："他吓到了我的马，多亏我的马性情温顺，换作其他的马，早就把我摔伤了。他犯了惊驾大罪，你只判处他缴纳罚金！"

张释之据理力争地说："法律是公平的，上至天子下至万民都该遵守。随意加重处罚，必不能取信于民。皇上杀了他也便罢了，既然把这个人交给我处置，我就得秉公执法。身为廷尉，若不能公正执法，量刑有所偏失，百姓就会无所适从。请陛下明察。"沉默良久，汉文帝才说："你的判决是公正的。"

后来有个胆大包天的盗贼把高祖庙里的玉环偷走了，落入法网后，被押到张释之那里发落。张释之依据盗窃宗庙器物罪，判处那人死刑。汉文帝龙颜大怒："这人胆敢盗取先帝庙中的器物，实乃罪大恶极，应以大逆罪论处，灭其宗族，你还按部就班地依据法令条文行事，是没有领会我的本意呀。"张释之谢罪说："依律定罪已经判得够重了。斩首和灭族同为死罪，但罪责轻重不同。偷窃宗庙器物就灭族，那么假如有个蠢人挖了长陵一抔土，该怎么判决呢？"汉文帝无语。随即和太后商量了一下，最终认同了张释之的判决。

汉文帝去世后，太子刘启即位，史称汉景帝。汉景帝当皇太子时，张释之在宫门外拦截过他的车驾，双方有了矛盾。张释之怕汉景帝报复，打算以年老多病为由辞官。后来听从王生的建议，主动向汉景帝请罪,没有遭到责难,一年后,被贬为淮南王相。张释之去世后,他的儿子张挚官拜大夫,因为不愿摧眉折腰事权贵,被免官,至死都没有再出仕。

◎ 智慧贴士 ◎

在封建社会,君王的旨意就是最高法律,具有绝对的权威和效力。张释之是少有的秉公执法、依法办事的官员,不肯对特权让步,敢于和当朝皇帝据理力争,是何其果敢正直啊!他多次阻止了汉文帝行使特权,为犯了惊驾之罪的平民百姓解除了危难,使盗窃帝庙器物的小毛贼免于遭受灭族大祸,给予罪犯公平公正的判决,把皇权和人治对法律的干涉降到了最低,这是非常难能可贵的。

妙语连珠救魏尚

冯唐的祖父是赵国人,长年生活在赵地。后来,冯唐的父亲迁居到了代郡。汉朝建立后,又搬到了安陵居住。冯唐因为素有孝名,被举孝廉,官拜中郎署长,辅助汉文帝处理政务。有一天,汉文帝说:"我在代郡时,尚食监高袪经常夸赞赵国大将李齐,讲述他指挥钜鹿之战的故事,现在我还时常忆起。你可知道李齐这个人?"冯唐直率地说:"论军事才华,他远不如廉颇和李牧。"汉文帝问:"此话怎样?"

冯唐回答说:"我祖父和李牧交好,我父亲做过代王的丞相,和李齐是亲密的朋友。所以我比较了解他们。"汉文帝听冯唐讲述廉颇、李牧的事迹后,大悦,不由得叹道:"为何我大汉就没有廉颇、李牧这样出色的将领呢?我要是能得到这样的大将,还用担心匈奴的威胁吗?"冯唐说:"请恕微臣直言,陛下就算得了廉颇、李牧两员大将,也不会好好重用他们。"汉文帝不悦,怒道:"你是什么意

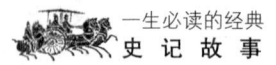

思?"说罢,愤而离去。

过了一段时间,汉文帝旧事重提,责备冯唐说:"你怎么能当着群臣的面羞辱我?有什么话就不能私下里说吗?"冯唐谢罪说:"老臣粗鄙,不知道避讳。"不久,匈奴袭击了朝邶,北地都尉孙卬被杀。汉文帝担心匈奴铁骑大规模入侵汉朝,十分焦虑,于是问冯唐:"你怎么知道我不能任用廉颇、李牧这样的勇将?"

冯唐说:"微臣听说,古时君王派大将出征,要亲自跪着推车,并对将领说'国内之内的事由我处理,国门之外的事由将军自行决断。论功行赏封爵的事,将军可按照自己的意愿行事,回到朝廷再向我禀报'。这可不是空口说话。我祖父说,李牧戍守边塞时,把收缴上来的税金全部用来犒赏将士了,赏赐的数目由他自己决定,朝廷从不干预。君王交给他作战任务,要求他必须取胜,其他不加干扰,所以李牧能尽显其能,得以北逐匈奴,大破东胡,灭亡澹林,西抗强秦,南援韩魏,使赵国称霸中原。可惜赵王迁即位后,被郭开的谗言所惑,杀了李牧,让颜聚取而代之,赵军大败,士兵狼狈败逃,结果被秦军消灭了。"

紧接着,冯唐把话题一转:"现在魏尚当云中郡守,把收上来的税金都用来犒赏部下,还拿出自己的钱赏赐将士,每五日杀一次牛,设宴款待宾客、军吏、属官。大家全都愿意为他死战,所以匈奴人不敢靠近要塞。匈奴人入侵过一次,魏尚率军应战,歼敌无数。他麾下的士兵都是平民弟子,多来自乡野,不晓得'尺籍''伍符'之类的律令,只知道上阵杀敌,到衙门上报军功时只要有一句话说得不合时宜,法官就依法惩罚他们,应给的赏赐却不肯兑现。臣认为陛下制定的法令太严,惩罚过重,赏赐太轻。魏尚报功时,只差了六枚首级,陛下就将其交给法官处置,夺了他的爵位,还判了一年刑。由此可见,陛下即便得了廉颇、李牧,也不能任用。"汉文帝被

198

说动了，于是赦免了魏尚，让他官复原职，封冯唐为车骑都尉。

汉景帝时期，冯唐官拜楚国丞相，后来被罢免。汉武帝即位，朝廷广招贤士，群臣一致举荐冯唐，可惜冯唐已经是个90多岁的苍髯老人了，不能出仕了。汉武帝于是起用冯唐的儿子冯遂，让冯遂当了郎官。

◎ 智慧贴士 ◎

冯唐是西汉名臣，他不仅有远见卓识，而且勇气可嘉，敢于犯颜批评最高统治者，言辞凿凿地指责汉文帝对边关将士重罚轻赏、刻薄寡恩，凭借连珠妙语解救了魏尚。冯唐之所以能改变魏尚的命运，是因为他幸运地遇到了从谏如流的汉文帝。而司马迁就没有那么幸运了，他遇到的是刚愎自用、刻薄寡恩的汉武帝，大殿上慷慨陈词，为李陵叫屈，不仅没有挽救李陵，还差点儿搭上自己的身家性命，可见在古代社会，遇到明主有多么重要。

扁鹊仓公列传

妙手回春的神医

扁鹊是渤海郡郑人，姓秦，叫越人。早年在客店当店主，后来悬壶济世，成了战国时期最负盛名的神医。他四处行医路过虢国，恰好赶上虢国太子病死。扁鹊行至宫门，问中庶子："太子所患的究竟是什么恶疾？为何全国都在驱邪祭祀？"中庶子回答说："太子气血紊乱运行不畅，不能正常疏泄，淤积爆发时太过猛烈，伤害了内脏，忽然昏厥而死。"

扁鹊又问："太子死了多久了？"中庶子说："鸡鸣时分就死了。"

扁鹊接着问:"尸体收殓了吗?"中庶子说:"没有。"扁鹊说:"你替我通报国君一声,说齐国渤海的秦越人能让太子起死回生。"中庶子惊诧道:"先生莫不是骗我吧?凭什么说能让太子复活呢?我听说古时有个叫俞跗的名医,不用汤剂、药酒、砭石,解开病人衣服就能知道病灶在哪里,先生要是有这样的本领,太子是有希望复活的,要是没有那么高超的医术,还说能让太子复生,这样的谎话连刚出生的婴儿都欺骗不了。"

扁鹊说:"我不用号脉,只需观气色、听声音,观察病人的神态,就能找到病因。如果你不相信我,不妨自己去探视太子,你会看到他的鼻翼在翕动,听到他的耳朵有鸣响,顺着两腿触摸,身体还是温热的。"中庶子听得目瞪口呆,随后马上把扁鹊的话报告给了国君。虢国国君召见了扁鹊,十分客气地说:"久仰先生大名,只是一直无缘相见。如今先生来到了鄙国,是寡人的荣幸。请你快快救救太子吧。"说完,便老泪横流,泣不成声。扁鹊说:"大王不必过度悲伤,我能救活太子。太子得的是'尸蹶',看上去好像已经死了,其实他还活着。身体僵死是气血紊乱不畅造成的。医术精湛的医生能治好这种病,庸医因为不明病理,会把病人拖向更加危险的境地。"

随后扁鹊叫弟子磨针,为太子进行针灸治疗,不久太子就醒过来了。扁鹊又吩咐弟子将药熨和药剂混在一起煎煮,交替放在太子的两肋下。一会儿工夫,太子就能坐起来了。扁鹊调制了汤药给太子服用,太子坚持服用了12天,身体竟痊愈了。所有人都称赞扁鹊是妙手回春的神医。扁鹊谦虚地说:"我并没有起死回生之术,太子没死,我只是用药帮助他康复了而已。"

扁鹊到齐国行医,齐桓侯召见了他。他对齐桓侯说:"您皮肤和肌肉之间有了小毛病,不及时治疗,怕是会深入体内。"齐桓侯不悦地说："寡人没病。"扁鹊离开后，齐桓侯对左右说："医生好利，喜欢把没病的人说成有病，治好了显示自己的医术。"五日后，扁鹊再次求见齐桓侯，对他说："您的病已经到达血脉了，不治恐深入体内。"齐桓侯又说自己没病。又过了五日，扁鹊见到齐桓侯，说："您的病深入到肠胃间了，不治会更深入地侵入体内。"齐桓侯置若罔闻。五日后，扁鹊见了齐桓侯，拔腿就跑。齐桓侯派人问他为什么要跑。

扁鹊回答说："病在皮肉之间，汤剂、药熨可到达病灶；病在肠胃间，药酒可达病灶；病入骨髓，神仙也无力回天了。桓侯的病已深入骨髓，我治不了了。"五日后，齐桓侯病重，派人请扁鹊诊治，扁鹊早已离开齐国了。不久齐桓侯病发身亡。

扁鹊走南闯北，名声传遍了天下。他在邯郸行医时，听说当地人非常尊重妇女，就做起了妇科医生；在洛阳行医时，听说当地人敬重爱护老人，就专治眼花四肢痹痛；到咸阳行医时，听说当地人非常宠爱孩子，就当起了儿科医生。他能根据各地的习俗来调整自己的医治范围，因此成了家喻户晓的名医。秦国太医李醯自认为医术赶不上扁鹊，非常嫉妒，于是就派人刺杀了扁鹊，一代神医死于非命。

智慧贴士

扁鹊医术精湛，堪称中医界的泰斗人物，最早确立了望闻问切四诊法，精通妇科、儿科、眼科、四肢痹痛，善于治胃病，行医过程中为百姓治愈了很多疾病。更为难得的是他不仅医术高超，而且医德高尚，致力于救死扶伤，利用自己平生所学造福百姓。他曾救过奄奄一息、形同死尸的病人，忍受着挖苦、讽刺和责难，反反复复劝说傲慢的蔡桓公及时就医，竭尽全力去拯救身染恶疾的患者，直到无力回天的地步才放弃。可惜一代神医遭人妒忌，最终遇刺身

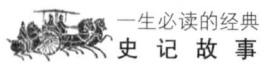

亡，死于非命。但他的精神不会因为肉体的毁灭而泯灭，他的名字将永垂不朽，化为永远的传奇。

吴王刘濞列传

"反贼"吴王的一把辛酸泪

刘濞是汉高祖刘邦哥哥刘仲的儿子。汉高祖即位七年后，封刘仲为代王。后来匈奴进犯代国，刘仲抵挡不住，丢下封国逃窜到了洛阳，事后主动向汉高祖请罪。汉高祖顾念手足之情，不忍心治罪，于是把他贬为郃阳侯。

公元前196年秋，英布作乱，东进吞并了荆州，挟持了诸侯军队，然后跨越了淮河，西征楚国。汉高祖御驾亲征平叛。刘濞当时年仅20岁，身强力壮，雄姿英发，追随汉高祖出征，在会甄一带大败英布。汉高祖觉得吴地、会稽民风彪悍，不好治理，必须有一个年富力强的王侯震慑，皇子年幼，担当不了重任，于是就封刘濞做了吴王。

有一天，汉高祖召见刘濞，看过刘濞的面相之后说："你有反叛之相。"后悔封刘濞当王了，但已经册封完了没法改动，只好苦口婆心地告诫他说："传闻汉朝兴立五十年内东南方将出现叛贼，难道是你吗？天下同姓，都是一家人，你千万不要生出异心，起兵造反。"刘濞忙说："微臣不敢。"汉惠帝、吕后时期，政局刚安定，各路诸侯都忙着安抚封国内的百姓。吴国物产富饶，境内的豫章郡有铜矿山，刘濞便招募了一大批亡命之徒私自铸造钱币，煮海水制盐。铸钱和制盐业利润丰厚，吴国因此财政富足。

汉文帝时期，吴国太子入京朝见，闲来无事便陪伴太子刘启喝酒下棋。吴国太子的老师是楚地人，性情骄悍轻浮。在他的影响下，吴国太子变得愈发骄横无礼。有一天，吴国太子和皇太子在对弈的过程中发生了争执，两人互不相让，吴王太子表现得很不恭敬。皇太子大怒，扬起棋盘朝吴国太子狠狠砸去，当场把吴国太子砸死了。汉文帝让人把吴国太子的尸体运送回吴国安葬，吴王刘濞生气地说："天下同姓一家，死在长安就在长安下葬吧，何必把尸体运回来？"于是又让人把尸体送回了长安。

此后刘濞经常以病体欠安为由拒绝上朝。经查实，他并没有生病。等到吴国使者入京朝见时，被扣押了起来。刘濞很害怕，开始积极地策划谋反行动。后来吴王派人参加朝会，汉文帝问："吴王为何不肯亲自来朝见？"使者回答说："吴王身体确实没什么大碍，只是因为陛下扣押了吴国的使者，又定了罪，吴王害怕，才佯装生病，不想这么快就被朝廷发觉了，朝廷一再诘问，吴王就越发紧张，想要躲藏起来，害怕陛下杀他。他也是被逼得无路可退才长期装病的呀！希望皇上能既往不咎，给他一个改过的机会。"

汉文帝释放了吴国的使者，赦免了吴王刘濞，派人送去了几案和拐杖，捎话说吴王年纪大了，以后可不入京朝见。刘濞见皇上不再追究了，便打消了谋反的念头。吴国和朝廷相安无事40多年。直到晁错鼓动汉景帝削藩，刘濞才又起了叛乱的念头，遂联合胶西王、胶东王、济南王、楚王、淄川王、赵王谋反，征调14岁以上62岁以下的壮年男子上前线打仗，共集结了20万大军。叛军声势浩大，却没有打过朝廷的正规军，刘濞作战失利，趁乱逃跑了。汉景帝发了狠，下诏对叛军之中俸禄300石以上者格杀勿论，违令者统统腰斩。胶西王、胶东王、济南王、赵王、楚王、淄川王陆陆续续都死了，有的自杀，有的被杀，无一善终。汉朝买通了东越王，东越王

派人刺杀了刘濞，刘濞的头颅被送到了汉景帝那里，七国之乱平息。

智慧贴士

刘濞是七国之乱的幕后策划者，结果身败名裂而死，成为乱臣贼子的典型，被永远地钉在了历史的耻辱柱上。削藩是七国之乱的导火索，刘濞反叛的根本原因在于，儿子意外被皇太子打死，汉文帝并没有给他一个公正的说法。丧子之痛，令他对皇家产生了深深的怨恨，这才有了发兵征讨皇庭的想法。古代士大夫忠君思想根深蒂固，难免会对刘濞口诛笔伐，毫不犹豫地维护汉文帝，客观而言，刘濞并非大奸大恶之徒，他经历了白发人送黑发人的悲剧，柔肠寸断、郁愤难平，却因为皇权的威压，没有办法替无辜死去的儿子讨回公道，怨愤年长日久累积到一定程度，自然要找一个宣泄的出口，走上反叛之路乃是一种必然。

李将军列传

让匈奴闻风丧胆的龙城飞将

李广将军是陇西郡成纪县人，祖上是秦朝大将，抓捕过燕国的太子丹。李广出身军人世家，系将门之后，因此传承了精湛的箭术。公元前166年，匈奴扣边，入侵萧关，李广随军出征，因为善骑射，在战场上箭无虚发，展露出百步穿杨的功力，歼敌无数，被任命为中郎。有一次，李广随汉文帝出行，无论是在沙场上冲锋陷阵杀敌，还是在出没于荒野击杀野兽，都异常勇猛，汉文帝不禁叹道："将军真是时运不济啊，要是生在高祖皇帝打天下的时代，早就被封为万户侯了。"

汉景帝时期，李广先后担任陇西都尉、骑郎将、骁骑都尉，追随周亚夫镇压吴国、楚国叛军，因为在昌邑拔下了敌人的旌旗而名声大噪。后来被调任为上谷太守，经常与匈奴交兵。典属国公孙昆邪向汉景帝进言说："李广才气纵横，天下无双，他仗着自己武艺高强屡次与敌人正面交锋，臣担心有什么闪失。"汉景帝觉得公孙昆邪所言有礼，于是让李广当了上郡太守，并派遣宦官向李广学习御敌本领。

不久，匈奴进犯上郡。宦官带着数十名骑兵策马奔腾时，遇到了三名匈奴人。双方发生了激战。匈奴人一箭射中了宦官，宦官应声坠马。骑兵全被杀死。宦官侥幸捡回了一条命，回到李广那里复命。李广料定那三个匈奴人是射雕高手，于是派上百名骑兵追击。那三个匈奴人徒步行走，不多时就被李广追上了。两人被李广当场射杀，一人被活捉，经过讯问，他们果真是射雕能手。

李广刚把俘虏绑在马上，就远远看见数千名匈奴铁骑来势汹汹地朝自己扑来。匈奴人见到汉军一位是诱敌之兵，大吃一惊，马上跑到山上排兵布阵。李广麾下的骑兵十分恐慌，欲掉头逃跑。李广镇定地说："我们离大军相距数十里，如果逃跑，匈奴人必然上前追赶，到时就会被匈奴人赶尽杀绝。我们不跑，匈奴人会误以为我们是专门被派来诱敌的，那样他们就不敢贸然打杀我们了。"于是驱赶骑兵前进，行至距离敌兵两里远的地方停了下来，命令大家下马解鞍。士兵疑惑地问："敌众我寡，我们离敌兵那么近，如果遇上危险，该怎么办？"

李广平静地说："匈奴人以为我们会纵马奔逃，我们解下马鞍，就会改变他们的想法，让他们误以为我们是在故意诱敌。"匈奴人见此情形，踟蹰不前，不敢主动进攻。有个骑白马的将领前来监护匈奴士兵，李广立刻翻身上马，率10余名骑兵将其杀死。随后回到队伍里，让士兵解下马鞍，躺卧在地上。时值黄昏，天色将暮，匈奴人疑惑，不敢出击。到了晚上，匈奴人担心李广设下埋伏，趁夜偷袭他们，便慌忙撤退了。次日，李广率军返回了营地。

汉武帝时期，李广被任命为未央宫的卫尉，程不识被任命为长乐宫的卫尉。两人都曾驻守过边关。李广的军队喜欢在水草丰美的地方安营扎寨，打仗时不按队列和兵阵作战，程不识则不然，他治军严格，队列井然有序，对布阵要求十分严格，常感叹说："李广治军简便易行，要是敌人突然来犯，他就会猝不及防，无法阻挡，他麾下的士兵贪图安逸，喜欢争功，但都愿为他拼死效力。我的军队虽然军务繁杂，士兵疲累不堪，但敌人轻易不敢犯我。"程不识说的是实情，但匈奴人只怕李广，听到李广的大名即闻风丧胆，士兵都爱追随李广，认为跟程不识作战太苦。

智慧贴士

李广武艺非凡，骁勇善战，异常威猛勇敢，在沙场上经常事先士卒、冲锋陷阵，并能与士兵同甘共苦，是一个十分难得的将才。他不仅在汉军中有威信，在敌军心目中也很有威望，被誉为"飞将军。"可惜的是这位令匈奴人闻风丧胆的龙城飞将，始终郁郁不得志，汉文帝认为他生不逢时，很多人认为他有勇无谋，只是一个箭术高超的孤胆英雄，没有统领千军万马、攻城破敌的才能，司马迁却认为李广有大智大勇，身边只有百名骑兵，就敢大张旗鼓地向数千匈奴大军挺进，并采用了一系列匪夷所思的方法诱惑误导敌人，成功地把军队平安地带回了大营。可见李广是个有勇有谋的军事将领，并非是空有一腔热血、头脑简单四肢发达的莽夫。

饮恨终身，一生难封侯背后的秘密

李广不仅武艺超群，而且有勇有谋，匈奴人对他既敬又怕，给他取了个"飞将军"的绰号。雁门大战时，匈奴人多势众，单于下令活捉李广。李广兵败被俘，在押解途中侥幸逃脱。朝廷认为他作战失利，使汉军蒙受了重大损失，自己沦为俘虏，有损大汉国威，要对他军法处置。李广花钱赎罪，被贬为庶民，长期赋闲在家。

汉武帝志在剿灭匈奴，因李广在匈奴人心目中有威名，又起用了李广，任命他为右北平太守。李广咸鱼翻身，又恢复了往日的荣光。李广本人生得魁梧高大，手臂颀长，有如猿类，箭法了得。有一次他外出游猎，以为草丛中有猛虎，拔箭便射，近前一看，射中的是石头，箭羽都射入石棱里了。他虽勇武，对待部下却非常和蔼，经常把朝廷给自己的赏赐分发给众将士，吃住和普通士兵在一起，愿与大家同甘共苦。遇到缺水缺粮的情况，一旦找到了水或食物，每次都让士兵先吃先喝，自己最后一个饮水、吃饭，因此士兵都愿意誓死追随他。

李广的堂弟李蔡名声和战功都不如李广，却被封为列侯，位列三公，李广的许多部下都被封侯了，可惜李广本人征战多年，仍然没有爵位和封地，他心里非常苦闷，就找王朔诉苦。王朔问："将军有没有做过后悔的事？"李广想了想，回答说："我在陇西当太守的时候，羌人造反，我招降了800人，他们缴械投降后，我把他们全杀了。这就是我此生最大的恨事。"王朔说："没有比杀降更大的罪过了，将军迟迟封不了侯，就是因为这个原因。"

卫青、霍去病远征匈奴，李广多次上书请求随行。汉武帝认为他年龄太大，不想让他带兵打仗，犹豫了好久才勉强让他做前军。公元前119年，李广随卫青一起攻打匈奴。卫青活捉了一个敌兵，从敌兵口中得知匈奴单于的住处。卫青率军讨伐单于，命李广和右将军兵合一处，从东路包抄匈奴主力。东路绕道路线太长，沿途都是戈壁，没有水草，不利于驻军，因此李广请求道："我是前将军，将军却让我从东路出发,我从少年时起就和匈奴人交战,今天才得到和匈奴单于面对面作战的机会,请让我当一回前锋吧,我要和单于决一雌雄。"

出征前,汉武帝曾警告过卫青,说李广年事已高,千万不要让他和匈奴单于正面交锋。卫青于是便和孙叔敖一块攻打单于,有意调开了李广。李广再三请求不要把自己从正面战争调离。卫青不予理会,让长史写文书送到李广那里,催促李广赶到右将军那里会师。李广没向卫青辞行,就气冲冲地出发了,由于没有向导,军队迷路了。卫青打败了单于之后,挥师南下,半途中遇到了李广和右将军。卫青吩咐部下给李广带去了美酒和食物,顺便问了一下大军迷路的原因,李广无话。不久,卫青责令李广府上的人去受审,李广坦然地说:"校尉无罪,这次迷路罪责在我,我亲自到将军府上说明情况。"到了幕府,李广对部下说:"我李广毕生都在和匈奴打仗,历经大小战役有70余场,今日有幸和卫青大将军一块和匈奴单于对敌,却被调到迂回绕远的东路,偏偏又迷了路,这难道是天意吗?我已经是个60多岁的老人了,不想再受刀笔小吏的侮辱了。"说完就拔刀自刎了。

智慧贴士

李广终身未封侯,引为恨事,在总结经验教训时,他认为杀降是他仕途失意的根本原因。我国自古就有杀降不降的说法,两国交战胜负已定,敌方已经放下武器,解除了对自己的威胁,如果对手无寸铁的降兵降将大肆屠戮,是为不仁,终归会被世人所唾弃。李广得胜时杀降兵降将,反映出了他内心的阴暗面和性格上的弱点。除此以外,他第二个致命弱点就是能伸不能屈,个性过于刚直,缺乏柔韧性,漠北决战中因为迷路,没能配合卫青夹击匈奴人,事后受到责问,他只要解释清楚,卫青并不会多加责难。然而他却因为不愿应付刀笔小吏，拔剑自刎，含恨而终。可见心胸不够宽广，缺乏宠辱不惊的风度。

将门之家的兴衰荣辱

李广膝下有三个儿子，分别是李当户、李椒和李敢，三兄弟都被封为郎官。有一天，皇帝和韩嫣（韩王信曾孙，汉武帝的宠臣）嬉乐，韩嫣行为放肆，李当户大怒，把韩嫣打跑了。皇帝由此赞叹李当户勇敢。李当户英年早逝，弟弟李椒死得也很早，两人都死在了李广前面，以致白发人送黑发人。

李广横刀自刎的时候，李敢正追随霍去病在战场上浴血冲杀。次年，李敢出兵攻打匈奴左贤王，夺下了敌军的旌旗、战鼓，斩杀敌人无数，被封为关内侯，代替李广任郎中令。李敢怨恨卫青害父亲李广饮恨自尽，将卫青打伤，卫青不予计较，当作什么事情也没发生，把李敢寻仇的事隐瞒了下来。不久，李敢随汉武帝外出游猎，卫青的外甥霍去病趁机把李敢射死了。当时汉武帝非常宠信霍去病，就对外谎称李敢是在打猎的过程中被鹿撞死的。一年后，霍去病病逝。李敢的女儿入宫做了太子的侍妾，非常受宠，李敢的儿子李禹和太子的关系也非常好。可惜李禹贪得无厌、唯利是图、行为不端，败坏了李家的名声。

李当户有个遗腹子叫李陵。李陵担任建章营的监督官，他同样喜欢骑马射箭，颇具祖上遗风。他和祖父李广一样爱兵如子，受军士爱戴。汉武帝认为李家世代为将，人杰辈出，十分看好李陵，拨给了他800名骑兵。

有一次，李陵深入不毛，闯入匈奴腹地2000余里勘察地形，没有遇到敌兵便原路返回了。汉武帝觉得他胆略过人，就封他为骑都尉，给了他5000士兵。公元前99年，贰师将军李广利率3万兵马在祁连山一带与匈奴右贤王交战，李陵带着5000人出发，来到了居延海北部约1000里的地方，以此分散匈奴右贤王的注意力。匈奴8万骑兵围攻李陵5000人马，面对强敌，李陵毫不示弱，坚持浴血奋战，射杀了不少匈奴兵。箭矢用完了，就赤身肉搏，可惜抵挡不住强大的匈奴军，李陵损失惨重，被迫撤退。

李陵的军队且战且退，苦撑了八天，退到了距离居延海百余里的地方。匈奴军围追堵截，切断了他们的退路。李陵在山谷中与敌军恶战。麾下的士兵所剩无几，眼看就要全军覆没，偏偏这时粮草紧缺，迟迟不见援兵，后面追兵步步紧逼，李陵陷入了绝境。匈奴单于派人劝降。作为败军降将，李陵无比惭愧，长叹道："我没脸再见大汉皇帝了。"万般无奈之下，只好选择屈膝投降。他的军队几乎全军覆没，仅有400多人逃回了汉营。

汉武帝听说李陵兵败被俘，且投降了匈奴，勃然大怒，下令诛杀了李陵全家。李陵只好死心塌地地为单于效力。单于得到李陵这样的猛将非常高兴，他早就耳闻过李将军的大名，非常欣赏李家人，于是把女儿嫁给了李陵。因为李陵的缘故，李家的名声一落千丈，李氏门下的宾客都以曾为李家效力为耻。

◈ 智慧贴士 ◈

李广的后人都很英勇，结局最为悲惨的是李陵，以5000兵马大战8万匈奴铁骑，起初丝毫不落下风，直到弹尽粮绝时还在赤手空拳与敌人作战，陷入绝境才被迫投降，结果不仅自己身败名裂，还惨遭灭族，被汉廷视为可耻的叛徒。对李陵事件的处理，充分体现出了汉武帝刻薄寡恩的一面。在一片痛骂声中，唯独司马迁敢于挺身而出，为李陵说句公道话，足见官场的世态炎凉。李广家族的悲剧固然与自身个性的局限性有关，但与复杂的官场政治和阴暗的帝王之术也有很大的关联，君王要求臣子无条件地为王朝尽忠而死，把忠君思想把国家大义巧妙地混为一谈，苟活下来的人必然要受到最严酷的惩罚，这才是李家三代精忠报国却惨遭灭族的根本原因。

匈奴列传

彪悍凶残的草原之王

  匈奴的先祖是夏后氏的后裔，是活跃在中原王朝北方的游牧民族。尧舜以前就有山戎、猃狁、荤粥之类的少数民族生活在荒凉的漠北地区，逐水草而居。他们靠游牧为生，饲养的牲畜种类很多，有牛马羊，也有骆驼、驴、骡、駃騠、騊駼、驒騱等。他们没有固定住所和城郭，不垦殖耕种，没有文字书籍，靠约定俗成的规矩约束人的行为。孩童即能骑羊射箭，射杀野鼠和小鸟之类的小型动物，稍大一点儿就能猎杀狐兔。成年男子身披战甲，策马挽弓，臂力过人。

  无战事时，匈奴人到处游牧，以放牧和狩猎为业，经常猎取飞禽走兽为食。形势紧急时，全民皆兵，所有人都必须学习攻战的本领，以便掠夺物资，补充生活所需。尚武好战是他们的天性。匈奴兵常用武器包括弓、箭、刀、铤等。情形有利时，他们就奋力进攻，情形不利，就马上撤退，不以临阵脱逃为耻。自单于以下，所有人都以牛羊等牲畜肉为主食，身着皮革衣裳，外面披着毛茸茸的厚实皮袄。健硕强壮的匈奴男子可以享受丰美的食物，老者吃的是残羹剩饭，他们敬重强者，看轻老者和弱者。父亲死了，儿子可以把后母娶进门，当作自己的妻子。兄弟死了，哥哥或弟弟可以娶死者的妻子。

各路诸侯纷纷反秦，中原大乱的时候，东胡和月氏部落强势崛起。由于边境的守军纷纷撤离，匈奴得以顺利南下。匈奴人渡过了黄河，侵入了中原的边塞。头曼单于是非常有名的匈奴首领，因为打不过秦朝的虎狼之师，被迫北迁。头曼的宠妃生了儿子，头曼便想立其为太子，废掉原来的太子冒顿，于是把冒顿送到月氏当人质，随后武力讨伐月氏，想借月氏之刀杀死冒顿。孰料冒顿竟偷了一匹良马逃了回来。头曼认为冒顿非常勇敢，对其赞赏有加，于是就不再加害于他，还给了他上万名骑兵。

冒顿制造一种响箭，用这种独特的武器训练骑兵，并下令说："凡响箭射中的目标，你们必须全力去射，谁不射就斩首示众。"最初射杀的目标是飞禽走兽，冒顿射出响箭，士兵纷纷跟着射，不射的人立刻被处死。有一天，冒顿用响箭射中了自己的战马，有的士兵不敢射，冒顿毫不犹豫地把他们杀了。冒顿又用自己的宠妃做箭靶，用响箭射中了妃子，士兵迟疑，良久不敢动手，冒顿把他们全部斩首了。此后，冒顿射向哪里，士兵就射向哪里，没人再敢忤逆他的意思。

有一天，冒顿和父亲头曼外出打猎，冒顿趁头曼不备，用响箭射伤了他，其他士兵见状，纷纷把目标对准了头曼，头曼成了众矢之的，万箭穿心而死。杀了头曼之后，冒顿自立为单于，把后母、弟弟和所有反对自己的人全杀了。

东胡听说冒顿成了匈奴新首领，就向冒顿要头曼的千里马。臣子们都反对："千里马可是我们匈奴人的宝马，怎能拱手送给东胡？"冒顿说："我们和东胡是邻居，互相之间要建立友好关系，怎能连匹马都舍不得给呢？"于是就把千里马慷慨地赠送给了东胡。东胡以为冒顿胆怯了，开始得寸进尺，又向冒顿索要妃子。大臣忍无可忍，怒道:"东胡欺人太甚,竟敢打单于阏氏(匈奴人的妻或妾)的主意,请单于下令出兵讨伐他们。"冒顿却说:"何必吝惜一个女人呢?"于是把自己喜欢的一个阏氏送给了东胡人。

后来东胡又要两国之间方圆千里的荒地,匈奴的大臣说:"荒地没有用处,给他们也可,不给也行。"冒顿怒道:"土地乃国之根本,怎能拱手让人?"随后杀掉了主张割让土地的大臣,立即发兵攻打东胡。东胡猝不及防,被匈奴人击败,东胡王被杀。冒顿大获全胜,俘虏了大量牲畜和人口。冒顿凯旋而归后,又赶跑了西边的月氏,大举南下兼并了楼烦和白羊河南王,收复了秦朝大将蒙恬夺去的土地。匈奴实力大增,从此称雄草原。

智慧贴士

冒顿鸣镝弑父、心狠手辣,凭借暴力和淫威走上了历史舞台,成为了威震四海的草原枭雄,深刻地改变和影响了匈奴的历史。冒顿的身上具有古代帝王的基本特质,他雄才大略,能屈能伸,有胸怀有抱负,通晓御人之道,拥有战略眼光,同时具备狼子野心,残忍嗜血,疯狂蛮横凶狠。在兵荒马乱的时代,铁蹄、刀剑、武力征服,是建立强权霸权的必要因素,冒顿的崛起是历史的必然,他的上台对匈奴的壮大有着非同一般的意义,可对于芸芸众生来说无疑是一场劫难。

令人匪夷所思的奇风异俗

冒顿去世后,他的儿子稽粥即位,成了新单于,被尊位老上单于。汉文帝为促成汉匈通好,把皇族女子嫁给了老上单于,并让宦官中行说陪同。中行说不愿到匈奴的苦寒之地生活,临行前怨愤地说:"陛下一定要让我去,我到了匈奴人那里,恐成为大汉的祸患。"

中行说刚到匈奴，就背叛汉朝，投降了单于，成了单于的亲信。

匈奴人非常喜欢汉廷送来的华美丝绸和精美的食物，中行说说："匈奴人口比不上汉朝一个郡，军力却比汉朝强大，原因在于两国服饰和饮食方式完全不同。汉朝身上穿着丝织物，不便于骑马在草原树林里奔跑，因为衣服容易扯坏，可见汉人的衣裳不如我们匈奴人的皮衣结实耐用。我们匈奴人以乳制品为食，花样不多，却取用方便，且比汉朝的食物更有营养。"建议把汉朝送来的食物全扔掉，用傲慢的态度对待汉朝使者，以显示匈奴人比汉人优越。

汉朝使者被激怒了，毫不客气地说："你们匈奴人不尊重老者。"中行说别有深意地问："你们汉人戍边或出征，父母难道不会拿出暖和的衣服和丰美的食物送行吗？"汉朝使者说："当然会。"中行说借题发挥道："匈奴人把战争看成头等大事，年老体弱者不能到战场上打仗，把衣服和食物献给强壮年轻的士兵，目的在于让士兵保卫自己，这是人之常情，那能说是轻视老年人呢？"汉朝使者不服气地说："你们匈奴人父子共居一室，睡在一个帐篷里，儿子可娶后母，弟弟可娶嫂子，平时不戴帽冠，丝毫不尊礼法。"

中行说辩驳说："匈奴人以牲畜肉为食，喝羊奶、马奶，穿皮革衣，随季节迁徙。战争时期，骑马射箭，没有战事，便享受自由安闲的生活。不像汉朝崇尚繁文缛节，匈奴人热爱自由，不喜欢受到束缚。君臣关系、家庭关系都很简单。至于婚姻情况，伦理上虽然有点儿混乱，但也是有规矩的，也要立宗嗣。匈奴人家族内部非血亲成员通婚，是为了让宗族枝繁叶茂，不至于灭绝。你们汉朝虽然建立了完备的伦理制度，但亲属关系疏远，经常自相残杀，改朝换姓的事情时有发生，这都是你们推崇的伦理造成的。过于推崇礼仪，就会加深君臣之间的矛盾，过于追求宫室的豪华，必然会耗尽民财。汉人平时植桑种田，满足衣食所需，修建坚固的城市保卫自己，老百姓在紧急状态下也不练习攻战的本领，不打仗的时候却又被繁重的劳作搞得精疲力竭。嗨，生活在土木屋舍里的汉人啊，别再对别人品头论足、喋喋不休了，戴顶帽子就了不起吗？"

此后只要汉朝使者想要争辩，中行说就不耐烦地说："别说了，你们只要送来足量的丝绢布匹和美食就行了，多说无益，假如你们的物资不齐全或是太过粗劣，我们匈奴人就要策马狂奔践踏你们待收割的庄稼，到时休怪我们不客气。"

智慧贴士

匈奴的风俗习惯和文化传统与中原有着很大差别。中原重伦理，崇尚礼节，制定了一系列复杂的规矩，来规范和约束人的行为。匈奴人粗犷豪放，崇尚自由，不受繁文缛节的束缚，婚姻家庭观朴素而原始，一切服务于现实。中行说既了解中原文化，又了解匈奴的习俗，在两国交往的过程中，极力贬低汉文化抬高匈奴，言论虽然有失偏颇，但也道出了部分真相，即匈奴人也有许多可取之处，而光辉灿烂的汉文化确实也有糟粕，任何一种文明都不是十全十美的。

卫将军骠骑列传

横扫漠北的外戚统帅

卫青是平阳县人，父亲郑季是平阳侯曹寿门下的小吏，与其侍女卫温私通，生下了卫青。卫青同母异父的姐姐卫子夫在平阳公主家里当歌姬，受到汉武帝刘彻的喜爱。卫青是仆役出身，很小就开始牧羊，父亲和前妻生的儿子全都把他看成是地位低贱的仆从，从不把他视为手足兄弟。

有一次，卫青陪同别人来到甘泉宫，有个披枷带锁的犯人指着卫青说："你将来必能封侯拜将，大富大贵。"卫青笑着说："我是小吏的儿子，地位卑微，不挨打挨骂就心满意足了，哪敢奢望封侯拜将呢？"卫青略大一点儿，就到平阳侯府上做了骑僮，伴随平阳公主左右。公元前139年，姐姐卫子夫入宫，成为了汉武帝的宠妃，不久怀上了龙嗣。皇后陈阿娇膝下无子，她的母亲大长公主刘嫖听说了这个消息，担心卫子夫跟女儿陈阿娇争宠，非常不高兴，于是派人逮捕了卫青，试图杀掉卫青，以此达到敲山震虎的目的，欲威胁卫子夫知难而退。

卫青被抓，眼看命悬一线，幸亏骑郎公孙敖带着一群壮士把他营救了出来。卫青大难不死，侥幸活了下来。事后，汉武帝大力提拔卫家人，以此补偿卫子夫。卫青被封为建章监，他的同母兄弟都跟着飞黄腾达了，得到了大量赏赐，赏金累计超过了千金。卫子夫被立为夫人，不久卫青擢升为大中大夫。公孙敖因为救过卫青一命，也越来越显贵。

公元前128年春，卫子夫生下皇子，被立为皇后。同年秋天，卫青被封为车骑将军，率3万骑兵讨伐匈奴，大获全胜，斩获首级数千。公元前124年春，卫青率3万骑兵从高阙出发讨伐匈奴，苏建、李沮、孙贺、李蔡随行。匈奴右贤王认为汉军不能深入匈奴腹地，便悠闲地喝起酒来。到了夜里，汉军悄无声息地来到匈奴营地，从四面八方包围了右贤王，右贤王大惊，带着爱妾和数百精兵突围，向北逃遁而去。

汉军的轻骑校尉郭成等人马不停蹄地追击了数百里，没有追上。经此一役，汉军俘获了15000多战俘和成百上千头牲畜，还有10多个隶属于右贤王的小王。卫青凯旋得胜，欲班师回朝，行至边塞时，汉武帝派人带来了大将军的官印，交给了卫青，册封卫青为大将军。

卫青回朝后受到了嘉奖，三个儿子分别被封为宜春侯、阴安侯和发干侯。后来，汉武帝宠幸芳华绝代、年轻貌美的王夫人，因岁月侵蚀而颜色衰减的卫子夫渐渐被冷落。宁乘就对卫青说："将军军功不多，却得到了万户食邑，膝下三个儿子都封了侯，都是因为卫皇后得宠，现在后宫之中最受宠幸的是王夫人，但她的同姓亲属尚未显贵，将军何不带着皇上赏赐的千金财物给王夫人的双亲贺寿？"卫青于是便用500金做寿礼，亲自登门给王夫人的父母贺寿。汉武帝听说了这件事情，就问卫青为什么要这样做，卫青把实情告诉了汉武帝，汉武帝因此对宁乘另眼相看，封他做了东海都尉。

卫青的长子卫伉因犯法被削夺了爵位，另外两个儿子也因为获罪而失了爵位。卫青去世后，被追封为烈侯，长子卫伉承袭长平侯之爵位。卫伉能够得到爵位，是因为卫青迎娶了平阳公主的缘故。六年后，他又触犯了律法，再次失去了爵位。苏建认为卫青显贵，不受士大夫称赞，是为憾事，曾劝谏卫青把贤士招为麾下，为自己效力。卫青说："魏其侯窦婴和武安侯田蚡广招宾客，为人所痛恨。招贤纳士，是一国之君才有的权柄，臣子只要做好本职工作就行了，何必越俎代庖呢？"卫青一生低调谨慎，故而成了受人仰慕的大将军。可惜子不肖父，玷污了他的名声。

智慧贴士

卫青出身寒微，自幼饱尝人世艰辛，看透世态炎凉、人情冷暖，经历过常人无法想象的苦难，曾经受人迫害，如果换作别人，可能会被黑暗所吞噬，变得凶暴乖戾，然而他却始终是一个善良柔和的人，浑身散发着健康阳光的暖色。朝堂之内，不与人争，低调内敛，在外作战精忠报国，毫无二心，屡立奇功却不骄纵。身为皇亲国戚和统帅三军的大将，却一点儿也不骄傲张狂，更为可贵的是，他从贫贱到富贵，始终如一，没有因为身份地位的改变迷失自我，这是常人难以做到的。

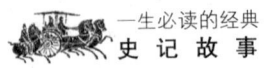

一代天骄霍去病

霍去病是卫青和卫子夫的外甥，擅长骑马射箭，十分勇武，深受汉武帝喜爱，十八岁就当上了侍中。他曾两次跟随卫青出征征讨匈奴，以嫖姚校尉的身份率领800轻骑兵作战，脱离了汉军主力数百里，孤军深入不毛之地，伺机斩杀敌人，歼敌2000余人，活捉了叔父罗姑比，因功绩卓著，被封为冠军侯。

公元前121年春，汉武帝任命霍去病为骠骑将军，让他带着1万兵马从陇西进发攻打匈奴。霍去病一路翻山越岭，渡过了狐奴河，途径五个匈奴王国，不曾骚扰过沿途的百姓，也没有劫掠过顺从者的财物。转战千余里，与敌军狭路相逢、短兵相接，斩杀了折兰王和卢胡王，俘虏了浑邪王的儿子、匈奴相国、都尉、休屠王的祭天金人，消灭了8000多敌兵，因作战用功，加封2000户。

许多久经沙场的老将兵马器械都赶不上霍去病，霍去病挑选了一大批精兵良将随自己出征，所以才敢深入敌境，同健壮的士兵抢先一步跑在汉朝大军的前面。由于他率领的军队由精兵组成，总能寻找有利的战机，运气好得出奇，因此作战时没有遇到太大的阻力。老将们行动迟缓，常错失战机，很难建立军功。霍去病得以脱颖而出，与汉武帝关系日益亲密，地位越来越显贵，几乎可以和大将军卫青相提并论了。

霍去病是个沉默寡言的人，能守口如瓶，从不把别人推心置腹说过的话泄露给第三个人。他有气魄有胆略，一向敢作敢为。汉武帝曾经想教授给他孙子兵法和吴起的用兵之道，他不以为然地说："作战须弄清战略意图，不必遵循古法，不能只学习和研究古代的兵法。"汉武帝为他修筑了豪宅府邸，让他亲自看看刚修建好的华宅美屋，他谢绝道："匈奴尚未消灭，怎么能考虑自己的私事呢？"此后，汉武帝更加喜爱霍去病了。

霍去病战功赫赫，心忧天下，但并非无可指摘，他年少得志，从少年时代起就入宫侍奉汉武帝，过早人前显贵，因此不太懂得体恤别人。出征前，汉武帝赠给他几十车食物，待他从战场上归来时，车上到处都是剩下的米和肉，随意丢弃，而他的士兵却在忍饥挨饿。由于食不饱力不足，士兵士气低落。霍去病毫不在意，居然有闲情逸致玩蹴鞠游戏。

卫青善良宽厚，知进退，性格温和柔顺，为汉武帝所喜爱，同时深受士卒爱戴。霍去病则不同，他凭借战功取悦了汉武帝，却没有博得他人的赞赏，当时几乎没有人称赞他。公元前117年，霍去病去世，享年23岁。国家痛失青年将才，汉武帝很难过，把霍去病的陵墓修建成了祁连山的形状，以表彰他征讨匈奴有功，追封其为景桓侯。霍去病的儿子霍嬗承袭爵位，当了冠军侯。汉武帝很喜欢霍嬗，打算等霍嬗长大成人之后，任命他为大将军。可惜霍嬗年仅十岁就夭折了。霍嬗年幼早夭，没来得及留下子嗣，血脉断绝了，他的封国因此被废除了。

智慧贴士

骠骑将军霍去病年少成名，战果辉煌，堪称是西汉历史上最光辉夺目的一颗将星，他年仅二十岁就能独当一面征讨匈奴，在短暂的一生中，立下赫赫战功，几乎不曾有过败绩，对抵御匈奴袭扰、稳定边疆做出了巨大贡献。但客观而言，霍去病并不是一个无可指摘的将才，他不懂得爱护士兵和体恤士卒，还因为个人恩怨射杀过猛将李敢，飞扬跋扈，不可一世。那么这位能说出"匈奴未破，何以家为"的杰出青年将领为什么不肯善待与自己同生死共命运的麾下将士呢？极有可能是恃宠而骄，由于汉武帝的偏爱，他能轻而易

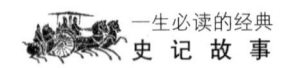

举地得到精兵强将和最优化的配置，取胜更容易，渐渐被胜利冲昏了头脑，被纷至沓来的荣誉和皇亲国戚的身份所累，以致一世英名毁于一旦。

平津侯主父列传

一纸上书成政治新宠

主父偃是齐地人，早年钻研纵横家的学说，晚年开始研究《春秋》《周易》等典籍和诸子百家的经书。他在齐地游学时，儒生皆轻慢他。由于受到儒生的排挤，他在齐地待不下去，只好黯然离去。他家境贫困，经常向别人借钱，总是借不到。后来他北上，到燕、赵、中山一带游学，没人赏识和厚待他，他漂泊在外，长年客居他乡，日子过得很艰难。

汉武帝时期，他觉得诸侯国各地都不适合游学，就西行进了函谷关，拜见了卫青大将军。卫青多次向汉武帝举荐他，汉武帝没兴趣理会，迟迟不肯召见。他随身带的盘缠全都花光了，滞留长安的时候穷困潦倒，王公大臣的宾客都十分讨厌他。后来他向汉武帝上疏，早上呈上奏疏，傍晚就得到了召见。他主要述说了九件大事，八件与法令有关，一件与讨伐匈奴有关。

大致内容为："秦始皇并吞六国，平定了天下，千秋功业可与夏商周三代开国之君比肩，可他仍不知足，又想发动对匈奴的战争。李斯奉劝说'陛下不要讨伐匈奴，理由有三：其一，匈奴人逐水草而居，如鸟群一般四处迁徙，很难控制和降服。我们发兵讨伐，总要为军粮供应担忧，粮食辎重太重，影响行军，这样下去不是办法；

其二，我们击败了匈奴，占领了他们的土地，征服了所有匈奴人，又有什么意义呢？他们的土地全是盐碱地，不能种庄稼，匈奴人是游牧民族，不会种地，我们降服了他们，不仅增加不了劳动力，还得费心保卫他们。这不是给自己国家增添负担吗？其三，劳师动众地攻打匈奴，对我国没有好处，对匈作战消耗非常大，致使国库空虚，将士疲累，老百姓痛苦不堪，实在是得不偿失啊。假如我们战胜了匈奴，就得把匈奴士兵杀死，这不是仁君该做的事。'秦始皇没有听从李斯的意见，派大将蒙恬出击匈奴，开疆拓土千余里，把国界推到了黄河边上。那些新增加的土地都是盐碱地，不长庄稼，毫无用处。秦朝又派男丁戍守北河，士兵饱受风沙侵袭之苦，戍边十余年，死者不计其数，但秦兵死者没有渡过黄河，挥师北进，这难道是兵马武器不足造成的吗？不是，是形势不允许呀。朝廷让百姓为前线运送粮草，男子辛辛苦苦地耕田，也供应不上军粮，女子辛勤纺纱织布，也制造不出军队需要的大批帷幕。百姓因战争疲于奔命，鳏寡孤独、老弱病残无人供养，各地饿殍塞道，百姓活不下去，才开始反秦的呀。"

紧接着主父偃又讲述了汉高祖时期中原王朝和匈奴的攻伐战争以及和亲政策，最后把话题引申到了当代："最近关东粮食歉收，光景很不好，百姓非常贫困，边境战事频仍，如此一来，百姓不能安居乐业，就会变得不安分，继而到处流动，影响社稷安定。臣认为陛下是圣明的君主，天生仁爱，把兴国安邦当成自己的职责，如此一来就能美名传扬，使天下人亲近，让边民屈服。臣听说陛下想要实行王道，励精图治治理国家，就算没有实现王道，至少能让国家安宁。天下太平，社稷安定，陛下想得到什么都能得到，想做什么事情，自然会心想事成，想要征讨谁，谁敢不降服？"

主父偃上疏后，徐乐和严安纷纷上疏，汉武帝召见了三人，大有相见恨晚之感，之后封主父偃为郎中。因为主父偃时常谈论国政，汉武帝便让他当了谒者，后来又提拔他做了中大夫。主父偃在短短一年之内升迁四次，官位越来越大，日益显贵起来。

智慧贴士

汉武大帝一生最大的功绩就是多次大破匈奴，他把毕生的精力和心血都放在了征讨匈奴上。主父偃上书反对征伐匈奴，言辞凿凿，不仅没有受到责备和惩罚，反而因为一纸上书成为朝中新贵，这是非常令人匪夷所思的，足见主父偃其人非同一般。他所说的虽是逆耳忠言，但分析有理有据，谈古论今，洋洋洒洒，令人折服。汉武帝即便不想采纳他的建议，也会重用他，因为早被他过人的才华和超强的雄辩能力折服了。主父偃能得势，是因为他确实满腹珠玑，以前落魄失意，皆因时运不济，有了好的机遇，他必然能青云直上。

因曝光皇室丑闻惨死的权奸

主父偃曾劝说汉武帝削减诸侯势力，他说："古时诸侯的封地方圆不足百里，朝廷很容易控制。现在诸侯竟有相连的几十座城池，土地达到了千里，天下安定时，诸侯们容易骄奢淫逸，形势不利时，他们就可能拥兵自立，联合起来反叛中央王朝。如果强行削减他们的土地，他们就会马上造反。晁错削藩时，就出现了这种情况。如今诸侯子弟有10多个，唯嫡长子能世代承袭侯爵之位，诸侯的其他儿子连尺寸之地都没有。希望陛下广施恩德，把诸侯名下的土地分割给嫡长子以外的子弟，这样不必削减诸侯的土地，就能有效削弱诸侯的势力，还能让更多的诸侯子弟高兴，彰显仁爱孝亲的美德，可谓是一举两得。"

汉武帝采纳了他的计策，开始实行推恩令，诸侯国的土地被诸多弟子分割，越分越小，诸侯势力大大削弱，再也不能和中央抗衡了。主父偃受宠信时，大臣都畏惧他，送去不少财物贿赂他。主父偃收受的贿赂累计超过了千金。有人认为主父偃太过嚣张。主父偃说："我自束发游学开始，已经奋斗了40多年了，长期不得志，父母不曾把我当成亲生儿子看待，兄弟不肯接纳我，宾客全都弃我而去，我潦倒已久，受够了这样的生活。大丈夫生在世间，活着不能享受列五鼎而食的待遇，那么死就用五鼎烹杀好了。我已经没有退路了，所以就要专横行事。"

主父偃宣称朔方土地丰饶，又有黄河天险，秦朝大将蒙恬曾在那里筑城驱赶匈奴大军，主张效仿蒙恬在朔方修筑城池。汉武帝把他的奏疏交给公卿讨论。公卿们一致认为这么做对国家不利。公孙弘直言道："秦朝征发30万人在黄河以北修城，结果半途而废。"主父偃坚持自己的主张，汉武帝采纳了他的意见，设立了朔方郡。

元朔二年，主父偃向汉武帝揭发齐王刘次景生活荒淫、胡作非为，汉武帝让他到齐国做丞相。主父偃到了齐国，召集了兄弟、宾客，发放了500金，责备他们说："我穷苦失意的时候，兄弟不肯提供给我衣食，宾客不让我踏入家门。现在我做了齐国的宰相，你们千里迢迢地跑来巴结我。我和诸位全绝交了，你们以后休要再踏入我的家门。"随后派人到齐王那里，揭发他和姐姐私通的丑事。齐王很害怕，畏罪自杀了。

主父偃做平头百姓时，游历过燕地、赵地，揭发过燕王的丑事，燕王被判处死罪，身败名裂伏法。齐王正是因为害怕落得同样的下场，才寻短见的，赵王害怕主父偃用同样的方式对待自己，于是就派人上疏给汉武帝，揭发主父偃大肆收受贿赂。汉武帝认为齐王是被主父偃逼死的，非常生气。公孙弘趁机进言说："齐王死了，没有留下血脉，封国被废除了，这都是主父偃造成的，不杀主父偃，如

何向天下人交代？"汉武帝于是把主父偃杀了，并诛灭了他的家族。主父偃蒙受恩宠，显贵通达时，门下的宾客有数千人，等他获罪被杀，宗族被诛灭，竟无一人肯为他收敛尸骨。最后洨县人孔车安葬了他。汉武帝听说了这件事，认为孔车是个厚道的长者。

智慧贴士

主父偃早年是个落魄的读书人，时运不济，饱受歧视和白眼，腹有诗书、才华横溢却不受重视，简直就是一个可悲可叹的可怜虫。后来因为蒙受汉武帝恩宠，一夜显贵，不由得忘乎所以、横行无忌。一边收受贿赂，为自己谋利，一边狐假虎威，利用自己一手掌握的隐私要挟逼迫诸侯王，最终成了政治博弈的牺牲品，遭遇了杀身灭族之祸。

主父偃既可怜又可憎，一辈子都没有摆脱被鄙视被唾弃的心理阴影，过度迷恋功利和权势，希望天下人都惧怕敬畏自己，认为只有荣登尊位，才不虚此生。事实上他追求的一切不过是个幻象，他的显贵是汉武帝赋予的，随时都可以夺走，归根结底他不过是汉武帝手里的一枚棋子，随时都可以丢弃。他没有认清形势，以致得意忘形，最终自取灭亡。

司马相如列传

才子佳人的风流韵事

司马相如是蜀郡成都人，字长卿。自幼喜读书，爱舞剑，能文能武，父母给他取名叫犬子。他长大后，非常倾慕雅量高致的蔺相如，于是把自己的名字改为司马相如。司马相如早年家资殷实，凭着家中的财富做了郎官,开始步入仕途侍奉汉景帝,不久被封为武骑常侍。他对这个官职不感兴趣。

有一次,梁孝王入京朝见汉景帝,齐郡人邹阳、淮阴人枚乘、吴县人庄忌先生随行。三人都是满腹经纶、擅写辞赋的读书人,司马相如和他们一见如故,于是就托病辞职,去了梁国。在梁孝王的安排下,司马相如和这批读书人长期居住在一起,朝夕相处。由于受到文士的熏陶,司马相如文采大增,多年后创作了名垂青史的《子虚赋》。

梁孝王去世后,司马相如离开了客居多年的梁国,返回了家乡。因为没了官职,没有固定收入,日子越过越穷。司马相如已经到了家徒四壁的地步,既不懂经商,也没有一技傍身,前景黯淡,感到分外茫然。走投无路之际,他想到了好友王吉。王吉是临邛县令,曾态度诚恳地对司马相如说:"你长年宦游在外,很不容易,仕途不顺的时候不妨来找我。"于是,司马相如就动身去了临邛。王吉对他很恭敬,天天前来拜访。起初,司马相如还以礼相见,后来觉得麻烦便托病不见。王吉并不生气,对他愈发恭敬客气。

临邛县有很多富户,卓王孙仆役成群,家奴多达800人,程郑家也有数百奴仆。二人商议说:"听说县令家里有远道而来的贵客,不如我们置办酒席宴请他,把县令也请来。"于是两人摆下了酒宴,把县令王吉叫来了。筵席上聚集的宾客多达百位。到了中午,卓王孙派人邀请司马相如赴宴小聚。司马相如谎说身体不适,不愿前来。王吉见司马相如未到场,不便用餐,于是亲自去请司马相如。司马相如不好推脱,只好勉强赴宴。

席间,满座宾客皆赞叹司马相如的文士风采。酒热耳酣之际,王吉递过一把琴,对司马相如说:"素闻长卿喜欢弹琴,不知能否奏上一曲,以助酒兴?"司马相如随意弹了两首曲子。卓王孙有个寡居

不久的女儿叫卓文君,喜欢音律,躲在门外偷听。司马相如发现后,便一曲接着一曲弹奏下来,试图用优美的旋律打动她的芳心。宴会散场后,司马相如给了卓文君侍者一笔银两,托他向卓文君转达自己的爱慕之意。卓文君春心大动,连夜逃了出来,和司马相如私奔了,进了司马家一看,室内空无所有,只有四面空空的墙壁。

卓王孙得知女儿半夜私奔了,气恼地说:"女儿不成器,居然做出这种有辱门风的事,我不忍心伤害她,但绝不会给她一文钱。"有人劝导卓王孙,他始终听不进去。过了一段时间的穷日子,习惯了养尊处优的卓文君感到很不快乐,建议回到临邛向兄弟借钱生活。于是,两人又回到了临邛,变卖了车马,盘下一家酒肆,做起了生意。卓文君负责招待客人,司马相如穿着犊鼻裤,和雇工们一起洗涤酒器。卓王孙听说自己的女儿抛头露面当垆卖酒,女婿开酒馆干杂活,深以为耻,从此闭门不出。兄弟亲戚好言相劝:"文君和司马长卿已结为夫妇,长卿成了你的女婿,他虽贫穷,却是个不可多得的人才,又是县令的贵客,将来可以依靠,你何必轻视他呢?"

卓王孙认为米已成炊,只好成全女儿,后来给了文君100万钱和上百家奴以及各种财物,帮助她改善生活。卓文君和司马相如去了成都,置办了田舍,过上了富足的生活。

智慧贴士

司马相如是汉代最为知名的大才子之一,他文采风流,儒雅潇洒,诗词歌赋信手拈来,还能弹得一手好琴,与蕙质兰心、美貌纯真的卓文君乃天造地设的一对璧人,两人一见倾心,勇敢地冲破了封建礼教的束缚,大胆私奔,而后经历了种种磨难和考验,守住了他们的爱情。这段流传千古的浪漫佳话,不同的人有不同的解读,有人从中看到了青年男女追求真爱、敢于和旧势力旧思想决裂的果敢,有人把它看成了穷书生和富家千金跨越门第之别修成正果的动人故事，将其视为童话故事的现实演绎。

无论世人怎样看待这对佳偶，不可否认的是，他们是才子佳人相爱相知的典范，卓文君之所以敢于与世俗世界抗争，是因为她仰慕司马相如的才华，司马相如不顾世人目光，愿意迎娶寡居状态的卓文君，是因为卓文君是令他痴迷不已的绝代佳人。如若不然，他们是不可能鼓起勇气与整个世俗世界对抗的。

淮南衡山列传

骄横失度的厉王

淮南厉王刘长是刘邦的小儿子。公元前199年，汉高祖刘邦外出巡游，途经赵国，赵王为了讨好刘邦，进献了自己的宠妃赵姬。不久，赵姬有了身孕，那时刘邦已经离开赵国，移驾到别处了。因为赵姬怀上了龙种，赵王不敢再让她入自己的寝宫，另修了一座宫室供其居住。后来赵国相国贯高等人密谋行刺刘邦，赵王受到了牵连，母亲、兄弟、妃子纷纷下狱，赵姬也被关在了大牢里。

赵姬苦苦哀求狱官："我怀的孩子，是当今圣上的骨血，求你们放过我吧。"狱官不敢怠慢，马上把这件事禀报给了刘邦。刘邦正在气头上，非常憎恨赵王，便没有理会赵姬。赵姬于是叫弟弟联络辟阳侯审食其求吕后帮忙。吕后听说刘邦和别的女人有了孩子，醋意大发，不肯出手相救。不久，赵姬诞下一名男婴，就是刘长。赵姬痛恨刘邦薄情寡义，含恨自杀。狱官抱着襁褓中的刘长面见汉高祖刘邦。刘邦懊悔不已，把孩子交给了吕后抚养。

公元前196年，淮南王黥布起兵谋反，刘邦便将刘长立为淮南

王，让他接管黥布的封地。叛乱平息后，刘长成了名副其实的诸侯王。刘长自幼在吕后身边长大，幸运地逃脱了各种政治迫害。汉文帝登基后，刘长仗着皇兄的宠爱，变得日益骄横。汉文帝不忍心责罚他，一味地放纵他。刘长更加肆无忌惮，每次和汉文帝出猎，都要求与之同乘一辆车，开口闭口直呼汉文帝为哥哥，逾越了君臣之礼。

刘长虽愚顽不堪，但聪明英武，力能扛鼎。他得知了生母的死因后，非常痛恨吕后，于是把仇恨转嫁到了与吕后关系亲密的审食其身上。他客居长安时，决计报复审食其。拜访审食其时，袖子里藏了一只铁槌。审食其听说皇帝的兄弟大驾光临，赶忙出门迎接。刘长趁机从衣袖里抽出凶器，猛地朝审食其的头部砸去。审食其猝不及防，立时倒地身亡。刘长让随从割下了审食其的首级，捧着人头向汉文帝请罪。

刘长在大殿上振振有词地说："贯高谋反一案和我母亲毫无瓜葛，我母亲是无辜的，审食其是知道的。当年他要是多求求吕后搭救我母亲，我母亲也不会绝望自杀。这是他的第一个罪过；赵如意母子无罪，吕后要杀他们，审食其也没有劝阻，这是他的第二个罪过，吕后分封诸吕；欲篡夺刘汉天下，审食其坐视不理，这是他的第三个罪过。我替天下人杀了这个不忠不义的奸臣，也替含冤死去的母亲报了仇。请皇上治罪吧。"

汉文帝念及兄弟情分，又同情弟弟的遭遇，就没有给刘长定罪。刘长杀人被赦免以后，薄太后、太子和朝中大臣都开始惧怕他。刘长回到封国后，愈发放肆骄纵，变得目无法纪，不遵照朝廷的法令形式，出入皆下令戒严清道，还自己擅自颁布法令，一切仿照皇帝的规制。诸侯国内的官员本来是由中央任免的，刘长把朝廷任命的官吏全部赶走，衙署里全换成了自己的亲信。汉文帝得知后，命车骑将军薄昭写信责备刘长。刘长不仅不知悔改，而且变本加厉，大臣们都不敢规劝他，所有人都畏惧他。

◎ 智慧贴士 ◎

刘长是一个非常不幸的诸侯王，生母蒙冤而死，自己生于大狱，差点儿被薄情寡义的刘邦抛弃。好在平安地回到了汉廷，得到了王室子孙应有的待遇。长大之后为报母仇，锤杀审食其，犯下杀人大案。刘长的遭遇令人同情，但为人过于阴郁暴戾，且表现出恃强凌弱、骄横不法的恶劣本性，他不敢找直接害死生母的刘邦和吕后寻仇，对首恶无能为力，转而把仇恨转嫁到无足轻重的人物身上，种种劣迹说明，他内心是阴暗和冷酷的，外表强势莽撞，实则怯懦脆弱。

被溺爱摧折的王族子弟

公元前179年，淮南王刘长伙同棘蒲侯柴武之子柴奇谋反，准备在谷口县起事，又派人到闽越、匈奴活动，欲勾结外敌对抗朝廷。他的阴谋很快败露了，汉文帝立即宣刘长入宫。群臣上疏罗列刘长罪状，请求依法处置。汉文帝不忍心处死刘长，要求大臣再议。大臣说："淮南王目无王法，不听诏令，结党营私，密谋造反，犯的是死罪。"汉文帝很为难，用商量的口气说："不如赦免他的死罪，削夺他的王位，如何？"众臣请求将刘长发配到蜀郡严道县邛崃山邮亭，然后昭告天下。汉文帝准奏。

与刘长谋划造反的人都被处死了。刘长被关在囚车里押往蜀地。袁盎劝谏汉文帝说："陛下一向骄纵溺爱淮南王，没有安排严厉的太傅和国相教导他，才使他堕落到如此地步。淮南王个性刚烈，你如今用这种简单粗暴的态度责罚他，臣担心他会在半途中患病而死，使陛下落下杀害亲兄弟的坏名声。"汉文帝说："我想让他吃吃苦头，以后还会让他回来的。"负责押送刘长的人都不敢打开囚车。刘长对随行的仆人说："谁说我勇猛？我只是骄纵惯了，不晓得自己的过失，才落得这般田地。人活在世上，怎能受得了这样的苦闷？"于是不肯进食，绝食而死。

雍县的县令将刘长的死讯禀报给了朝廷。汉文帝伤心地大哭了一场，难过地对袁盎说："我不听从你的好心劝告，把淮南王害死了。"袁盎安慰道："事已至此，请陛下节哀顺变。"汉文帝问："该如何是好？"袁盎建议斩杀丞相和御史。汉文帝令丞相、御史追查不给淮南王打开囚车的官吏，将这些人一律斩首示众。然后按照诸侯之礼安葬了刘长。刘长的四个儿子，年龄在七八岁左右，全都封了侯。

后来百姓创作了一首民谣："一尺布，尚可缝；一斗粟，尚可舂。兄弟二人不能相容。"汉文帝听到后，长叹道："尧舜将自己的亲人放逐，周公诛杀了管叔蔡叔，人们还把他们奉为明君，世代歌颂，这是为什么呢？还不是因为他们以国家社稷为重，不徇私情吗？百姓真的认为我会贪图淮南王的土地吗？"于是就让城阳王刘喜接管刘长的封国，追谥淮南王刘长为厉王。

智慧贴士

刘长走向歧途，汉文帝负有不可推卸的责任，作为长兄，他没有尽到教育的责任，无限度地娇惯宠溺弟弟，使得刘长不知不觉沾染了纨绔子弟的各种毛病，不可避免地犯下了大错。刘长犯下大罪时，汉文帝不知反思，只想用简单粗暴的方法教训对方，导致弟弟绝食而死。

刘长的一生是个彻头彻尾的悲剧，母亲早亡，父亲冷漠，兄长只知道无节制地宠他，却没有关心过他的成长，以致他在错误的道路上越走越远，毫无悬念地走向了绝路，年纪轻轻就含恨死掉了。可见生于帝王之家并非幸事，错综复杂的环境和政治因素，会改变家庭的正常伦理关系，亲情会速朽和变质，家庭成员容易沉迷于权力的梦幻中，变得癫狂和不可救药，以致一失足成千古恨。

汲郑列传

桀骜不驯的另类清流

汲黯，字长孺，西汉濮阳县人。祖上深受卫国国君宠信，汲氏家族得以世代享受荣禄，承袭卿大夫的官职，到了汲黯这一代，汲家已是第七代在朝做官了。汲黯的父亲侍奉汉景帝，在父亲的举荐下，汲黯担任了太子洗马。这位太子就是日后的汉武帝。汉武帝即位后，汲黯擢升为谒者。

当时东越发生了内乱，汲黯奉汉武帝之命前去探听情况，他没去东越，行至吴县便原路返回了，回来报告说："东越人生性好斗，互相攻击是当地的民俗，不值得劳烦天子的使臣。"后来河南郡发生了特大火灾，千余户民舍被焚毁。汲黯前去考察情况，回来禀报说："陛下不必忧心，只是普通的民宅失火而已。百姓的房屋太过密集，这才导致火势蔓延，不是什么大事。当地成千上万的穷苦百姓饱受旱灾和洪涝灾害之苦，到处都是饥民，灾荒严重的地方，父子互相残杀，彼此相食。于是我就拿着符节下令开仓赈灾。我知道自己犯下弥天大罪，请陛下收回符节，惩罚微臣。"汉武帝认为汲黯贤良，是个爱民如子的好官，就没有惩处他，把他调派到了荥阳县做县令。

汲黯觉得当个县官很丢脸，就托病告老还乡。汉武帝马上把他召了回来，封为中大夫。在朝中，汲黯常犯颜进谏，触犯天子的威仪，令汉武帝在群臣面前颜面尽失。汉武帝忍无可忍，于是把他调任东海郡做太守。汲黯崇尚黄老学说，用道家思想管理当地的官吏和百姓，行事不拘小节。他体弱多病，时常卧床不起，但东海郡仍然十分太平祥和。汉武帝听说后，擢升其为主爵都尉，汲黯得以位列九卿。

汲黯桀骜不驯，不太看重教条的礼法，不能容人之过，时常当众批评斥责他人。碰到情投意合的人，就和颜悦色相待，遇到话不投机的，便置之不理。因此不被士大夫喜欢。汲黯品性刚正，对袁昂和傅柏推崇备至，和个性耿直的灌夫、郑当时、刘弃等非常要好，他的这些朋友说话太过直率，因此仕途不顺，做官做不长。

窦太后的弟弟田蚡官拜丞相，但凡薪俸在2000石的官员拜见他时，都跪在地上卑躬屈膝地行礼，他从不回礼。汲黯拜见田蚡时从不下跪，只拱手作揖。汉武帝召见文士儒生，畅谈治国之道，汲黯直言道："陛下内心充满贪欲，只在表面上推行仁政，难道真的能仿效尧舜吗？"汉武帝听罢，脸色大变，沉默良久之后愤而罢朝。

大臣们都为汲黯捏了一把汗。汉武帝对近臣说："汲黯可恶至极，如此愚蠢憨直，简直是冥顽不灵。"有的大臣责备汲黯，汲黯辩驳说："公卿大臣职责是辅佐君主，一味献媚讨好、阿谀奉承，难道是想陷君王于不义吗？我位列九卿，不能因为吝惜自己的生命，就做出有损国家社稷的事情啊。"

智慧贴士

汲黯是官场上的另类，他清正刚直，好谏言，不肯摧眉折腰事权贵，还敢对当朝天子品头论足，指责其过失，曾两次擅作主张、违反君命，俨然就是一个特立独行的猛士。他敢于赌上身家性命和光明前程，坚守自我，坚持做正确的事情，付出再大的代价也在所不惜，结果不但没有招来祸患，反而赢得了最高统治者的敬重。可见无畏者无敌，一个人如果襟怀坦荡、光明磊落、无所畏惧，即便是暴虐成性的君王也会对他敬让三分，汉武帝的态度恰恰说明了这点。

直臣的为官之道

汲黯正直敢言，光明磊落，是个翩翩君子，连汉武帝都对他另眼相看。卫青求见汉武帝时，汉武帝如厕时便可接见他，丞相公孙弘觐见时，汉武帝不戴帽冠，唯独汲黯求见，汉武帝非常在乎自己的仪表，每次都是衣冠楚楚地露面。有一次，汉武帝听说汲黯有事奏告，因为没戴帽冠，躲在帷帐里不肯出来，吩咐其他人批阅了汲黯的奏折。

张汤当廷尉时，修改了不少法令。汲黯多次在汉武帝面前指责张汤："你作为正卿，上不能光大先帝之功业，下不能消除臣民的邪念，减少犯罪的发生。强国富民，保境安邦，你都做不到，却破坏法制，胡乱修改高祖定下的制度，你这样的人会断子绝孙的。"张汤非常气愤，以条文细节和汲黯辩论，汲黯大骂道："难怪人说不能让刀笔小吏做公卿，如今看来，果真如此。若依照张汤制定的法令行事，百姓就会吓得双脚并拢站立，不敢抬腿走路，眼睛都不敢直视前方了。"

汲黯看不惯道貌岸然的儒臣，总是当众指责公孙弘，说他外表智慧内怀诡诈，靠阿谀拍马讨得皇上欢心，又说刀笔小吏深究法律条文，巧妙地诋毁构陷他人，掩盖了事实真相，草草了结案件邀功。无论汲黯怎么抨击公孙弘和张汤，汉武帝依旧宠信这两个人。公孙弘和张汤对汲黯恨之入骨，想要找机会杀死他。公孙弘于是就对汉武帝说："右内史管辖的地区，住着许多皇亲国戚和达官显贵，不好管理，朝廷必须派个有名望的大臣前去，依臣之见，汲黯是最佳人选。"汉武帝采纳了他的建议，让汲黯担任右内使，任期的几年内，汲黯把政务处理得井井有条，公孙弘的借刀杀人计划失败。

淮南王刘安（刘长之子）密谋造反，担心汲黯阻挠，感慨地说："他直言敢谏，操守极高，为了追求正义不吝惜生命，这样的人是不会被诱惑的。要是朝廷的大臣都像公孙弘那样，事情就好办了，就如同随手解开蒙布或摇落枯朽的树叶一样容易。"汲黯位列九卿时，公孙弘和张汤不过是刀笔小吏，两人迅速高升，不久即位列三公了。汲黯于是对汉武帝说："陛下用人怎么像堆柴火一样，总是后来居上。"汉武帝不悦，责备汲黯愚直。

不久匈奴浑邪王归降，汉武帝征调2万辆车子迎接浑邪王及其部众，官府财政空虚，向老百姓借马，百姓纷纷把马藏匿了起来，长安县令一时凑不齐那么多的马匹车辆，汉武帝打算把他处死。汲黯进言道："长安县令无罪，陛下只要杀了我，老百姓就愿意献上自家的马匹了。匈奴将领降服汉朝，可让沿途各县预备马车把他们接过来，有必要扰动全国，让国人为了匈奴的降兵叛将疲于奔走吗?"汉武帝无言以对。

匈奴浑邪王到达后，中原商人使之和匈奴人做起了买卖，500人获罪被斩。汲黯进谏说："匈奴是我们的敌人，为了征讨他们，我们死伤无数，耗资数以百亿。臣以为俘虏了匈奴人，会把这些战俘赏给战死者的家属作奴婢，同时把战利品分发给军人的家属，没想到朝廷不惜倾尽府库安置赏赐他们，让中原百姓侍候他们，待他们如同宠儿一般。老百姓哪里知道从匈奴人那里买东西就会被判罪斩首呢？陛下优待匈奴而杀戮无知百姓，无异于庇护树叶损害枝根，实乃本末倒置，臣以为是不足取的。"汉武帝沉默良久，而后说："好久没听汲黯讲话了,今日他又胡言乱语了。"

几个月之后,汲黯犯了点儿小过错就被判罪,正赶上汉武帝大赦天下。汲黯没被治罪,仅仅被免了官。几年后,汉武帝又起用汲黯,封他为淮阳郡太守。汲黯不肯赴任,汉武帝强迫他任职,他推脱不过才领命。在他的治理下,淮阳郡政治清明,百姓安居乐业。汲黯一直兢兢业业治理淮阳郡,直至死在任上。

◎ 智慧贴士 ◎

汲黯多次以下犯上,却被霸道严酷的汉武帝当成社稷之臣,受到了极高的礼遇,这是为什么呢?有人认为是汉武帝宽宏大量,从善如流,能容忍臣子犯颜直谏。有人认为汲黯凭借无可匹敌的人格魅力折服了汉武帝,使其拥有了超常的度量。其实事情远没有那么简单,汲黯被评为社稷之臣,并非浪得虚名,他大部分谏诤都是从国计民生的角度出发的,给人以忧国忧民的印象,汉武帝不管是否是真心欣赏或喜欢他,都会被他的谏言所感染和打动,即便有时会怒气冲冲,冷静下来还是会咂摸汲黯话里的深意,这才是汲黯屡次犯上却被宽恕的根本原因。

酷吏列传

国之苍鹰郅都

郅都,是西汉河东郡杨县人。汉文帝时期,他在朝中做郎官,景帝时期,擢升为中郎将。他个性耿直,时常当众痛骂有过失的大臣,因此得到了汉景帝的宠信。有一天,郅都随汉景帝一块到上林苑游乐,宠妃贾姬如厕时,一头野猪窜了进去。汉景帝让郅都前去

解救，郅都无动于衷。

汉景帝拿起武器亲自上阵营救爱妃，郅都阻拦："失去一个妃子，可以再找一个，美丽的女人比比皆是，陛下若是遭遇不测，谁来安定社稷，侍奉太后呢？"汉景帝于是丢掉了兵器，折了回来。好在那头凶猛的野猪也走了。事后太后赏赐了100斤黄金。

郅都因为镇压豪强而名声大噪。当时各地豪强崛起，在地方称王称霸，他们大多目无王法，长期欺压百姓，横行乡里。济南的瞷氏家族有300多户，势力强大，一贯横行霸道，地方长官管制不了。前几任郡太守对瞷氏听之任之，郅都上任伊始，就把瞷氏家族中的首恶全部灭了族，活下来的人心惊胆寒，再也不敢为非作歹了。一年后，济南秩序井然，被治理得路不拾遗。附近的太守都非常钦佩郅都。

郅都为官清廉，两袖清风，从不拆看别人递交的求情信件，也不收礼。他时常说："既然离开了父母到朝廷做官，就得秉公办案，恪守节操，不能顾忌儿女私情。"公元前150年，郅都晋升为中尉。这一时期百姓大多守法，很少触犯刑律，唯有身份尊贵的皇亲国戚和恃宠而骄的功臣王侯知法犯法。郅都摒弃了"刑不上大夫"的等级观念，率先对犯法的贵族和高官施以酷刑，皇室成员和王侯都惧怕他，背后管他叫"苍鹰"，形容他执法严苛狠辣。

公元前148年，废太子刘荣修筑宫室侵占了宗庙用地，被押送到郅都的署衙受审。刘荣胆战心惊，请求给他笔墨纸砚，准备写信向父皇请罪。郅都不答应。魏其侯窦婴派人悄悄地把纸笔送到了刘荣那里。刘荣写完信之后，便自尽了。窦太后责怪郅都不肯通融，指责他连皇帝的亲生儿子都不放过，逼迫汉景帝罢黜了郅都。没过多久，汉景帝又起用了郅都，封其为雁门郡太守，派他到边关抵御匈奴。

匈奴人素闻郅都凶狠，听说他来戍边，即刻望风而逃，从此不敢踏入雁门半步。匈奴将领曾用木头雕刻郅都的人像，让骑兵向木头人射击。骑兵因为忌惮郅都，吓得浑身哆嗦，连箭都握不稳，竟无一人能射中目标。匈奴人痛恨郅都，派人潜入中原到处散播谣言。窦太后本来就因为废太子的死迁怒于郅都，听到流言之后，不加详查，便下令抓捕郅都，汉景帝认为郅都是忠臣，不想加罪于他。窦太后怒道："郅都是忠臣，临江王（指废太子刘荣）就不是忠臣吗？"郅都最终被处死。他死后不久，匈奴铁骑便大举进犯雁门郡。

智慧贴士

郅都与那些面目狰狞、贪婪猥琐的酷吏不同，他为官清廉，克己奉公，是一个铁面无私的执法者，对内不畏强权，敢于惩治豪强和王侯贵胄，对外勇于抵抗外侮，使民风彪悍的匈奴人为之胆寒。后人对他评价很高，称其为"战克之将，国之爪牙。"郅都最后屈死，是因为他"行法不避贵戚"，触动了统治阶层的敏感神经，可见在等级森严的封建社会，要想把"王子犯法与庶民同罪"的理念落到实处，有多么艰难。

汉代第一酷吏的升职秘诀

张汤是西汉时期的杜县人，父亲官拜长安县丞。有一天，父亲外出，让年幼的张汤看家。父亲回来后，发现家里的肉被老鼠吃了，异常恼怒，扬起鞭子把张汤痛打了一顿。张汤万分委屈，强忍着疼痛掘开了老鼠洞，把那只偷吃的老鼠捉住了，并缴获了赃物——吃剩的肉。张汤控诉老鼠行窃，对老鼠边严刑拷打边讯问，还有模有样地做笔录，接着把判决结果报告给父亲，将剩肉作为证据呈了上来，定罪之后，将老鼠分尸杀死。父亲见他写的罪状条理清晰，判

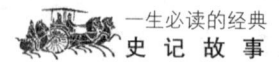

词老辣,遣词造句功力不输法官,甚为惊奇,于是就让他研习刑狱断案的文书。父亲去世后,张汤承袭了他的官位。

周阳侯位列九卿时,曾被囚禁在长安,张汤对他多加庇护。周阳侯获释后,被封为列侯,与张汤交好,把许多权贵介绍给了张汤。张汤给宁成做属官的时候,才能出众,宁成便举荐他到丞相府任职。不久,张汤升迁为茂陵尉,掌管陵墓修建工作。田蚡做丞相时,点名召张汤做内史。在田蚡的大力举荐下,张汤擢升为御史。在审理陈皇后巫蛊案时,张汤花了很大力气追查陈皇后的党羽。汉武帝对他的表现很满意,便擢升他为太中大夫,让他和赵禹一块制法令修条文。后来赵禹擢升为中尉,张汤擢升为廷尉。两人关系非常亲密,有如手足兄弟一般。

赵禹清廉,不结交权贵,也不豢养门客,公卿前来拜访,他从不回访答谢,断案时严格依法办事。张汤阴险狡诈,贪图小利,善于用阴谋诡计控制别人。担任九品芝麻官时,就开始以权谋私,暗中勾结长安富贾。位列九卿时,便不断阿谀名士权臣,虽然跟士大夫道不同志不合,却装出崇敬对方的样子。

汉武帝崇尚儒学,张汤判案时,总想附会儒家学说的观点,遂吩咐博士潜心钻研《尚书》《春秋》,让他们评判法令的可疑之处。遇到棘手的案件,就交给汉武帝裁决。汉武帝赞同的就记录下来,作为日后判案的法律依据,以此歌颂皇帝的圣明。被汉武帝批评时,他马上低头请罪,表现得十分顺从,然后举荐贤能的属吏,说:"他们向我提出过正确的建议,就像陛下说的那样,我没采纳,真是愚蠢透顶。"最终汉武帝没有追究他的过失。汉武帝看到好的奏章,张汤就说是自己的属吏写的。他举荐官吏时,不遗余力地夸赞对方,帮助对方掩盖过失,以此收买人心。

汉武帝想要严惩的案子,张汤就交给酷吏处理,汉武帝想要宽大为怀,赦免某个罪人,张汤就交给量刑较轻的官员处理。罪犯若是地方豪强,张汤便深究法律条文,巧妙地构陷;若是平民百姓,就直接口头上报给汉武帝,请汉武帝裁决。汉武帝往往会宽恕那些犯法的平民。

张汤能身居显位,是因为交游广阔,他经常宴请宾客,巴结官宦子弟,对穷朋友穷亲戚也很关照。拜见三公,风雨无阻,寒暑不避。他执法严苛,办案并不完全公正,但名声不坏,酷吏们全都乐于为他效力。山东发生水旱灾害,百姓流离失所,靠官府救济才能度日,国库几乎被耗尽了。张汤依照汉武帝旨意,铸造银钱和五铢钱,垄断了盐铁行业,大肆打压豪强,剥夺他们的巨额财产,巧妙地构陷他们。

御史中丞李文和张汤关系不睦,试图加害张汤。张汤的属官鲁谒居忿忿不平,匿名上告李文。张汤审理案件时,公报私仇,杀死了李文。事后鲁谒居生病在家,张汤亲自探望,还俯下身来替他按摩脚。赵王刘彭祖时常受到张汤打压,因此怀恨在心,揭发张汤和属官鲁谒居合谋害死李文。鲁谒居病死,他的弟弟受牵连入狱。张汤想暗中解救,表面上装作不闻不问的样子。鲁谒居弟弟误会了,心生怨恨,便揭发张汤和哥哥私下密谋陷害御史中丞。减宣负责审理张汤的案子。

减宣与张汤曾经结怨,没有把案子上报。恰好有人盗取了埋葬在孝文帝陵园中的铜钱,丞相庄青翟巡视陵园时没有尽到责任,因此打算向皇上谢罪,与张汤约定一块请罪。丞相谢罪后,张汤不认罪,反而要求汉武帝依法惩办丞相,丞相下属的三个长史因此记恨张汤。长史朱买臣与张汤有隙,他伙同另外两名长史构陷张汤,抓捕了囤积居奇的奸商田信,说张汤把国家机密和商业政策泄露给了田信,使得田信暴富,事后两人坐地分赃。汉武帝得知后,旁敲侧击地问张汤:"我想做什么,商人预先知道了,马上囤积获利多的货物,就好像是有人把我所有的想法透漏给了他们一样。"张汤佯装吃惊状:"必是有人那么做了。"恰在此时,减宣上报了张汤的案子。汉武帝认定张汤狡诈,犯下了欺君大罪,派赵禹逼迫张汤自杀。

赵禹指责张汤说:"你做的事情怎么能瞒得住皇上?你断案时,诛灭了多少家族,枉杀了多少无辜?现在别人告发你,铁证如山,皇上想让你自杀谢罪,你何必再狡辩呢?"张汤写信说:"张汤寸功未立,当初只不过是个刀笔小吏,承蒙陛下荣宠,得以位列三公,臣不想推卸罪责,但要澄清事实,是三位长史构陷臣。"写完,便挥刀自杀了。

智慧贴士

张汤是真正意义上的酷吏,作为皇帝的鹰犬,他素以猎杀为乐,善于罗织罪名、滥施刑罚,掌权期间制造了累累血案。不过这个铁腕式的人物却有奴颜媚骨的一面,知道该如何讨好皇帝和权贵,并且交游广阔,堪称八面玲珑的政治老手。他重点打击和迫害的对象,是汉武帝痛恨的地方豪强,对于无足轻重的平民百姓,向来网开一面,这也许是他唯一的可取之处。

血腥到令人发指的杀人狂魔

王温舒是杨陵人。早年干过盗墓的行当,后来步入了仕途,因擅断案擢升为廷史。之后得到张汤的赏识,升迁为御史。他缉捕盗贼时毫不手软,杀了许多人,因为政绩卓著,晋升为广平都尉。他在郡中选拔了10多个勇武的壮士作属官,事先掌握了他们的隐秘罪行,握住了每个人的把柄,然后通过要挟利诱等手段驱使这群亡命徒抓捕盗贼。谁要是表现好,无论之前积累了多少罪恶也不惩治,谁要是不奋力抓贼,那么就根据他以前犯下的罪行杀死他,甚至诛灭全族。齐地和赵地的盗贼都非常惧怕王温舒,不敢到广平郡行窃,广平郡盗贼越来越少,居然赢得了路不拾遗的好名声。

汉武帝听说后,把王温舒调到河内做太守。河内多豪强,然王温舒有备而来,刚走马上任不久就准备处死1000余户人,上疏奏请汉武帝,要求将罪责严重的豪强灭族,罪责轻的处死、抄没家产。汉武帝批准了。短短两三天内,王温舒就得到了批复。他于是更加有恃无恐,开始大开杀戒,致使河内血流10余里。当地人吓得魂不附体,从此不敢说话,晚上不敢出门,郊野狗吠声断绝,因为盗贼不敢趁夜行窃了。少数没被缉拿的罪犯,纷纷逃到附近的郡县去了。等到把那些逃犯全部抓捕归案,已经是第二年春天了。汉武帝认为王温舒做事很有成效,便擢升他做了中尉。

王温舒熟悉关中地区,对于地方豪强恶霸和酷吏的情况了若指掌,知道该怎么拉拢他们,豪强和酷吏全都乐于为他效力。官府严厉打击犯罪的时候,盗贼和恶少就花钱买回告发自己的罪状。王温舒喜欢巴结奉承有权有势的人物,轻贱平头百姓,对庶民就像对待卑微的奴仆一样,对待有权贵的人总是敬让三分,即便权贵罪恶滔天、罄竹难书,他也不过问。失掉了权柄的,哪怕以前是皇亲国戚,他也要落井下石、欺侮一番。他擅长深究法律条文构陷平民和豪强。罪犯大多被打得皮开肉绽、血肉迷糊,以致伤口化脓腐烂,惨死狱中。凡是被他定了罪的,没有一个能活着出狱。他的属官全都像老虎一样凶狠,令人望而生畏。他得势时,他的属官大都春风得意,变得非常富有。

后来王温舒奉命攻打东越,从战场上归来之后,议事不合汉武帝的意思,犯了小错便被免职了。不久,汉武帝想要大兴土木修筑通天台,王温舒建议从中尉麾下逃脱兵役的男子中挑选几万人,充当劳力。汉武帝觉得这个主意不错，于是封他做了少府，不久又让他当了右内史。王温舒因犯法再次被免职，不过没过多久就又回到了官场，被任命为右辅。一年后，有人揭发王温舒收受贿赂，贪赃枉法以及种种恶事，要求数罪并罚，诛灭其家族。王温舒畏罪自杀。他的两个弟弟和两个姻亲都因为犯了法被灭族。光禄徐自为长叹道："多么可悲呀，古时只听说过夷灭三株的事，王温舒竟被灭了五族！"王温舒死后，被抄没的家产足有1000金。

智慧贴士

王温舒杀人如麻，曾经创造过一口气诛灭1000余家，使街市流血10余里的惨案，残忍程度令人发指。相较于其他酷吏，王温舒更加变态和癫狂，他不仅酷爱杀人，还热衷于施虐，总是残酷地折磨犯人的肉体，无休止地滥施淫威，把正常的监狱变成了比魔窟、地狱还要可怕的存在。更可恶的是，他仗势凌人、畏强欺弱，不敢在权贵头上动土，一味讨好巴结权势人物，对平民百姓或落魄的贵族则异常凶狠。他不敢向强者发难，只敢严酷地欺压弱者，堪称是色厉内荏的典型。可以毫不夸张地说，王温舒集中体现出了酷吏奸猾、暴虐、色厉内荏等特征，无比邪恶和可怕。那么究竟是谁培养出了这种张牙舞爪的怪物？当然是高高在上的皇帝。酷吏能猖狂作恶，是因为背后有皇权支持，归根结底酷吏是皇权的代言人，因此他们才能为所欲为、无法无天。

大宛列传

险象环生的西行之旅

张骞是西汉时期的汉中人,汉武帝在位时,任郎官。汉武帝听归降的匈奴人说,匈奴人残忍地杀死了月氏的君王,并用他的头骨做了酒器,两国结下了血海深仇,于是就产生了联合月氏一起剿灭匈奴的想法。出使月氏,必经过匈奴占领的区域,路上危险重重,只有勇敢无畏、才干出众的人才能担此重任。张骞成了不二人选。

公元前139年,张骞带着100多人出使西域。途径匈奴人占据的地区,遇到了麻烦。张骞等人尽管非常小心谨慎,还是被匈奴人发觉了,沦为了俘虏。他们被囚禁了10余年。期间,张骞娶了热情奔放的匈奴女人为妻,两人生下了孩子。尽管已经在匈奴安了家,张骞却一直心系大汉,小心翼翼地保存着汉朝的符节,无时无刻不期盼着完成使命,回到故国。有一天,他趁匈奴人不备,悄悄找到堂邑父商量逃跑的事。他们偷走了两匹良马,向西逃遁而去。骑马驱驰了几十天,终于逃出了匈奴的地盘,来到了大宛。

大宛近邻匈奴,两国语言相通。张骞和堂邑父用匈奴话和大宛人沟通,大宛人把他们引荐给了国王。大宛王素闻汉朝疆域广大、物华天宝,所以很高兴地接见了张骞和堂邑父,询问他们想去哪里。张骞回答说:"我奉命出使月氏,半路上被匈奴人扣押了,好不容易逃脱,希望大王派人护送我们去月氏。大王若能出手相助,我们回到汉朝,将会赠送大王一大笔财物。"大宛王相信张骞,于是给他们提供了向导和翻译，派人护送他们到了康居。康居人又护送他们去了大月氏。当时大月氏国王已经死在了匈奴人手上，太子被立为新的国王。

这位国王武力征服吞并了大夏。大夏土地肥沃、物产丰富，距离匈奴很远，他想就地建立大月氏国，不想向匈奴复仇了，没有联合汉朝攻打匈奴的意愿。张骞和堂邑父等人在月氏国逗留了一年多时间，费尽唇舌也没能说服月氏王，只好失望离去。他从南山出发，想要绕道从羌人聚居的地方返回长安，没想到又被匈奴俘虏了。他被匈奴又扣押了一年多的时间。匈奴单于去世了，匈奴左谷蠡王发动政变攻打太子，自立为单于。

张骞趁乱带着自己的妻子和堂邑父逃跑了，一路逃奔到了汉廷。因出使西域有功，张骞被封为太中大夫，堂邑父因帮助过张骞被奉为史君。堂邑父是匈奴人，喜欢引弓射箭，在逃亡途中，时常猎杀野物为食，帮助大家度过了危机。他是使团中非常重要的一个人物，随同出使西域100多名使节中，只有他和张骞回到了汉朝。张骞意志坚定，饱经忧患，却初心不改，不辱汉节和使命，受到汉武帝的赞赏，他的足迹遍布大宛、大月氏、大夏、康居及其附近的属国，走遍了西域诸国，他把沿途的见闻全都报告给了汉武帝，主动请缨再次出使西域。

汉武帝听说大宛和大夏都是富庶的大国，境内有很多珍稀之物，又听说月氏和康居军事很强大，而这些强盛的国家都对汉朝的财物感兴趣，就想以财物相诱，促使西域人归附汉朝。如此一来大汉王朝就能威加五湖四海，向西拓展出万里的土地了。公元前119年，张骞被封为中郎将，他带着牛羊马匹和无数的丝绸绢帛以及沉甸甸的黄金，在300名随从的护卫下，再次出发了，出使了乌孙、月氏、大宛、于阗等国家。回国后，张骞擢升为大行令，位列九卿，一年后，张骞病逝。他派遣到西域各国的部下陆陆续续返回了汉朝，这批人共出使过36个国家。自此以后，西域和汉朝往来越来越频繁，双方建立了友好的外交关系，汉武帝每年都要派使臣出使西域，丝绸之路上的商旅更是络绎不绝。

智慧贴士

张骞出使西域，是一次外交活动，目的在于联合大月氏共同对付匈奴，可是他的影响和意义完全超出了军事范畴。张骞的外交旅行堪比一场险象环生的探险活动，在历险的过程中，他对沿途各国进行了考察，详细了解了西域诸国的风土人情和国家情况，掌握了第一手的珍贵资料，并间接促进了不同民族之间的文化交流，为丝绸之路的开辟奠定了基础。在交通不发达、信息闭塞的古代，张骞的活动意义重大，它缔造了一座沟通东方古国和西域诸国的文化桥梁，使彼此加深了认识和理解，这是一种伟大的壮举，可与郑和下西洋相比拟。

汗血宝马争夺战

从西域来的使者，更换频繁，西域和大汉的往来很长时间没有中断过。大宛以西的外国使者骄纵安逸惯了，汉朝没办法用礼法约束他们。从乌孙以西到安息的西域国家，因为距离匈奴比较近，不敢对匈奴使者不敬，匈奴使者只要出示单于写的信，沿途诸国就轮流设宴款待，丝毫不敢怠慢。汉朝距离西域太远，威慑不了西域诸国，汉朝使者到达时，不奉上精美的丝绸布帛和金银财物，他们就不给提供伙食，不花钱购买牲畜，就没有坐骑可骑。汉朝使者只有拿出财物，西域诸国才肯招待他们。

大宛左右的国家酷爱美酒，当地人用葡萄制酒，富裕的人家窖藏超过1万石，陈年佳酿保存几十年都不变质。马以吃苜蓿草为食，长得膘肥体壮。汉朝使者带回了葡萄、苜蓿的植物种子。汉武帝命人在广袤的土地上种植葡萄、苜蓿，离宫别苑附近也种这两种植物。除了引进西域植物以外，汉朝还引进了许多良马，外国使者多了，汉朝得到的西域宝马也就多起来。

从大宛以西到安息，各国都有自己的语言，但风俗习惯基本相同。那里的人皆眼窝深陷，目光深邃，男子胡须较重，善于经商，一分一铢都要计较。人们尊重妇女，妻子讲话，丈夫要乖乖照办，不敢有丝毫的忤逆。当地没有丝绸和漆，不知道该怎样铸钱和制作器物。汉朝使团中流亡的人，教给他们打造兵器和制作各类器物的方法，他们学会了以后，一旦得到金银，就用来铸造器皿，从不用它们铸钱。

有一天，汉朝使者回来报告汉武帝说："大宛的贰师城有很多良马，大宛人把这些好马全都藏匿起来了，不肯给我们。"汉武帝非常喜欢大宛的骏马，听到这个好消息，欣喜万分，马上派车令（军事职官名称）带着千金和黄金打造的马匹到贰师城换大宛名马。大宛已经得到了很多汉朝的财物，不想贩卖本国的名马。大宛王对大臣们说："汉朝与我国相距甚远，使臣经过盐泽千里迢迢来到我国，北有匈奴袭扰，南面水草稀少，沿途没有城镇，食物匮乏，因此有许多人死在了半路上。每批使团都有好几百人，因为没有充足的食物，饿死者过半。在这种情况下，他们怎么可能劳师动众派大军前来呢？他们不能拿我们怎么样，贰师出产的马是我国最好的马，不能给他们。"

汉朝使者没有得到贰师宝马,非常愤怒,威胁说要砸碎金马,回去复命。大宛官员也很生气,认为受到了无理对待,遂驱赶汉朝使者,同时命令郁成国截杀汉朝使者,抢劫财物。汉武帝大怒,欲出兵讨伐大宛。姚定汉等出使过匈奴的臣子说,大宛军事较弱,汉朝出动3000兵马,用弓弩射杀他们,就能大获全胜。汉武帝曾派浞野侯率700骑兵攻破过楼兰,活捉了楼兰王,所以他想当然地认为,西域国家兵力不过尔尔,坚定了征讨大宛的决心。

当时汉武帝非常宠爱李夫人,希望李家人建立战功封侯,于是就封李夫人的哥哥李广利做贰师将军,派他率军讨伐大宛。但打仗的目的不是为了教训大宛,而是为了远征贰师城,夺得良马。李广利带领大批人马越过了西部的盐泽,沿途小国都非常害怕,全都关闭了城堡,坚守不出,不给汉军提供饮食。汉军攻城,久攻不下,被迫离开。到达郁城(大宛边城)时,军队只剩下了几千人,大家又累又饿,攻城时被守军打败。汉军死伤众多,退守敦煌时,士兵只剩下了十之一二。李广利派使者向朝廷报告说:"路途遥远,军粮匮乏,士兵不怕打仗,只是担心行军途中饥饿难忍。现在所剩兵丁甚少,兵力不足以攻下大宛,希望暂时班师回朝,以后再派军队讨伐。"

汉武帝听罢,勃然大怒,派人把李广利的军队拦在了玉门关,下旨说谁敢出关就斩首示众。李广利害怕,只好留在了敦煌。当初汉军从敦煌出发,西进攻打郁城时,上中生率领的军队因为离李广利的主力军近,仰仗人多势众,急于攻城,因为轻敌而被敌人打败,几乎全军覆没,只有少数几个人逃回了李广利那里。李广利派上宫桀攻打郁城,守军投降,郁成王逃到了康居国。康居国畏惧汉军,把郁成王交给了上宫桀,郁成王最终被上宫桀麾下的骑兵所杀。

247

李广利第二次出兵讨伐大宛时，汉武帝要求乌孙国助战，乌孙国派了2000名骑兵赶往前线，这些士兵始终踯躅不前，不肯作战。李广利凯旋得胜，率军返回时，沿途的小国听说大宛被汉军打败了，纷纷派贵族弟子进献贡物，入京朝见汉武帝，因而成了汉朝的人质。汉军到达玉门关时，士兵有1万多人，战马超过1000匹，军队既不缺粮草，也不缺坐骑，然而军官都贪财，不体恤士卒，私下里侵吞了大量的军饷，导致大量士兵饿死。汉武帝念在他们远征大宛的分上，没有追究，许多人得到加官进爵的待遇，李广利被封为海西侯。士兵得到的赏赐约有4万钱，两次出征大宛，战争历时四年才结束。

智慧贴士

汉武帝为了得到西域天马即汗血宝马，劳师动众远征大宛，战争历时四年，耗用了大量的财力、物力、人力，致使无数战士血染沙场、埋骨异乡，沦为大漠黄沙荡中的孤魂野鬼。战争结束后，他终于得到了自己梦寐以求的名马，并让李广利成功封侯，对于这次得不偿失的军事征服行动他没有流露出丝毫悔意，其顽固和冷酷足见一般。司马迁通过李广利远征大宛的历史事件，间接批评了汉武帝好大喜功、刚愎自用、穷兵黩武的恶劣本性，表达出了鲜明的反战立场。

游侠列传

隐身市井的平民英雄

　　古代出身平民的侠客，不见史册，鲜有耳闻。近代的豪侠包括季子、孟尝君、春申君、平原君、信陵君等人，他们都属于王族贵胄，有自己的封国和雄厚的财力，广招天下贤士，在诸侯国中很有声望。像闾巷这样的平民侠客，品性高尚，重名节，美名传遍了天下，人们皆称赞他的贤德，这是非常难得的。可惜儒家和墨家排斥这类人，不曾在文献中记载过他们的故事。秦朝以前，平民侠客的英雄事迹全都湮没在历史长河中了，后人难以知晓。自汉朝开国以来，涌现出了朱家、田仲、王公、剧孟、郭解等侠士，他们虽然时常触犯官府的禁令，但做事符合道义，品性纯良，且知进退，虚己有礼，身上有许多值得称道的地方。

　　平民侠客被称为大侠，并非浪得虚名，读书人当中有不少人发自内心地敬佩他们。侠客和仗势欺人、鱼肉乡里、狼狈为奸的豪强恶霸不一样，豪强的行为游侠深以为耻。一些世俗之人误把朱家和郭解等侠客和恃强凌弱、称霸一方的豪强看成是同类，不分青红皂白地嘲笑他们，这是不足取的。

　　鲁国的朱家生活在汉高祖刘邦统治时期。鲁国人皆崇尚儒学，但朱家却因为侠义精神而闻名于世。他藏匿的落难英雄多达数百位，营救的普通人多得数不胜数。可他从不自夸，广施恩德，却不孤芳自赏，不愿再见到自己施舍救济过的人，做事不求回报。他常扶危济困,在别人贫贱时,就替人排忧解难。家中没有余钱,衣裳又破又旧,每餐只吃一道菜,出门乘坐牛车出行。他一心帮助别人,救助别人比替自己办私事还热心。他曾经藏匿过季布将军,使其免于被汉高祖所杀。后来季布显贵了,他始终没有去见季布。因为讲道义,函谷关以东的人都想和他交朋友。

楚地的田仲是个大名鼎鼎的侠客,他热爱箭术,崇尚侠义精神,如同侍奉父亲那样侍奉朱家,始终觉得自己的操守德行比不上朱家。田仲去世后,洛阳出现了一个叫剧孟的侠士。洛阳商业发达,当地人大多以经商为生,剧孟却因为到处行侠仗义而名噪一时。吴、楚发动七国之乱时,太尉周亚夫乘车赶到了洛阳,将剧孟纳入幕府,事后高兴地说:"诸侯起兵作乱不求剧孟这种闻名遐迩的人物相助,必掀不起大风大浪。"在局势动荡的时候,周亚夫得到了剧孟这种慷慨侠义的人才,就如同得到了一个诸侯国一样。

剧孟的行事风格和朱家颇为类似,但两人爱好不同,剧孟喜欢博戏,尤爱少年人之间流行的游戏。剧孟母亲去世了,远道而来送丧的,马车足有上千辆。剧孟去世时,什么都没留下,家产不足十金。

符离人王孟因为路见不平拔刀相助,四处游侠,扬名于江淮。济南的瞷氏和陈地的周庸都是远近闻名的豪侠。汉景帝听说了他们的大名以后,派人将这些人统统杀死了。后来又涌现出了代郡的诸白、梁地的韩无辟、阳翟的薛兄、陕地的韩孺等闻名江湖的豪侠。

智慧贴士

秦汉时期多慷慨悲歌之士,是游侠辈出的时代,但关于他们的记载却少之又少。多数史学家对这一群体有着根深蒂固的偏见,不屑于在他们身上浪费笔墨。唯独司马迁对平民侠客给予了充分的肯定。在司马迁的生花妙笔之下，隐匿湮没于历史长河之中的无数布衣侠士，终于得以重见天日，栩栩如生地展现在我们面前，从他们身上，我们看到了锄强扶弱、重情重义、轻生死重然诺的诸多高贵品质，大侠们的事迹足以光耀千古，其侠义精神值得世代传承和歌颂。司马迁把他们描绘成可歌可泣的英雄，超越了当时史学界的局限性，超越了官方和世俗的界定，足见其眼光有多么独到。

中国历史上最后一位豪侠

郭解是轵县人，父亲因为仗剑江湖、行侠仗义，在汉文帝时期被官府所杀。郭解生得短小精悍，小时候便喜欢耍狠斗勇，愤愤不平时就要拔刀杀人，曾经亲手杀过不少人。他非常讲义气，乐于舍命给朋友报仇，私下里藏匿过犯下重罪的朝廷要犯。年少气盛时，他屡屡触犯法律，但运气非常好，危急时刻总能成功脱身。

郭解年长时，反思自己年少时的种种作为，觉得非常羞愧，于是悔过自新，对人以德报怨，看到有人落难便奋不顾身搭救，从不奢求对方回报，也不夸口。可惜他的火暴脾气和残忍的本性大体未改，仍会因为不足挂齿的小事动手杀人。血气方刚的少年大多仰慕郭解，经常擅自杀死郭解的仇人，替郭解报仇，行事隐秘，不让郭解本人知情。

郭解的外甥跟别人饮酒，强迫对方喝完整怀酒，那人不胜酒力，拒绝了。他强行灌酒，那人忍无可忍，一怒之下就拔刀把他杀死了。凶手逃之夭夭，几乎断了音信。郭解的姐姐非常气愤，把儿子的尸体弃于路旁羞辱郭解。郭解竭尽全力追拿凶手，终于把仇人逮到了。那人将当日饮宴的事情如实相告。郭解认为外甥傲慢无礼，挑衅在先，别人在被激怒的情况下杀人，没有过错。于是把凶手放了。人们听说这件事以后，更加敬佩郭解了。

乡人都很敬畏郭解，唯有一个路人讨厌他，见到郭解，面露鄙夷之色，神情无比傲慢。郭解的门客大怒，想要杀了那人。郭解阻止了，对门客说："我长年居于此地，竟得不到别人的尊敬，想来是我德薄，品行不足以服众，这怨不得别人。"他不仅没有伤害那个无理之人，还嘱咐尉使免除那人的徭役，那人终于受到了感化，亲自登门向郭解负荆请罪。

洛阳有两户人家，结怨很深，先后有数十名德高望重的人出面调解，他们依然彼此对立仇视，不肯冰释前嫌。郭解夜里悄悄地拜会了这两户人家。双方都很仰慕郭解，答应重归于好。郭解嘱咐他们说："以前有许多有名望的人出面调解，你们都不肯听从，现在听了我的话马上和好，那些豪杰们知道了，必然面上无光。你们暂时不要和解，等洛阳豪杰再次出面调解时，你们再握手言和。"说完，便消失在茫茫夜色中。

公元前127年，朝廷准备把各地的豪强富户迁移到茂陵一带。郭解家贫，本不该强令迁居，但竟然榜上有名。卫青将军把郭解的情况禀报给了汉武帝，说此人不符合迁居的标准。汉武帝疑惑地说："一个平头百姓竟能让大将军替他说情，说明他根本不是穷人。"原来杨季主之子担任轵县县掾时，希望郭解离开，便随手把他的名字列入了迁移者的名单。郭解的侄子弄清内幕后，杀死了杨县掾。

郭解举家迁往茂陵后，关中豪杰纷纷前来登门拜访。郭解怨恨杨县掾害得自己背井离乡，就杀死了杨季主。杨季主的家人上书告状，被仰慕郭解的人所杀。汉武帝听说后，勃然大怒，下令通缉郭解。郭解到处逃亡，每到一处，都以实情相告，不曾隐姓埋名。人们不仅没有告发他，还友善地接待了他。过了很久，官府才抓到郭解，查出了许多大案，发现皇帝大赦天下之前，郭解杀了许多人。也就是说郭解逃脱法律惩罚是因为遇到了大赦，完全是靠运气逍遥法外。

一次，轵县有个儒生和查办郭解一案的人员闲聊。儒生说："郭解作奸犯科、阴险狡诈，怎能说他是贤人呢？"郭解的门客听到这话，气得热血上涌，当场杀了那儒生，并割掉了对方的舌头。官吏让深陷大狱的郭解交代凶手的名字。郭解不知道那门客是何许人。官吏于是对汉武帝说郭解无罪。公孙弘说："郭解只是一介平民，却行侠弄权，因为一点小事就害人性命。这件事郭解虽不知情，但罪过比他亲自动手还要严重，应判处他大逆之罪。"汉武帝遂下令处死郭解，诛灭其家族。

智慧贴士

郭解是司马迁浓墨重彩着力塑造的游侠形象，他重承诺，义薄云天，时常救人于危难困厄之中，具有舍己为人的美好品质，集中了侠士的大部分特点，可惜最终却落得身死族灭的下场。一个小小的布衣游侠何以引起汉武帝的重视，并使其下了诛杀令呢？这是因为在法制不健全、官僚风气浓重，正义得不到声张的时代，游侠依仗自己的名望和影响力维护社会秩序，触犯了封建统治者的根本利益，汉武帝对郭解之流杀之而后快也就不难理解了。

佞幸列传

坐拥铜山却活活饿死的宠臣

宫廷中，女人靠艳压群芳的美色和阿谀谄媚获得皇帝的恩宠，士人和宦官同样如此。汉高祖个性粗犷暴烈，却有籍孺献媚得宠。汉文帝宠信闳孺。籍孺和闳孺无才无德，只是靠着温婉柔顺的性格和谄媚逢迎的本事讨好皇帝而人前显贵，他们竟能和当朝天子同起同卧，亲密无间，公卿大臣都要通过他们向皇帝奏事。汉惠帝在位时，郎官和侍中全都戴着鸟翎装饰的帽冠，衣带装饰精美，个个涂脂抹粉，这都是因为受到了籍孺和闳孺的不良影响。

汉文帝的宠臣，有士人也有宦官，士人中最受宠的是邓通。邓通是蜀郡南安人，因擅划船，当了黄头郎（掌管船舶行驶的小吏员）。有一天晚上，汉文帝做了一个奇异的怪梦，梦见自己向天上飞升，费尽力气也升不上去。踌躇间，有个黄头郎在他背后猛推了一把，他终于如愿升上了天。他回望黄头郎，只见那人衣带的背后打了个结。醒来以后，汉文帝认为这是个吉梦，梦见升天就预示着自己要羽化成仙，须借助黄头郎的力量才能得偿所愿，于是下令寻访梦中的黄头郎。恰好邓通的衣带背后打了个结，汉文帝便召见了他。

邓通虽然没有才干，但做事谨慎，善于揣摩圣意，因此得到了汉文帝的宠信。他从不与外人来往，很少外出，不招惹是非。汉文帝很喜欢他，赏赐给他的财物高达上亿钱，并提拔他做了上大夫。邓通不通政务，不能举荐贤能，所以处事非常谨慎，一味阿谀谄媚，迎合圣意。有一天，汉文帝找来相面先生给邓通相面。相面先生打量了邓通一番，预言邓通将来会死于贫穷饥饿。汉文帝不解地说："邓通是贫贱还是富贵，取决于我，我让他永享富贵，他怎么可能穷困至死呢？"

为了让邓通一辈子富贵，远离贫穷苦厄，汉文帝将蜀郡严道的铜赏赐给了他，并授予其铸造铜钱的特权。邓通铸造的钱币在全国各地流通，他瞬间变得富可敌国。后来汉文帝身上长了毒疮，邓通时常用嘴给他吸吮脓血。汉文帝见臣子服侍自己如此恭敬周到，而自己的儿子却不肯这样做，心中大为不悦。于是便问邓通天下谁最关心自己。邓通回答说当然是太子。不久，太子前来探视，汉文帝要求太子给自己吸吮毒疮里面的脓血，太子很不情愿，又不敢公然抗命，只好苦着脸照做了。汉文帝看到太子面有难色，很不高兴。事后，太子听说邓通时常给汉文帝吸吮脓血，完全不怕肮脏，觉得有些惭愧，由此记恨邓通，认为正是由于邓通的存在，父子俩才有了隔阂，父皇才开始对自己的表现不满。

汉文帝驾崩后，太子继承大统，他就是历史上著名的汉景帝。汉景帝登基不久，就罢黜了邓通，并唆使人弹劾邓通，说他盗窃了境外的铸钱。案子草草了结了。邓通的家产全部被抄没，即便如此，他仍欠朝廷好几亿钱。长公主刘嫖见邓通可怜，就赏赐给他一笔钱。官员听说后，马上将这些钱没收，用来抵债，甚至连一只值钱的簪子都没给邓通留。此后，长公主只为邓通提供衣食化销，不再赏赐钱财。邓通长期寄食在别人家里，最终穷困潦倒而死，印证了相面先生的预言。

智慧贴士

邓通是汉文帝的嬖臣，无才无德，但因通晓惑主媚上之术，便扶摇直上，成了炙手可热的大红人，获得了毕生享用不尽的荣华富贵，讽刺的是，最后竟死于贫困饥饿。他奇特的人生经历完美地诠释了人生无常的定义，那么一代富甲一方的嬖臣为何落得如此凄惨的下场呢？直接原因是，他为汉文帝吸脓得罪了汉景帝，结果被汉景帝秋后算账。也就是说他的人生以悲剧收场是因为得罪了拥有生杀予夺大权的君王。他平步青云，是因为深得汉文帝喜欢，惨遭迫害，是因为不被汉景帝所容。真可谓是成也君王败也君王。归根结底，嬖臣是皇帝的附庸，两者是皮与毛的关系，正所谓"皮之不存，毛将焉附"，江山换了主人，他们大多不会有什么好下场。

武帝和蓝颜知己的爱恨情仇

汉景帝时期，唯有郎中令周仁受宠，汉景帝对他的宠信超过了一般臣子，但君臣之间的感情并不深厚。汉武帝宠爱韩王信的曾孙韩嫣和宦官李延年。汉武帝当胶东王的时候，曾经和韩嫣一同学习。汉武帝做了太子以后，两人关系越来越亲密。韩嫣擅骑射，习得一身好武艺，但并非莽夫，懂权谋，知道该怎么阿谀谄媚。

汉武帝登基后，准备大举征讨匈奴，韩嫣第一个练习匈奴兵器，受到汉武帝赞赏，被提拔为上大夫。汉武帝给他的赏赐非常优厚，堪比邓通。私下里，汉武帝常和韩嫣同榻而眠，同卧同起，两人形影不离。有一天，江都王刘非入京朝拜，汉武帝让他随自己到上林苑游猎。汉武帝的御驾因为戒严清道的缘故迟迟未出发，于是派韩嫣带着百名骑兵先行一步。刘王见到韩嫣的豪华副车，以为是汉武帝到了，赶忙令随从避让，自己伏地跪迎。韩嫣驱车呼啸而过，没有理会刘非。刘非得知真相后，非常生气，向太后哭诉说："请朝廷收回我的封国吧，让我回到皇宫做个侍卫，就像韩嫣一样，伴随君王左右。"太后从此记恨韩嫣。

韩嫣出入宫廷，从未有人阻拦。渐渐地，他的目光转向了后宫，和永巷宫女私通。太后大怒，勒令韩嫣自杀谢罪。汉武帝亲自前去求情，替韩嫣谢罪。太后不为所动，依旧不依不饶，坚决要处死韩嫣。韩嫣被逼自杀。

汉武帝宠信的宦官李延年是中山国人。其父母兄弟姐妹都是能歌善舞的伶人。李延年因为触犯法令而受了宫刑，后来在狗监当差。汉武帝的姐姐平阳公主曾经向汉武帝提起过李延年的妹妹，说她舞姿动人、声色甲天下。汉武帝听罢，马上召见了李延年的妹妹，被对方的姿色和舞蹈迷住了，不久即宣她入宫。妹妹进宫后，李延年也被召进了宫，迅速显贵起来。李延年善音律，入宫后创作了新的曲目，当时汉武帝正在修天地庙，想用新的歌词配乐演唱。李延年的妹妹李夫人很受宠，很快就诞下了皇嗣。因为李夫人的缘故，李延年得以亲近汉武帝，平时和汉武帝同卧同起，受宠程度不输韩嫣。

过了一段时间，李延年开始和宫女私通，有了秽乱后宫的行为，态度愈发骄纵。后来李夫人病死了，李家失势，李延年的弟弟李季在后宫淫乱被定罪，李延年受到了牵连，兄弟俩双双被处死，宗族被诛灭。此后能得到皇帝恩宠的大臣，基本都是外戚，卫青和霍去病也是因为外戚的身份而显赫起来的，不过他们自身也有才能，且都比较进取，不同于一般的皇亲国戚。

智慧贴士

汉武帝最为宠信的臣子共有四人，分别是卫青、霍去病、韩嫣、李延年，前两人是外戚身份，凭借赫赫战功和真刀真枪的本事充分证明了自身的实力，得以青史留名，韩嫣和李延年既无寸功，也无才德，只会谄媚逢迎，得宠时骄纵跋扈、胡作非为，流露出小人得志的嘴脸，最后自取其辱，惹来杀身之祸。从韩嫣、李延年得宠一事，我们可以看出，多数雄才大略、极度自负的政治领袖，都偏好阿谀谄媚之流，喜欢别人歌功颂德，偏爱对自己俯首帖耳、想方设法娱乐自己的人，这是自高自大的政治人物共有的弱点，无能之辈得势得宠多半源于此。

滑稽列传

赘婿淳于髡的高见

淳于髡是齐国的入赘女婿，形貌短小，身高不足七尺，才思敏捷、口齿伶俐，有辩才，多次出使外国，均受到礼遇，不曾被怠慢侮辱过。齐威王当政时期，久居深宫，通宵达旦地举杯欢饮，长期不理朝政，把国家大事全都交给卿大夫处理。朝中百官皆沉醉于声色犬马，不问政事，诸侯各国一旦发兵来犯，齐国旦夕之间就会亡国。在这种情况下，齐威王的近臣忌惮君王的淫威，都不敢开口进言。

淳于髡对齐威王说："京都有只奇异的大鸟，栖落在王室庭院中，三年了，不飞也不鸣叫，大王知道这究竟是为什么吗？"齐威王从隐语中听出了话外之音，于是朗声回答道："这鸟不飞则已，一飞便能直入云天，不鸣则已，一鸣便能震惊四座。"说完，马上下诏令齐国72县令入朝商议国事，当场奖励了一名表现良好的官员，处死了一名不合格的大臣，然后调动军队抵御进犯的强敌。各路诸侯很害怕，纷纷把从齐国抢夺来的土地还给了齐威王。齐国在诸侯国内的国威足足维持了36年。

公元前271年，楚国进犯齐国的边境。淳于髡奉命前往赵国搬救兵。齐威王嘱咐他带上百斤黄金和10辆驷马车等礼品，拜见赵国国君。淳于髡哈哈大笑，把帽缨都笑断了。齐威王问："你是嫌礼物少吗？"淳于髡说："臣不敢。"齐威王疑惑地问："那么先生何故仰天大笑？"淳于髡不紧不慢地回答说："微臣从东边过来时，见到一个人向田神祷告，只献上了一只猪蹄和一杯浊酒，就絮絮叨叨祈求道'高地上的谷子装满箩筐，低田里的粮食装满车辆，保佑我五谷丰登，米粮满仓。'臣见他用那么少的祭品，就向神明祈求那么多东西，觉得很可笑，所以就忍不住笑出声来。"

齐威王会意了，把赠送给赵国的礼品黄金增加到千镒金，驷马车增加到100辆，又奉上白璧10双。淳于髡带着这些厚礼去了赵国。赵国马上出动10万大军和千辆战车驰援齐国。楚国闻讯，连夜撤军。齐威王听说楚军撤退了，很高兴，备下酒宴招待淳于髡。席间，问了一个问题："你喝多少酒才醉？"淳于髡说："饮一斗酒能醉，饮一石也能醉。"齐威王糊涂了："既然喝一斗酒就已经醉了，怎么能喝下一石呢？"

淳于髡回答说："大王赐酒，执法官横眉怒目地站在臣的身侧，御史在臣的身后，臣提心吊胆，低着头伏在地上慢慢啜饮，喝不到一斗就已经有醉意了；若父母有贵客来访，臣卷袖躬身相迎，不时敬酒，客人赏臣残酒，臣频频举杯，喝不到二斗就醉了；和阔别多年的朋友一块交游，大家欢聚一堂，高兴地畅谈往事，互诉衷情，喝五六斗就醉了；乡间聚会，男女混坐，互相敬酒，滞留多久都可以，可尽情玩六博、投壶之类的游戏，与异性出双入对、把酒言欢、暗送秋波、传情达意，不会受到任何惩罚，也没有人出面制止。眼前有女人遗落的耳环，背后有随意抛掷的发簪。那是臣感到最快乐的时候，就算喝下八斗酒，至多只有两三分醉意。待天色向晚，酒快喝完了，将残酒放到一起，男男女女同席促膝而坐，鞋履木屐混放在一起，杯盘狼藉不堪，蜡烛熄灭了。主人将客人们全都打发走了，唯独让臣留宿，然后解开绫罗短袄的衣襟。臣闻到了醉人的体香，甚为欢喜，能足足喝下一石酒。这就是所谓的酒能乱性，乐极生悲，世间之事大抵如此。任何事情都不能走极端，走向极致就会衰败。"齐威王心领神会，从此不再彻夜饮酒作乐了。

智慧贴士

淳于髡曾受过髡刑（指剃掉犯人头顶周围头发的辱刑），因身份低微、家境贫寒被迫入赘。然而这样一个卑微的小人物，却能在国君面前表现得不卑不亢，出使他国时态度凛然，丝毫没有污损国格，受到了本国和别国国君的尊重。他不仅是个社稷之臣，而且是个杰出的外交人才，内政外交两手抓，样样精通，在他的辅佐下，齐国实现了大治。淳于髡能走上政治舞台，固然与齐国统治者乐于举贤任能有关，但根本原因在于他本人具备出类拔萃的才干和常人难以企及的智慧，懂得自尊自重，不以自身的地位和过去的不幸经历为耻，这样的人才无论生在哪个时代都注定会大放异彩。

"乐中谪仙"嬉笑怒骂的讽谏艺术

优孟是楚国的伶人，身材八尺，能言善辩，经常采用嬉笑怒骂的方式进谏。楚庄王宠爱一匹良驹，给它披上了锦绣华服，让它住在金碧辉煌的豪宅里，睡在没有帷帐遮挡的大床上，以蜜饯枣子喂养它。这匹养尊处优、锦衣玉食的马因为太过肥胖病死了。楚庄王召集大臣商讨丧葬事宜，打算以大夫之礼风光大葬自己的爱马。近臣都认为这样做不妥。楚庄王不高兴地说："谁再敢进谏，就处死。"

优孟走进殿门，放声悲哭。楚庄王问他为什么哭，优孟说："这匹马是大王最喜欢的，楚国如此强大，却要用大夫之礼葬它，实在是太亏待它了，希望大王能用国君之礼好好安葬它。"楚庄王问他具体怎么安葬。优孟娓娓道来："用精雕细刻的美玉做棺材，用梓木做套材，以梗、枫、豫、樟等贵重的好木材做护棺的木块，征调士卒挖穴建墓，让全国的老老少少都去背土筑坟，然后为它建庙，用牲畜祭祀，长年供奉，令齐赵使臣恭敬陪祭，韩魏两国的使臣当护卫，如此一来，各路诸侯就都知道大王看重马而不重视人了。"

楚庄王感到很羞愧，问优孟怎么办才妥当。优孟说："按照埋葬寻常牲口的方式安葬它就可以了：用土灶做套材，铜锅做棺材，以姜枣调味，香料去除腥味，稻米当祭品，大火当衣服，葬在人的肚腹中。"楚庄王依言行事，将司马交给了膳食官，禁止人们传扬此事。

楚国丞相孙叔敖敬佩优孟，一直对其以礼相待。临终前对儿子说："我死后，你必穷困潦倒，到时你去找优孟，告诉他你是我的儿子。"几年后，孙叔敖的儿子果真过得很清苦，长年依靠打柴为生，柴禾卖不了几个钱。一天他在路上碰到了优孟，把父亲临终的话重复了一遍。优孟让他留在此地，不要到外地谋生。不久，优孟换上了孙叔敖的服饰，衣冠与孙叔敖当年的穿戴一模一样，私下里模仿孙叔敖的一举一动，竟达到了以假乱真的地步。一年后，连楚庄王的近臣都无法辨出他是优孟还是孙叔敖。

有一天，楚庄王设宴招待大臣，优孟主动上前敬酒。楚庄王见

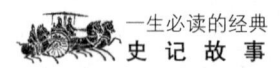

他如此酷似孙叔敖，宛若前任丞相再生，就打算让他当丞相。优孟说要回去和妻子商量商量。三日后，优孟说："我妻子劝我不要做楚国的丞相。她说前任楚相孙叔敖廉洁奉公，辅佐楚王成就霸业，死后他的儿子竟然沦落到靠打柴为生的地步，做这样的丞相，还不如自杀算了。"

紧接着他又吟唱道："深山隐居耕田苦，没有食物果腹。出仕为官，贪赃枉法敛财，不知廉耻。死后家里富足，可贪污犯法，家族终将被诛灭，所以不能当贪官。想做一个清廉的好官，奉公守法，可清官又怎么样呢？楚相孙叔敖至死清廉，如今妻小穷困不堪，靠打柴为生，多么不值得啊！"楚庄王听了，把寝丘400户食邑封给了孙叔敖的儿子。

智慧贴士

优孟是个伶人，通音律，擅表演，为人滑稽，喜欢采用谈笑风生、嬉笑怒骂的方式向皇帝进谏，往往能收到事半功倍的效果。古时心怀天下的大臣，往往要冒着获罪杀头的风险进谏，因此才有了伴君如伴虎的说法。可悲的是，多数君王都听不进逆耳的忠言，忠臣赔了性命，意见却没被采纳。优孟另辟蹊径，或者采用滑稽轻松的方式进言，缓和严肃凝重的气氛，或者边表演边歌唱，自然而然地将主题表达出来，不仅给了君王耳目一新的感受，建议也得到了采纳。可见在沟通的过程中，掌握符合对方心理特质的表达方式有多么重要。

机智幽默的大秦优伶

优孟作古200多年以后，秦国出了个滑稽的奇人，叫优旃。优旖擅歌舞，同样是个伶人。他是个身材矮小的侏儒，平时爱说笑，所讲的都合乎道理。秦始皇在位时，宫中大摆酒宴。当时下起了瓢泼大雨，阶下的卫士全都手持兵器，顶风冒雨执勤，个个淋成了落汤鸡。优旃见他们冻得脸色惨白，顿生怜悯之心，于是好心问道："你们想不想休息一会儿。"

卫生们异口同声地说："非常想。"优旃说："一会儿我叫你们，你们要马上回应。"少顷，优旃上前给秦始皇祝酒，高呼万岁，然后朝栏杆方向大喊："卫士！"卫士们齐声回应道："在！"优旃用戏谑的口吻说："你们个个长得人高马大，有什么益处？只能站在外面淋雨。我虽生的矮小，却能待在大殿里休息，不用承受风吹雨淋之苦。"秦始皇听罢，宣布卫士执勤的时间减半，让他们轮流值班。

秦始皇曾计划扩大猎场的规模，营建一个东到函谷关，西到雍县、陈仓的射猎区。优旃说："好。尽可能多养一些动物，这样敌兵若从东边犯境，就让麋鹿们成群结队地竖起角抵御入侵者好了。"秦始皇听罢，认为作为国君不能玩物丧志，于是打消了扩大猎场的想法，专注于富国强兵。

秦二世即位后，想把咸阳的城墙涂上一层漆做装饰。优旃说："好。皇上即使不开口提这个要求，我也准备请您这样做。装饰城墙虽然劳民伤财，耗费国库，给百姓带来苦难和负担，但城墙刷上漆多美呀！城墙漆得光鲜漂亮，敌兵来了就爬不上去了。刷漆是很容易的，棘手的是得找一座宽敞的大房子，把上过漆的城墙放进去，让它慢慢阴干。"秦二世听了，忍不住哈哈大笑，遂放弃了装饰城墙的计划。后来，秦二世的统治被推翻，秦朝覆灭，刘邦建立了汉朝。优旃归顺了汉朝，几年后去世了。

智慧贴士

秦始皇和秦二世是中国历史上数一数二的暴君，举国上下没人

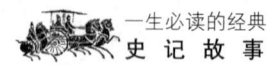

敢倒拂龙须，在这两位皇帝面前，绝大多数人都战战兢兢，唯有优旃既敢说笑又敢讽谏，始皇帝和秦二世不仅不生气，还虚心接受了他的建议，这是什么原因呢？究其原因在于，优旃滑稽有趣、机智幽默，三言两句即能让人捧腹大笑，笑过之余又能使人悟出很多大道理，所以大家对他深为敬服。对帝王而言，优旃能让他们在开怀大笑之后意识到自己的过失，没有损害君王的威仪，也不曾伤到君王的脸面，所提的意见自然会被悦纳了。

大隐隐于朝的奇葩怪才

汉武帝时期，齐地有个叫东方朔的人，聪敏好学，博览群书，读遍了诸子百家的经典著作，尤其喜欢钻研儒术。他初到京城长安，便给汉武帝写了一封长长的奏疏，耗用了3000多片竹简。公车府派遣了两个人来搬运奏章，三人合力才把这封又重又厚的简书抬起来。汉武帝阅览时，不能一气呵成读完，每读完一部分都要做个记号，断断续续读了两个月，才彻底读完。

透过这份冗长的奏章，汉武帝看到了东方朔的才华，于是封他做了郎官。汉武帝很欣赏东方朔，时常赏赐他，给予他御前用饭的待遇。每每用餐完毕，东方朔都要把剩肉揣到怀里带回家，朝服弄得脏兮兮的，上面布满油渍。汉武帝赏给他大量的绫罗绸缎、丝绢布匹，他都是肩扛手提地拿走。得了赏赐，他便迎娶都城内最年轻貌美的绝色女子做妻子。一年后，便把发妻抛弃了，再迎娶新人。汉武帝身边的侍臣半数以上把他看成玩世不恭、行事诡异的疯子，汉武帝听他们鄙薄东方朔，便替东方朔辩解说："他要是不做那些滑稽荒唐的事情，你们当中有谁能比得上他？"

有一天，郎官们对东方朔说："大家都认为你是一个狂人。"东方朔说："我这类人属于大隐隐于朝，古时的隐士全都生活在深山老林里。"他喝酒喝得畅快淋漓时，兴致大发，便趴在地上唱歌："隐身于俗世，避世在金马门。既然可以在高堂大殿中隐匿，得以自我保全，何必终老林泉。"金马门是宦官衙署的，门侧摆放着铜马，因此被称为金马门。

有一次，有一只外形酷似麋鹿的动物从建章宫后阁横冲直撞地跑了过来。汉武帝听说后，非常好奇，亲自前往观看，于是就问那些见多识广、满腹经纶的大臣，它究竟是什么动物。所有人都答不出。汉武帝召东方朔前来观看。东方朔说："我知道它是什么动物。皇上先赐给我美酒佳肴，让我大吃一顿，我才肯说。"汉武帝马上赐酒赐饭。

酒足饭饱后，东方朔又提出了新的要求："皇上把某地的几顷公田鱼池苇塘赐给我，我才能禀告。"汉武帝同意了。东方朔这才揭晓谜题："它叫驺牙，远方有大将来归降，它才出现。它前排和后排的牙齿一样大，口中没有大牙，因此叫驺牙。"一年后，匈奴混邪王率10万兵马归附大汉。汉武帝很高兴，对东方朔大加赏赐。

东方朔去世前劝谏汉武帝说："《诗经》中说'苍蝇乱飞嗡嗡叫，飞到篱笆上方停息。平和良善的君子，不要听信小人的谗言。''谗言危害无穷，扰得四邻不安。'希望陛下能远离巧言令色的奸佞小人，摒弃他们的谗言。"汉武帝说："现在回过头来看东方朔的言行，难道他仅仅是个善于辞令的人吗？"他为平时嬉皮笑脸、放荡不羁的东方朔竟能说出如此深沉动人的肺腑之言感到惊奇。不久，东方朔病死。古书上说："鸟之将死，其鸣也哀，人之将死，其言也善。"说的大概就是这个意思吧。

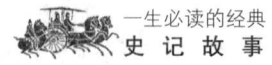

智慧贴士

长期以来，人们皆以为东方朔是一个行事乖张的弄臣，古灵精怪、言行疯癫，所作所为极为可笑。其实这些夸张的表现只是他的保护色，临死他才流露出自己的本性，他是一个大隐隐于朝的智者，有抱负有理想，也想成为管仲乐毅一样的王佐之才，可惜生不逢时，找不到用武之地，只能靠自我解嘲娱乐人生，娱乐别人，在逗笑别人的时候宽慰自己。装疯卖傻在某种程度上是大智若愚的表现，深谙此道的人多半懂得韬光养晦，乍一看去如老顽童一般天真，没有任何城府，实际上却洞若观火，对一切形势了若指掌。东方朔正是这样的人，可惜了解他的人并不多，汉武帝知道他有才，却只把他当成逗趣取乐的弄臣，直到听到他的临终遗言，才发现他是一个心系天下、忧国忧民的臣子，足见其伪装艺术有多么高超。

日者列传

一语道破天机的算命先生

司马季主是楚国人，在长安城东市占卜算卦。当时宋忠在朝中担任中大夫，贾谊担任博士。有一天，两人一同外出沐浴，路上讨论了圣人之道。贾谊说："圣人不在朝中当官，就在占卜者和医师之间，我们已经见过王公大臣和士大夫了，不如去一睹下占卜者的风采吧。"于是驾车前往卜筮的馆舍。当时刚下过一场雨，行人稀少，司马季主悠闲地坐着，旁边有三四个弟子陪侍。其人正有声有色地讲解日月运行的规律以及与阴阳吉凶有关的占卜知识。宋忠和贾谊恭敬地拜了两拜。

司马季主见两人相貌堂堂，气质儒雅，料定他们都是学富五车的人，于是以礼相待，请他们上座。接着司马季主又重新讲解了前面提到的占卜知识，几乎出口成章，一口气讲了几千句。

宋忠、贾谊听得津津有味，正襟危坐地洗耳恭听，听完了之后忽然问："先生谈吐不凡，看起来一表人才，晚辈感到十分不解，您为什么要从事如此低下卑微的职业呢？"司马季主仰天大笑道："两位看起来是有学问的人，怎么能认识如此浅薄，说话如此粗鲁呢？你们认为什么样的人是贤良？什么样的人才品德高尚呢？凭什么认为长者卑下呢？"

二人说："世人都崇尚高官厚禄，唯贤能者才能拥有这样的社会地位，先生没有功名，地位卑微。言论不属实，预言不灵验，从事的职业为世俗所看不起。人们都说占卜者喜欢夸大其词、曲意逢迎，谎报荣禄取悦于人，编造天灾人祸的流言，让人害怕悲伤，装神弄鬼诈取钱财。这些行为在我们看来都是可耻的。所以占卜这个行业是卑微污浊的。"

司马季主说："二位可见过披发童子？日月照临时，他们便走路，没有日月相照，就止住不走。问他们日食月食的事，他们解释不清。可见，能慧眼识人，区分贤者和不孝者的人是少之又少。贤能的君子，都很正直，能劝谏君王，真心称赞别人不图回报，不去怨恨不喜欢的人，以安定国家社稷和为百姓谋利为己任。不去担任自己胜任不了的官职，无功必不受禄，见到心怀鬼胎的权贵，不趋炎附势，不恭敬对待，显贵时不欢喜，失去荣华富贵也不以为恨，自己问心无愧，即便受到外界羞辱也不感到羞惭。"

说完了贤人的高风亮节，司马季主把话题转移到了当世的官场："你们推崇的贤人，都是古代圣贤鄙薄的人。他们低三下四，阿谀奉

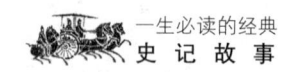

承，讲话谦恭，凭借手上的权势相互举荐，用利益相互诱惑，还结党营私，打压排挤正人君子。这些人擅长沽名钓誉，做了坏事还想要好名声，在享受国家食禄的时候，不遗余力地追求私利，故意扭曲国家法令，侵夺老百姓的财产，耍威风摆官架，以权谋私，横行霸道，和横刀抢劫的大盗并没有什么不同。上任伊始，就玩弄权术，弄虚作假，粉饰政绩，拿胡编乱造的文书欺骗君王，以便爬到更高的位置。得到官位后，不让贤能的人陈述功劳，猛夸自己的功劳，信口雌黄，颠倒黑白。得到权势，只知道吃喝玩乐，沉溺于声色犬马，没有半点心肝，完全不顾父母亲人的死活，经常一掷千金、挥霍公款，专干些祸国殃民的事情。你们为什么认为这样的害群之马、人间败类是贤才呢？"

宋忠、贾谊听罢若有所思，一时无法辩驳。过了一段时间，宋忠奉命出使匈奴，没有达到目的地便原路返回了，因此被判了刑。贾谊当上了梁惠王的太傅。梁怀王意外坠马身亡。贾谊很自责，绝食死了。这都是一味追求荣华富贵、功名利禄引发的悲剧啊！

智慧贴士

所谓日者指的就是占卜算卦的人，他们虽然社会地位并不高，却是历朝历代不可或缺的角色。古人做事讲究天时地利，天时因素多半是占卜出来的。上至帝王将相，下至黎民百姓，一旦要做出重大决定，往往会请日者卜卦，日者因此得以接触形形色色的人，了解社会百态。日者看不起一味追求功名利禄的读书人，因为这些儒生一旦有了权势，就开始贪赃枉法、鱼肉百姓，露出狰狞丑恶的面目，种种行径比拦路抢劫的江洋大盗还要可恶。司马迁借日者之口，表达了对贪官污吏的厌恶，鞭挞和讽刺了假仁假义、道貌岸然的伪君子，间接讽刺了昏暗不明的官场政治。

货殖列传

豪商巨贾的求富之道

　　古语说："仓廪实而知礼节，衣食足而知荣辱。"生活富足才知礼义廉耻，老百姓丰衣足食，过上好日子，才能讲求仁义。即使有千乘战车的天子、万户食邑的一方诸侯和身居显位的士大夫都担心受苦受穷，更何况那些普普通通的老百姓呢？自虞舜夏朝以来，人们都追求声色美食，渴望安逸舒适，乐于炫耀权势和才能，这种想法是根深蒂固的。用老子的智慧语言挨家挨户劝说是无济于事的，执政者最高明的做法就是顺其自然；其次是合理地疏导百姓的欲望，教化人民；再其次是用法律约束他们的行为，最愚蠢的做法是与民争利。

　　《周书》说："农民不种庄稼，粮食就匮乏，工匠不制造器物，百姓的生产生活就会陷入困境。商人不让货物流通，粮食、器物、财富就断绝供应了。虞人不开发山川菏泽，可用资源就会缺乏。"这些行业，都是老百姓衣食的源泉。商业是非常重要的行业，商人的交易活动促进了物品的流通，并使自己致富，体现出了一定的智慧和才能。

　　孔子的70多位得意门生之中，有个叫子贡的高徒，利用低买高卖的方式经商，往来于曹国和鲁国之间，聚集了大量财富，变得非常富有。孔子的另一位高徒原先非常贫穷，以糟糠为食，天天吃不饱，栖身于陋巷之中。子贡却乘坐着豪华的马车，带着厚礼拜见诸

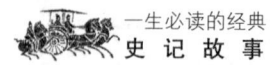

侯，国君以宾主之礼接待他，不行君臣之礼。孔子美名传遍天下，多半是因为有子贡这样的人在背后帮助他。

乌氏倮从事畜牧业，牲畜繁殖到足够多时，全部卖掉，把所得的钱款用来购买珍奇异物和精美的丝织品，作为礼物进献给戎王。戎王以十倍于礼品的财物酬答他，还送给他大量的牛马。秦始皇让乌氏倮同有封地和爵位的臣子一起入宫朝拜。巴郡的寡妇清继承了祖上的朱砂矿，垄断了矿业，好几代人因此获利，家产多得不可计数。秦始皇认为她是个有节操的妇人，给了她极高的礼遇，并为她修建了女怀清台。乌氏倮不过是边远地区的牧场主，寡妇清不过是个乡下寡妇，可是他们却能受到皇帝的重视和礼遇，并且名扬四海，这是为什么呢？究其原因，主要是因为他们拥有富可敌国的资产。

宣曲任氏的先祖，原本是督道仓的守吏。秦朝灭亡时，人们都争抢金银财宝和值钱的东西，只有任氏在默默地储存粟米。楚汉争锋时期，双方军队对峙于荥阳，老百姓没法安心种地，米价飞涨，任氏趁机把储存的粟米卖出，因此大发横财。一般的富贵人家竞相攀比，生活比较奢侈，任氏却崇尚节俭。他全心全意地经营农牧业。别人都低价购买田地和牲口，任氏却专门高价购买良田和品种优良的牲畜。

七国之乱时，都城里的列侯要随军出征，需要借贷筹集军需，高利贷者认为他们的食邑集中在关东，关东战场胜负难料，所以不肯出钱给他们。只有无盐氏以高利息把钱贷给了他们。吴楚之乱平息后，无盐氏得到了十倍于本金的利息，发了一笔大财。

那些声名显赫的豪商富贾都没有爵位和封邑，不食朝廷俸禄，也不是靠舞文弄法、作奸犯科致富的，他们肯冒着巨大的风险捕捉机会，知道怎样顺应行情、随机应变，靠出奇制胜而致富。务农是利润低的行业，秦杨却靠这一产业变成了一州的首富；盗墓是非法的，田叔却靠这个行当起家；赌博属于劣行，桓发却靠经营赌博业发迹；走街串巷行商是低贱的行业，雍乐靠它致富；贩卖油脂被人看不起，雍伯靠它赚取了千金家财；引车贩浆属于小本经营，张氏靠它赚取了一千万钱；磨刀、卖羊肚儿、给马治病都算不上什么了不起的本事，然而郅氏却靠磨刀的手艺富到列鼎而食的地步；浊氏靠贩卖羊肚儿，变得腰缠万贯，每次出门都是车马成行；张里靠给马医病富到击钟佐食的地步。这些人能发迹是因为始终专注于自己的行业的缘故。

智慧贴士

古代的统治者素来推行重农抑商的政策，商人的社会地位非常低，在司马迁之前，多数的史学家都不屑于为商人列传。司马迁撰写《货殖列传》，是一种开先河的举动。在封建社会，只有帝王将相的名字和事迹才能被编入史册，平民百姓、市井人物都难以进入史书，被轻贱和打压的商人根本不会被提及。司马迁摒弃了世俗的偏见，充分肯定了商业活动，肯定了靠智慧和努力赚取财富的商人，其经济思想远远超越于前人，对各行各业劳动者的评价相对公允，这是其他史学家所不及的。

太史公自序

困厄中艰难诞生的史家绝唱

颛顼统治时期，南正重执掌天文历法，北正黎掌管地理，到了尧舜时代，重、黎的后世子孙继续负责掌管天文地理。周宣王时期，重、黎后裔程伯休甫失去官守，更姓为司马氏。司马氏后代世代负责撰写周朝的历史。到了周惠王和周襄王时期，司马氏迁居到了晋国，族人分散到了各地。在秦国与张仪唇枪舌剑辩论的就是司马氏的后人司马错。司马错的后人司马谈在汉朝当史官，司马谈的儿子就是司马迁。

司马迁出生在龙门，10岁开始诵读诗书。长大弱冠之年，开始游历南方，足迹遍布江淮，他登临过巍峨的会稽山，追寻治水英雄大禹留下的踪迹，探访凭吊过大禹的墓穴；游览了雄奇险峻的九嶷山，在沅水、湘水上泛舟赏景，北上渡过了汶水、泗水，在齐鲁大地考察孔子的遗风；经过鄱、薛、彭城、梁地、楚地，走遍了大江南北才返回家乡。回乡不久，司马迁担任郎中，奉命出使巴蜀以南的地区，往南经略邛、笮、昆明等地，完成使命后回来向朝廷复命。

元封元年，汉朝举办了盛大的封禅大典，太史公司马谈滞留周南，没有参加典礼，心情非常郁闷，以至抑郁成疾、气息奄奄。临死前，司马谈拉着司马迁的手哭着说："我们的祖先是周朝的太史，早在虞舜、夏朝时期，就开始执掌天文历法，扬名于世了，可惜后来我们司马氏家族渐渐衰落了，祖先的事业难道会断送在我的手里吗？我希望你能继续做太史，完成我未尽的事业，那样的话我死也瞑目了。"

司马迁含泪点了点头。司马谈接着说："皇上在泰山封禅，而我作为大汉的太史却不能随行。这是命啊，一切都是命啊！我死后，你一定要做太史，别忘记我想撰写的论著啊。孝道始于侍奉父母，然后是为君主尽忠，最后是扬名立万。扬名后世光耀门楣，使父母显耀，是天底下最大的孝道。"司马迁哽咽着向父亲承诺道："儿子虽愚钝，但会谨遵您的教诲，接替您当上太史以后，会认真编纂前人收集整理的历史材料,不敢有半点疏漏。"

司马迁在父亲过世三年后,当上了太史令,仔细整理了先人留下的史料和典籍。七年后,他因为李广将军的长孙李陵辩护,惹恼了汉武帝,受了宫刑,并锒铛入狱。在暗无天日的大牢里,司马迁百感交集、思绪万千,他悲观地想:"我已经是个没用的废人了。"转而深思道:"《诗》《书》微言大义,旨在托志抒怀。从前周文王被拘,推演出了《周易》;孔子受困于陈国、蔡国,创作了《春秋》;屈原遭到放逐,写下了《离骚》;左丘明成了盲人,撰写了《国语》;孙膑受膑刑双腿残疾,却留下了《兵法》论著;吕不韦贬谪蜀郡,才有《吕览》流传后世;韩非在秦国遭到囚禁,才有了《说难》《孤愤》等脍炙人口的好文章;《诗三百》篇都是圣贤郁愤不平时直抒胸臆创作出来的。他们心头淤积万千忧愁苦恨,郁郁不得志,苦闷的情绪得不到排解,所以才会追溯往事,思索未来。"

司马迁决定用心记述从陶唐到汉武帝的历史,从上古时期的黄帝写起,这本囊括3000多年历史的鸿篇巨著就是被誉为"史家之绝唱,无韵之离骚"的《史记》。

智慧贴士

《太史公自序》是《史记》的终章,也是司马迁本人的自传,从司马氏家族写起,叙说了家学渊源,紧接着讲述了自己卧薪尝胆撰写《史记》的原因,一方面是为了完成父亲的遗愿,另一方面是为了延续司马家族世代编史的传统,结尾部分借助历史名人的不幸遭遇抒发了郁愤不平之气,同时以古人身处逆境、忍辱著书的事例自我激励,表明完成《史记》的决心。全篇沉郁顿挫、如泣如诉、感人肺腑,具有直指人心的力量。